ACCESO GRATIS ***a la Lectura en la Nube***

Para visualizar el libro electrónico en la nube de lectura envíe junto a su nombre y apellidos una fotografía del código de barras situado en la contraportada del libro y otra del ticket de compra a la dirección:

ebooktirant@tirant.com

En un máximo de 72 horas laborales le enviaremos el código de acceso con sus instrucciones.

La visualización del libro en **NUBE DE LECTURA** excluye los usos bibliotecarios y públicos que puedan poner el archivo electrónico a disposición de una comunidad de lectores. Se permite tan solo un uso individual y privado

EL CONTROL JUDICIAL DE LA ACUSACIÓN

Procedimiento de selección de originales, ver página web:
www.tirant.net/index.php/editorial/procedimiento-de-seleccion-de-originales

EL CONTROL JUDICIAL DE LA ACUSACIÓN

MERCEDES FERNÁNDEZ LÓPEZ

tirant lo blanch
Valencia, 2025

Este libro se ha realizado en el marco de los proyectos de investigación PID2020-114765GB-I00 y PID2020-119878GB-I00 (ambos financiados por el Ministerio de Ciencia e Innovación) y SBPLY/21/180501/000178 (financiado por la Consejería de Educación, Cultura y Deportes de Castilla-La Mancha). La autora agradece a dichas instituciones el soporte recibido.

EDITA: TIRANT LO BLANCH
C/ Artes Gráficas, 14 - 46010 - Valencia
TELFS.: 96/361 00 48 - 50
FAX: 96/369 41 51
Email: tlb@tirant.com
www.tirant.com
Librería virtual: www.tirant.es
DEPÓSITO LEGAL: V-1354-2025
ISBN: 978-84-1095-314-7

Índice

A Julia y Sofía, que han conseguido que siga creyendo en cuentos de seres mágicos y criaturas fantásticas

Y a Daniel, que los escribe (y sabe cómo encontrar mis llaves)

Agradecimientos

He recibido el apoyo de muchas personas desde que este trabajo no era más que un proyecto. Tratar de citarlas a todas sería arriesgarse a incurrir en alguna omisión imperdonable. Tan imperdonable como no dejar constancia, al menos, de la deuda contraída con todas ellas.

He disfrutado de conversaciones y deliberaciones en las que he podido plantear muchas dudas y poner a prueba algunas ideas sobre el control judicial de la acusación. El resultado de esos encuentros extraordinarios con juristas extraordinarios ha sido una notable mejora del texto.

Mi familia y mis amigos han estado muy cerca a pesar de la inevitable distancia. Incluso en los momentos en los que parecía no hacer falta, sabían que sí hacía falta. Me han regalado su afecto, su tiempo y su comprensión, además de grandes dosis de paciencia. Tengo la certeza de que han sido *conditio sine qua* non para que este trabajo vea la luz.

Gracias a José Fernández Carrascosa y Pilar López García, que lo soñaron e hicieron todo lo que estuvo en su mano para que fuera una realidad.

Gracias a Vicente Gimeno Sendra, porque su manera de entender el juicio de acusación inspiró este libro.

Gracias, siempre, a José María Asencio Mellado y Olga Fuentes Soriano, de quienes tanto he aprendido. Espero que las páginas que siguen sean una pequeña muestra.

Y Gracias a Lola y Adrián. Saben bien por qué.

Penáguila, 8 de marzo de 2025

La segunda fase en el procedimiento abreviado es la denominada, en términos de la propia Ley, de «preparación del juicio oral», la cual también se desarrolla ante el Juez de instrucción. Esta fase de preparación del juicio, técnicamente conocida por «fase intermedia» o del "juicio" de acusación», comienza desde el momento en el que el Juez dicta resolución acordando seguir los trámites del procedimiento abreviado (...) y tiene por finalidad, como se deduce de su misma denominación, la de resolver, tras la tramitación pertinente, sobre la procedencia de abrir o no el juicio oral y, en su caso, la fijación del procedimiento adecuado y órgano competente para el posterior enjuiciamiento.

(STC 186/1990, de 15 de noviembre. Ponente: Vicente Gimeno Sendra)

Prólogo

Siempre es un honor y una satisfacción personal y profesional que un profesor universitario te pida prologar un trabajo en el que ha invertido un tiempo de su vida y puesto en su conclusión los sentidos y pasiones propios de la investigación jurídica cuando se tiene auténtica vocación.

En este caso el grado de satisfacción es máximo por muchas razones, entre las cuales destacan el afecto personal que siento por la Pfra. Mercedes Fernández, mi respeto académico desde sus inicios en este hermoso oficio en los que ya brilló con luz propia y su evolución científica, ampliamente reconocida aquí y fuera de nuestro país. Le agradezco el honor que me concede, pues no somos los prologuistas los que presentamos la obra, sino el autor el que nos concede el privilegio de hacerlo y nos honra con su elección. Un privilegio especial cuando se trata de una monografía de la altura científica que la que se prologa.

Vamos a encontrar en esta obra un trabajo de madurez, una obra que solo es posible concluir cuando se dominan los conceptos básicos de la asignatura conjugados, además, con la experiencia práctica que, siendo esencial en cualquier ámbito del derecho, es irrenunciable en el marco del derecho procesal. Éste es vivo, casuístico, dependiente del caso y sus circunstancias que obligan, en el marco de los principios, los conceptos precisos que dotan de seguridad al sistema y la ley, siempre incompleta por su misma esencia, contradictoria con ella misma más veces de lo necesario y repleta de lagunas, a una labor de precisión que ofrezca soluciones válidas e ingeniosas, pero teniendo en cuenta que el ingenio solo puede ser fruto del trabajo y el conocimiento, no de la genialidad que suele traducirse en ignorancia si es fruto de la voluntad o el arrojo. La Pfra. Fernández López crea e interpreta, propone soluciones prácticas que avancen en una fase fundamental en el proceso, pero lo hace desde el conocimiento, el estudio, la reflexión y con la profundidad que concede el saber asentado. A ello debe unirse la valentía, que surge del conocimiento, del compromiso con el estado de derecho y la defensa de los derechos fundamentales y el estudio previo, pues entre arrojo y saber prudente existe una gran diferencia que solo se explica con el esfuerzo. Y los resultados que se ofrecen en la obra que se prologa son consecuencia del estudio y la tenacidad ampliamente demostrada por la autora.

Pocos trabajos se han dedicado, a salvo los parciales que lo hacen a puntos muy concretos acerca de lo que acaece en el proceso desde la finalización de la instrucción y hasta la apertura del juicio oral, a esa fase, la intermedia, pero ceñidos al control judicial de la imputación y su conversión en acusación o sobreseimiento. Y muchos son los problemas que se presentan en esa desconocida por poco abordada fase, tal vez desaprovechada o, simplemente, derivada al estudio del archivo y la conformidad. Este trabajo se adentra en los aspectos más complejos, más duros, por la profundidad de los diversos actos procesales que la componen, llevando las a veces reiteradas sentencias del Tribunal Supremo que informan la materia a una solución real y aplicable. Los principios informadores que la doctrina jurisprudencial expone exigen su traslación a la aplicación exacta. Y este trabajo lo hace desde su complejidad teórica, pero con vocación de eficacia procesal y certeza, es decir, de seguridad jurídica. Un paso adelante obligado y del que la laguna doctrinal era perceptible. Situar principios en el lugar que les corresponde haciendo coincidir las afirmaciones genéricas con los preceptos y su significado no es tarea fácil, pero sí obligada para que la ley sea eficaz.

Se analiza, de este modo, desde el control del auto que pone fin a la instrucción y en el cual se sientan las bases de la futura acusación, pasando por la ampliación de la instrucción cuando las partes solicitan nuevas diligencias, el sobreseimiento como postura de las partes y así sucesivamente hasta el control mismo de la acusación en el acto del juicio al momento de elevar las conclusiones provisionales a definitivas. Un acto este que comporta el conocimiento de lo que es y debe entenderse como objeto del proceso desde su consideración jurídica, normativa, no sólo desde la defensa, que complementa, pero no forma parte del contenido y concepto de la pretensión y que no se puede construir desde apelaciones que confundan el objeto y su transformación obviando la salvaguarda de la independencia judicial. El respeto a la defensa no puede abrir la puerta a acusaciones judiciales indirectas por vía de la configuración de una nueva pretensión instada por el órgano enjuiciador.

Esencial es el efecto del auto de transformación de las diligencias previas en procedimiento abreviado. Este acto procesal es complejo en tanto la ley es parca y la jurisprudencia un tanto ambigua, contradictoria en ocasiones y poco clara en lo que respecta a principios y derechos no equivalentes: acusatorio, defensa y proceso con todas las garantías. La vinculación de las partes a la imputación formalmente establecida en el auto de PA es materia muy difícil de resolver con los elementos de los que se dispone y entran en juego conceptos que, a su vez, precisan de un alto contenido doctrinal, lo que en la realidad lleva a situaciones que no generan precisamente seguridad y certeza. Analizar esta materia es, por ello, en un sistema de instrucción judicial, no fiscal, muy difícil, pues en el mismo resultan necesarios elementos de comparación que se resuelven en una imputación judicial y en cierto modo vinculante. La función judicial no es negativa respecto de la acusación, sino que constriñe la misma. Si el sistema fuera otro y quien dirigiera la investigación fuera el ministerio fiscal, las conclusiones serian radicalmente diferentes. Pero, a día de hoy, el análisis de la obra es certero y meditado, aunque se asiente en una cierta realidad judicializada que se enfrenta con la noción de acusatorio, no ajena a la figura del juez instructor y aunque éste no conforme el órgano decisorio.

Aborda la obra otras muchas cuestiones de hondo calado y que precisaban de un estudio profundo, porque hunden sus raíces en conceptos básicos y muchas veces olvidados, lo que es la causa de disfunciones severas. Así, desde la depuración o concreción de la acusación u objeto del proceso en el momento de las cuestiones previas, pasando por los efectos de la no acusación fiscal cuando hay acusaciones populares o, en fin, la retirada de la acusación en el acto del juicio oral. En este punto último, la configuración de la *causa petendi* de la pretensión, las teorías naturalistas o jurídicas, no son meras lucubraciones, sino esenciales al punto de determinar el alcance de esta retirada y sus efectos.

La obra que se presenta es y está llamada a constituirse en un elemento imprescindible para comprender el contenido de esta fase, los actos que la componen, su importancia, mayor que la que se le suele asignar en ocasiones. Una obra necesaria, pero solo posible en quien tiene un bagaje que le permite afrontarla con profundidad. Una obra, como se ha dicho, de madurez que completa la trayectoria de una procesalista que es referente en la asignatura y que viene a confirmar lo que ya era conocido y que a quienes hemos formado parte de su formación y desarrollo nos llena de orgullo.

En Benissa, a 3 de marzo de 2025

JOSÉ MARÍA ASENCIO MELLADO
Catedrático de Derecho Procesal
Universidad de Alicante

Prólogo

La vida es política. La Justicia, en cierto modo, también; e intentar ignorarlo es una pasión inútil, una forma de autoengaño. La necesidad humana de organizarse en sociedad y la gestión y organización de esa sociedad y de sus necesidades, tiene en su base todo un conjunto de decisiones políticas, de actuaciones políticas, que va evolucionando en función de los requerimientos de cada momento histórico.

Las reformas procesales de los últimos tiempos, lastradas por la resaca de la profunda crisis económica con la que echó a andar el siglo XXI y de la pandemia global con la que continuó; y animadas, en paralelo, por el auge tecnológico y el incipiente –pero profético- desarrollo de la inteligencia artificial, han encontrado su *leit motiv* en la aplicación a la Justicia de la idea de eficiencia. El objetivo pretendido es poner fin a los males endémicos de nuestro sistema procesal a partir de la optimización de los recursos existentes; dicho de otro modo: a coste cero. Y, para ello, el eslogan favorito es el de la creatividad: hay que ser creativos y buscar soluciones nuevas, caminos inexplorados, disruptivos… Y es así como surgen y se justifican las decisiones políticas que nos imponen los MASC (Medios Adecuados de Resolución de Controversias) como condición de procedibilidad (-¡enorme novedad!, pensaría el legislador de 1984); o que mutan la naturaleza de las costas para pasar a concebirlas –de nuevo- más como sanción que como el reembolso debido por la obligación de soportar los gastos de un proceso inmerecido (-¡Otra novedad!, seguiría pensando ese mismo legislador); o que introducen ese nuevo –ahora sí- concepto de Servicio Público de Justicia, tan indeterminado como de difícil determinación; y ello, entre otras novedades como pueden ser las que llevan al fomento de la oportunidad en el proceso penal o a la generalización de las conformidades escondiendo, en ocasiones, bajo el manto de la eficiencia, cierta dejación de funciones en lo que hasta ahora se concebía como el monopolio estatal de la jurisdicción.

En este contexto, agudizado además por la forma de publicación y entrada en vigor de toda esta nueva normativa, el operador jurídico se siente desbordado ante un derecho desconocido; desorientado ante unos futuros tribunales –los de instancia- que a duras penas alcanza siquiera a imaginar... y en este contexto, precisamente, el jurista no puede dejar de preguntarse qué hubiera pasado si, en lugar de optar por la creatividad se hubiera optado por estudiar –en serio- Derecho Procesal.

Pues justo en este contexto (nunca fuera mejor venido) aparece, a todas luces –y, por suerte- contra corriente, el trabajo que el lector ahora tiene en sus manos y que constituye un estudio serio, profundo y riguroso sobre el proceso penal y algunos de sus problemas. Porque esta monografía no se limita, pese a lo que su título parece indicar, al estudio del juicio de acusación; o, mejor dicho, porque en esta monografía, para estudiar seriamente el control judicial de la acusación se da cuenta de todo el proceso penal: desde los principios que lo informan y que sin duda se verán afectados por el juicio de acusación, hasta –fundamentalmente- los derechos y garantías del justiciable; sin olvidar la posible afectación de la necesaria imparcialidad del juzgador y la propia función y estructura de la fase instructora. Pero es que, a su vez, y desde una perspectiva holística del proceso, este trabajo nos plantea, además, cómo a partir de un buen entendimiento del juicio de acusación como herramienta que evitará, en su caso, el desarrollo del juicio oral ante acusaciones poco fértiles, éste puede convertirse en un magnífico mecanismo –ahora sí- de eficiencia del sistema.

Esa es la perspectiva y el punto de mira desde el que se aborda este estudio: el juicio de acusación –el control judicial de la acusación- no es sólo esa decisión que se toma en la fase intermedia –cuando ésta existe como tal-. El juicio de acusación obliga a hacer una valoración de la labor indagatoria realizada *ex ante,* así como de su proyección *ex post*; y en ese sentido, su estudio lejos de ceñirse a la actividad que se desarrolla en la fase intermedia abarca a la práctica totalidad del proceso y desde luego, afecta a principios que le son consustanciales, como el propio principio acusatorio o el mismo derecho de defensa. Pero, para afrontar este estudio con éxito –y este trabajo, lo hace-, verdaderamente, hay que saber mucho Derecho procesal, conocer bien el sistema de justicia y manejar los conceptos procesales con agilidad, soltura pero, también, profundidad. Y, todas estas circunstancias se dan sobradamente en la autora, Mercedes Fernández, como el lector apreciará en cuanto acometa la lectura de las primeras páginas del trabajo.

Resulta así que, frente a las modernas tendencias legislativas que buscan dar solución a los problemas de la Justicia a través de la huida del proceso y a la consiguiente proliferación de trabajos y publicaciones que, en los últimos años, bajo el paraguas del Derecho Procesal estudian de todo, menos Derecho Procesal, se presenta ante nosotros un estudio serio, riguroso, difícil (nunca fue fácil el estudio del proceso), complejo...Pero necesario para entender, argumentar y justificar el retorno del proceso al lugar que nunca debió dejar de ocupar: el proceso como mecanismo de garantía; y, dentro de éste, el juicio de acusación como garantía del debido proceso.

Acepté ilusionada, además de honrada, la petición de la autora de redactar este prólogo. Conozco a Mercedes Fernández desde el minuto cero de su carrera profesional –antes, en realidad-; he atravesado con ella las aventuras –y desventuras; que también las hay- de la vida universitaria. Pero ahora, leído este trabajo, constato algo que, si bien ya sabía –o intuía-, con el mismo se torna evidente: Mercedes Fernández ya no es alguien a quien yo tenga que presentar; no es –si se me permite la expresión- esa joven promesa del Derecho Procesal de quien esperamos grandes logros académicos. Los logros están logrados y la profesora Fernández es una procesalista consagrada y avalada por sus trabajos y publicaciones.

Por lo que a mí respecta, tengo la suerte de tenerla cerca y poder aprender también de conversaciones, de (sus/mis) dudas, preguntas y respuestas. El estudio que aborda en este trabajo, del proceso como instrumento de garantías; del juicio de acusación como verdadera medida de eficiencia que permitiría vacunar al sistema frente a la celebración de cientos de juicios llamados al fracaso –o, como ella misma lo enuncia, el control judicial de la acusación como instrumento de limitación del Estado frente a un ejercicio insostenible del *ius puniendi*-; o de cómo se ve afectada por el juicio de acusación la siempre difícil y controvertida delimitación del objeto del proceso, entre otras muchas cuestiones, nos permite adentrarnos en los parajes más recónditos del proceso y analizarlos con visión global, crítica, práctica. No en vano se puede apreciar entrelíneas la solidez que aporta a sus propuestas la experiencia práctica adquirida en el ejercicio de la potestad jurisdiccional. Sus muchos años de actividad como Magistrada Suplente la llevan, con frecuencia, a desvelar o reconocer en las “inercias de la práctica forense” severas dificultades para reconducir o redimensionar adecuadamente determinadas instituciones procesales y, muy particularmente, el control judicial de la acusación.

Se presenta ante nosotros, en suma, un trabajo de madurez que disfrutarán leyendo. Para mí no ha sido una sorpresa pero sí debo confesar que con su lectura me ha invadido una extraña (quizás, incluso legítima) sensación de orgullo y admiración.

En sus manos, pues, queda la obra y la crítica. Solo puedo adelantar que disfrutarán tanto como aprenderán. Estoy segura de ello.

En Elche, a 8 de marzo de 2025

OLGA FUENTES SORIANO
Catedrática de Derecho Procesal
Universidad Miguel Hernández

Introducción

En los últimos tiempos se ha producido un cambio importante en el centro de gravedad del Derecho Procesal y, con él, han surgido nuevos intereses en la dogmática. Los enfoques tendentes a la creación e interpretación normativa a la luz de las garantías procesales han dejado un amplio espacio a otras orientaciones dirigidas esencialmente a la búsqueda de la eficiencia y a la optimización de los recursos materiales y humanos con los que cuenta la Administración de Justicia. Las más recientes reformas procesales apuntan indiscutiblemente en ese sentido.

Queda fuera de toda duda la necesidad de explorar e implementar fórmulas de racionalización orgánica y procesal con las que afrontar los profundos problemas de congestión de la Justicia que causan una merma grave de su funcionalidad[1]. Sin embargo, lo cierto es que, en estas nuevas orientaciones, centradas —por lo que respecta estrictamente al proceso penal— en la confianza casi absoluta en vías alternativas al proceso, en la ampliación de los márgenes del principio de oportunidad y en la promoción de la conformidad como método rápido y económico de imposición de penas, se ha dejado de lado —o, al menos, en un segundo plano— la necesaria revisión del diseño institucional del proceso como fórmula para atajar los

---

1 Sobre ello es particularmente interesante la lectura del trabajo de Juan-Sánchez, Ricardo, "Reordenación de procedimientos y eficiencia de la justicia: el ejemplo de la jurisdicción penal", en Vicente Pérez Daudí (Dir.), *¿Cuarentena de la Administración de Justicia?*, Atelier, Barcelona, 2021, pp. 211 y ss, que concluye la necesidad de emprender reformas procesales que partan del análisis de la realidad de nuestros tribunales para mejorar su funcionamiento eficiente (pp. 238 y 239).

males endémicos del sistema judicial. Estamos ante una nueva manera de enfocar la atención que el legislador depara a la maltrecha Administración de Justicia. No tanto porque las reformas legislativas desprecien las necesidades económicas propias del mantenimiento y la mejora del ahora denominado "servicio público de Justicia" (lo que sistemáticamente cae en el olvido)[2], sino porque tratan de lograr la descongestión de los juzgados mediante la huida del proceso a través de reformas que sólo de forma muy dificultosa preservan los derechos de las partes y garantizan una efectiva tutela judicial[3]. Sobre ello se pronunció hace años Michele Taruffo en el contexto de lo que ya entonces consideró una crisis global de la ley procesal, una idea que no sólo no ha perdido fuelle, sino que se encuentra más viva que nunca, ya que las dificultades a las que ahora se enfrenta la Justicia son idénticas o muy similares a las que Taruffo señalaba como causas de la "crisis de funcionali-

---

2 Uno de los más destacados males del sistema, como advertía Calderón Cuadrado, Mª Pía, "Derechos, proceso y crisis de la Justicia", *Revista General de Derecho Procesal*, núm. 37, 2015, p. 3.

3 Ya advertía de ello Vives Antón al analizar la Ley de Medidas Urgentes de Reforma Procesal de 1992, poniendo el foco en el principal problema en el que todavía hoy se sumerge nuestro proceso penal fruto del parcheo con el que se han afrontado sus sucesivas reformas: "nuestro proceso penal padece una enfermedad que afecta a su misma estructura: Se trata de un modelo de proceso que nace de un compromiso entre la herencia inquisitiva y los requerimientos del principio acusatorio, compromiso que hoy resulta inviable. Y aunque, ni mucho menos, quepa atribuir a ese defecto de diseño todos los males que la Justicia penal padece, si esa configuración defectuosa no se corrige, no habrá manera de salir del marasmo. Las reformas parciales, en la medida en que se incrustan en esa estructura deforme, difícilmente pueden dar buenos resultados y, generalmente, no hacen sino perpetuar el mal de origen". Vives Antón, Tomás S., *Comentarios a la Ley de Medidas Urgentes de Reforma Procesal. II. La reforma del proceso penal*, Tirant lo Blanch, Valencia, 1992, p. 104. No parece que la situación haya cambiado mucho en estos años.

dad de la ley procesal"[4]. No son dificultades propias de un determinado momento histórico, sino que nos encontramos más bien ante una historia que se repite cíclicamente, alentada por la complejidad de acompasar la respuesta judicial a los cambios sociales[5]. En aquel momento, Michele Taruffo proponía diversos remedios frente a esta crisis permanente: un enfoque procesal comparado e interdisciplinar que de cuenta de otras experiencias y datos que puedan aportar perspectivas distintas y útiles para la solución de los problemas particulares de cada sistema procesal; una revisión o actualización de los derechos procesales y las garantías constitucionales del proceso a la luz de nuevas realidades sociales que completen su reconocimiento meramente formal en los códigos y, por último (y especialmente importante para este trabajo), una redefinición de los instrumentos de tutela judicial[6]. Todos estos remedios apuntan certeramente a un nivel de análisis que, en lo que atañe a esta materia —pero bien puede extenderse a cualquier ámbito procesal—, no se detiene en la pura y simple eficiencia del sistema judicial. En efecto, aunque la eficiencia es una de las coordenadas que debe presidir el análisis teórico de las normas y prácticas procesales, no pueda ser el único objetivo que determine su contenido. Junto a este objetivo debe ser e inequívoco el compromiso con las garantías que legitiman el proceso. No puede perderse de vista que el enjuiciamiento penal sólo se justifica en la medida en que es el medio a través del cual se castigan conductas socialmente desviadas, con relevancia penal y debidamente constatadas mediante pruebas. Preservar esta naturaleza y garantizar un uso legítimo del proceso como medio de control social pasa, en primer lugar, por analizar los distintos instrumentos con los que cuenta el Estado y en los

---

4 Taruffo, Michele, "Racionalidad y crisis de la ley procesal", *Doxa. Cuadernos de Filosofía del Derecho,* núm. 22, 1999, p. 316.

5 Taruffo, Michele, "Racionalidad y crisis…", cit., p. 317.

6 Taruffo, Michele, "Racionalidad y crisis…", cit., pp. 319-320.

que se materializa tal función y, en segundo lugar, por evidenciar las dificultades que presentan para la consecución de tales objetivos. Sin duda, el control judicial de la acusación es uno de esos instrumentos, por cuanto tiene por objeto evitar el estigma que supone para cualquier persona su sometimiento a un proceso penal sin que existan sólidas razones —fácticas y/o normativas— para ello. Ejemplos recurrentes los encontramos diariamente en el ámbito de la política, en el que este fenómeno ha dado lugar al acuñamiento de un término específico, *lawfare*, que da buena cuenta de las dimensiones prácticas del problema. Pero no sólo. La apertura de juicios orales en casos en los que el cuadro probatorio disponible permite pronosticar con un alto grado de acierto un resultado absolutorio o en los que los escritos de acusación presentan deficiencias graves, abona la necesidad de articular medios efectivos de control judicial al término de la instrucción que eviten en la medida de lo posible la "pena de banquillo" a quienes, con una alta probabilidad, serán absueltos. Y precisamente el auto de apertura de juicio oral está llamado, al menos en principio, a garantizar el control de la solidez de las acusaciones, de manera que no prosperen las que sean a todas luces infundadas[7].

Es célebre, y sigue siendo muy oportuna, la expresión con la que Francesco Carnelutti puso de manifiesto la paradoja que se produce cuando, con ocasión de la imputación penal, se limitan drásticamente derechos subjetivos con el fin de determinar si procede aplicar una sanción penal: "no solamente se hace sufrir a los hombres porque son culpables, sino también para saber si son culpables o inocentes"[8]. En efecto, no sólo la adopción de medidas cautelares personales causa un estigma

---

7 En este sentido, entre otras muchas, se pronuncia la STS 78/2024, de 25 de enero.

8 Carnelutti, Francesco, *Las miserias del proceso penal* (trad. de Santiago Sentís Melendo), EJEA, Buenos Aires, 1959, pág. 75.

difícilmente reparable[9]; la mera existencia de la imputación —a menudo sostenida por tiempo prolongado[10]— produce un efecto devastador sobre el honor de quien, de una manera más o menos casual, más o menos justificada, se ve sometido a un proceso[11]. No cabe duda de que se trata de un sacrificio en al-

---

9 Nobili lo destacaba también, parafraseando a Carnelutti, en sede de prisión provisional: torturamos para saber si debemos torturar. Nobili, Massimo, "Spunti per un dibatito sull'articolo 27 comma 2º della Costituzione", *Il tommaso natale, Scritti in memoria di Girolamo Bellavista,* Istituto di Diritto Processuale Penale dell'Università di Palermo, Palermo, 1978, Vol. II, p. 840.

10 Se ha tratado de limitar la duración de la instrucción con las últimas reformas del art. 324 LECrim, pero no así la duración total de los procedimientos, que únicamente se encuentra limitada por los plazos de prescripción de los delitos. La celeridad pretendida en la fase de investigación no se ha acompañado de medidas de agilización del proceso en su conjunto, que puede durar años y hace preciso en muchos casos acudir a la aplicación de la circunstancia atenuante analógica de dilaciones indebidas como medida de compensación.

11 Algo que ya preocupaba cuando se aprobó la Lecrim y que Alonso Martínez se ocupó de destacar en la Exposición de Motivos: "no es raro que un sumario dure ocho ó más años, y es frecuente que no dure menos de dos, prolongándose en ocasiones por todo este tiempo la prisión preventiva de los acusados; y aun podría añadirse, para completar el cuadro, que tan escandalosos procesos solían no há mucho terminar por una *absolución de la instancia,* sin que nadie indemnizara en este caso á los procesados de las vejaciones sufridas en tan dilatado periodo, y lo que es más, dejándoles por todo el resto de su vida en situación incómoda y deshonrosa bajo la amenaza perenne de abrir de nuevo el procedimiento el dia que por malquerencia se prestaba á declarar contra ellos cualquier vecino rencoroso y vengativo. Esta práctica abusiva y atentatoria á los derechos del individuo pugna todavía por mantenerse con este ó el otro disfraz en nuestras costumbres judiciales; y es menester que cese para siempre porque el ciudadano de un pueblo libre no debe expiar faltas que no son suyas, ni ser víctima de la impotencia ó del egoísmo del Estado". Y continuaba destacando dos finalidades que movían el ánimo del legislador: "Es preciso en primer término sustituir la mar-

gunos casos necesario en aras de la eficacia del poder punitivo del Estado, pero no por ello deviene también irreductible. Es deseable encontrar fórmulas que permitan reducir los casos en los que así sucede, no sólo desde la perspectiva de los derechos de quien se ve sometido a tal situación, sino también desde la tan pretendida eficiencia procesal: permitir que un procedimiento desemboque en un juicio oral sin que exista un sólido fundamento fáctico y normativo por un deficiente o ineficaz juicio de acusación distorsiona también notablemente el funcionamiento del sistema penal, por cuanto supone destinar medios económicos y materiales a un proceso estéril (las más de las veces, previsiblemente estéril)[12]. Por tanto, no sólo

---

cha perezosa y lenta del actual procedimiento por un sistema que, dando amplitud á la defensa y garantías de acierto al fallo, asegure sin embargo la celeridad del juicio para la realización de dos fines á cual más importantes: uno, que la suerte del ciudadano no esté indefinidamente en lo incierto ni se le causen más vejaciones que las absolutamente indispensables para la averiguación del delito y el descubrimiento del verdadero delincuente; y otro, que la pena siga de cerca á la culpa para su debida eficacia y ejemplaridad (...). Sagrada es sin duda la causa de la sociedad, pero no lo son ménos los derechos individuales".

12 Sobre la eficiencia de los sistemas procesales y, en particular, sobre sus consecuencias en la fase intermedia, puede verse el sugerente análisis de Quintero Jiménez, Camilo Alberto, *Fase intermedia y control de los actos acusatorios en el proceso penal*, Marcial Pons, Madrid, 2021, pp. 229 y ss. Sobre el concepto y el alcance de la eficiencia como criterio orientador de políticas públicas en el ámbito judicial en situaciones de escasez relativa de recursos, es muy recomendable el trabajo de Calsamiglia Blancafort, Albert, "Justicia, eficiencia y derecho", *Revista del Centro de Estudios Constitucionales*, 1, septiembre-diciembre 1988, pp. 305 y ss. El autor destaca una idea que creo muy interesante para cualquier reforma del diseño institucional en el marco de la Administración de Justicia: "Las relaciones entre Justicia y eficiencia son muy complejas y se pueden plantear desde muchas perspectivas, de forma muy sencilla o muy sofisticada. Pero una sociedad idealmente justa es una sociedad eficiente. Una sociedad

supone una limitación innecesaria de derechos, sino un despilfarro que contribuye a la ineficiencia del sistema judicial en su conjunto.

Pero no es esa dimensión puramente economicista del juicio de acusación como filtro frente a acusaciones infundadas o mal formuladas la que pretendo destacar. Quiero hacer notar, sobre todo, su dimensión como garantía jurisdiccional de los derechos del encausado. Como habrá ocasión de analizar, el control previo de la acusación, integrado fundamentalmente por el auto de transformación de las diligencias previas en procedimiento abreviado, debe realizarse de manera articulada y coherente con la información sobre la imputación que el investigado ha debido recibir en los términos que prevé el art. 775 LECrim[13], de tal forma que dicha información condiciona el marco acusatorio que el juez puede delimitar a través de dicho auto. De ahí que el Tribunal Constitucional estableciera hace años —y con especial repercusión, a partir de la STC 186/1990, de 15 de noviembre—

---

que despilfarra recursos no es una buena sociedad y difícilmente la calificaríamos de justa o equitativa. La eficiencia es un componente de la justicia, aunque ni el único ni el principal criterio de justicia. Es decir, la eficiencia no triunfa siempre frente a los otros criterios componentes de la Justicia (p. 314). Y continúa señalando que "poner el acento en la eficiencia no quiere decir dar la preeminencia a este valor sobre todos los demás. (...) El derecho no sólo debe conseguir unos objetivos a un coste mínimo, sino que, además, esos objetivos deben ser justificables. El valor eficiencia es importante, pero hay otros más importantes aún. La legalidad, la previsibilidad, la seguridad jurídica, la irretroactividad de las leyes y tantos otros principios jurídicos son también importantes. Lograr el equilibrio entre esas fuerzas contradictorias es el objetivo de todo legislador racional (...)" (p. 334).

13 Tan pronto como se tengan datos sobre su imputación. Armenta Deu, Teresa, *El nuevo proceso abreviado. Reforma de la Ley de Enjuiciamiento Criminal, de 24 de octubre de 2002*, Marcial Pons, Madrid-Barcelona, 2003, p. 88.

que no es posible dirigir una acusación frente a quien no ha estado judicialmente imputado. Una idea sobre la que pivota el derecho de defensa y que, como se verá, cobró un sentido particularmente trascendente con la redacción del art. 775 LECrim tras la reforma operada por la Ley 38/2002, de 24 de octubre.

Si se aceptan estas ideas sobre la centralidad del juicio de acusación como garantía del derecho de defensa, es preciso entonces ampliar los márgenes de la reflexión sobre las estrategias necesarias para atajar los problemas endémicos de los tribunales penales, por cuanto la solución a los mismos no pasa exclusivamente por hacer permanentes (y, en ocasiones, arriesgadas) concesiones al principio de oportunidad y a la justicia negociada[14], sino también por analizar y redefinir los tradicionales instrumentos de tutela jurisdiccional, tal y como apuntaba Taruffo. Esta es precisamente la idea sobre la que gira este libro, con el que se pretende ofrecer una perspectiva general del modo en el que se regula y desarrolla el control judicial de la acusación para detectar sus deficiencias y proponer algunas mejoras interpretativas y normativas que favorezcan su eficacia como mecanismo de contención de acusaciones infundadas o inviables. Entre esas coordenadas —y en su relación con el derecho de defensa— se mueven, pues, las ideas y propuestas de este trabajo.

Por lo que se refiere, en particular, a las garantías procesales que pueden verse afectadas por el juicio de acusación, destacan

---

14 Sobre la problemática que encierran ambos tipos de estrategias hay muchos trabajos, algunos de ellos muy sugerentes. Entre ellos, destacaría especialmente dos, por cuanto la abordan desde un nivel *macro*, esto es, valorando su impacto sobre el sistema de justicia penal en su totalidad: Armenta Deu, Teresa, *Derivas de la Justicia. Tutela de los derechos y solución de controversias en tiempos de cambio*, Marcial Pons, Madrid, 2021 y Lascuraín Sánchez, Juan Antonio y Gascón Inchausti, Fernando, "¿Por qué se conforman los inocentes?", *Indret. Revista para el análisis del Derecho*, núm. 3, 2018.

a primera vista el principio acusatorio[15] y, junto a él, la imparcialidad judicial, pero no son las únicas. El control de la acusación da origen a muchas cuestiones problemáticas teóricas y prácticas que requieren, a la luz de la jurisprudencia de los últimos años, un estudio enfocado en sus detalles. A tales tensiones contribuye el hecho de que la relevancia de esta función de garantía frente a acusaciones procesalmente inviables no cuente con una regulación a la altura de sus necesidades que guarde los debidos equilibrios entre tal control, la imparcialidad judicial y los derechos de las partes, lo que favorece que el derecho a la tutela efectiva de las acusaciones, el derecho de defensa o el derecho a la presunción de inocencia puedan verse fácilmente comprometidos por las decisiones judiciales que atañen a la pertinencia de la acusación o del sobreseimiento.

Presentan un singular interés las causas de la deficiente articulación del control de la acusación en nuestro sistema procesal. Entre ellas, destacaría las que responden a motivos orgánicos y las que encuentran su origen en motivos estructurales y procedimentales. Las primeras tienen que ver con la atribución del control de la acusación a un órgano jurisdiccional que ha dirigido la investigación. No cabe duda de que la reforma de 1988, que introdujo el procedimiento abreviado y, con él, la fase intermedia, se aplaudió especialmente por el hecho de atribuir el juicio de acusación al instructor, salvaguardando de

---

15 Asumo las notas características del principio acusatorio enunciadas por Gimeno Sendra, Vicente, *Fundamentos del Derecho Procesal*, (reedición) Colex, Madrid, 2024, pp. 219 a 221 y Asencio Mellado, José María, *Principio acusatorio y derecho de defensa en el proceso penal*, Trivium, Madrid, 1991, pp. 14 y ss: a) la acción penal es pública y su ejercicio se atribuye al Ministerio Fiscal; b) el proceso penal se divide en dos fases y cada una de ellas debe atribuirse a órganos distintos y c) el tribunal se encuentra relativamente vinculado a las pretensiones de las partes.

este modo la imparcialidad del órgano sentenciador[16]. Sin embargo, la práctica nos muestra que tal atribución genera una sombra de parcialidad que indudablemente persigue al instructor, y que, si bien no afecta a la legitimidad de sus decisiones —dado que es la imparcialidad del órgano de enjuiciamiento la que debe quedar salvaguardada en mayor medida—, sí permite cuestionar que tome las decisiones relativas al control de la acusación de una manera eficiente[17]. Vives Antón, destacado defensor de la instrucción fiscal, iba más allá al evidenciar que el instructor se sitúa en una posición procesal que causa, cuanto menos, perplejidad: "De una parte, es el titular de la investigación oficial y, de otra, es el que ha de decidir sobre la verosimilitud de los resultados de dicha investigación"[18]. Comparto plenamente sus palabras, pero no tanto para cuestionar la atribución de la instrucción a un órgano jurisdiccional —dis-

---

16 Por ejemplo, Almagro Nosete, José, (con Moreno Catena, Víctor, Cortés Domínguez, Valentín y Gimeno Sendra, Vicente), *El nuevo proceso penal. Estudios sobre la Ley Orgánica 7/1988*, Tirant lo Blanch, Valencia, 1989, cit., p. 194. Así lo destacó también la STC 186/1900, de 15 de noviembre.

17 Por ejemplo, hace ya años que Carmona Ruano advertía de que, en un nuevo proceso penal, sería necesario adaptar la planta judicial para evitar que quien tomara las decisiones durante la instrucción fuera el mismo que realizase el juicio de acusación. Carmona Ruano, Miguel, "Hacia un nuevo proceso penal", Carmona Ruano, Miguel (Dir.), *Hacia un nuevo proceso penal*, Consejo General del Poder Judicial, Madrid, 2005, p. 48.

18 Vives Antón, Tomás S., *Comentarios a la Ley de Medidas Urgentes...*, cit., p. 133. Ello, como ha destacado Fuentes Soriano, deja en mal lugar al Ministerio Fiscal (a las acusaciones, en general, añadiría), que es quien tiene que sostener la acusación y, por tanto, considerar suficientes las diligencias practicadas, lo que explica que ese derecho a ser oído se garantice *a posteriori*, al darle traslado del auto a los efectos de que pueda solicitar diligencias complementarias. Fuentes Soriano, Olga, *La investigación por el fiscal en el proceso penal abreviado y en los juicios rápidos*, Tirant lo Blanch, Valencia, 2005, p. 129.

cusión sobre la que no pretendo detenerme en este trabajo—, sino para poner de manifiesto que el diseño de los momentos críticos del juicio de acusación que efectúa la LECrim dificulta que la decisión sobre los hechos y las personas que pueden ser objeto de enjuiciamiento se afine tanto como para ordenar la finalización temprana de las actuaciones en todos los casos en los que no existe una sólida base fáctica y normativa para acusar, dado que el mismo juez que investiga es el que debe decidir si la investigación, la que él mismo ha dirigido, ha fructificado y arroja un resultado que permite avanzar hacia el juicio oral[19]. De ahí que resulte oportuno y conveniente plantearse una reforma orgánica o funcional por la que se atribuya esa función a un tercer órgano jurisdiccional que permita reducir el número de casos en los que se da curso a acusaciones que abren indebidamente las puertas de un juicio oral que terminará, por tal razón, con una sentencia total o parcialmente absolutoria o, en su defecto, introduciendo profundas reformas que limiten los poderes que se atribuyen al instructor, de modo que pueda efectuar un control judicial sobre la acusación en toda su amplitud[20]. De cualquiera de estas dos formas (aunque parece más viable la primera) se eludiría el riesgo de pérdida de objetividad que hoy por hoy lastra la eficacia del juicio de acusación, solución por la que, con algunas diferencias entre

---

19 Bujosa Vadell da cuenta también de las dudas que el diseño de las diligencias previas y del procedimiento abreviado realizado por la reforma de la LECrim de 1988 que lo creó arrojaba sobre la imparcialidad del instructor. Bujosa Vadell, Lorenzo, M., "Principio acusatorio y juicio oral en el proceso penal español", *Derecho Penal Contemporáneo: Revista Internacional*, núm. 9, 2004, p. 63.

20 Doble propuesta que ya planteara Castillejo Manzanares, Raquel, "Hacia un nuevo proceso…", cit., pp. 259-260.

sí, optaron los Anteproyectos de LECrim de 2011[21] y 2020[22] y el Anteproyecto de Código Procesal Penal de 2013[23].

El segundo tipo de razones que explica la insuficiencia del actual juicio de acusación es de naturaleza estructural y procedimental, y nos lleva a poner el foco en la forma en la que tal juicio de acusación se regula en nuestro sistema penal y en cómo se desarrolla en la práctica. Lo primero que salta a la vista es la existencia de importantes diferencias procedimentales

---

21 El art. 9 del Anteproyecto de LECrim de 2011 atribuía al juez de la audiencia preliminar la competencia para realizar el juicio de acusación. Se trataba de un magistrado del tribunal de instancia de la circunscripción en la que se hubiera cometido el delito que posteriormente no podría integrar el tribunal de enjuiciamiento.

22 El Anteproyecto de LECrim de 2020, en idénticos términos, otorgaba esa competencia al juez de la audiencia preliminar (art. 29), que sólo podría efectuar el juicio de acusación cuando esta fuera impugnada en el escrito de defensa (art. 616.1). Una facultad muy limitada que Ormazábal Sánchez ha criticado oportunamente: "la regulación proyectada, aunque sistemáticamente bien trabada y recogiendo aspectos altamente positivos, establece también un claro desapoderamiento del juez de la fase intermedia para realizar el necesario control de la acusación o, si se prefiere, un considerable debilitamiento del principio de oficialidad, sobre todo al atribuir a esta fase un carácter facultativo, puesto que su apertura se condiciona a la impugnación de la acusación por parte del acusado, y por silenciar toda facultad del juez de la fase intermedia para practicar de oficio las diligencias que crea convenientes para comprobar si procede abrir el juicio o decretar el sobreseimiento". Ormazábal Sánchez, Guillermo, "La fase intermedia en el Anteproyecto de Ley de Enjuiciamiento Criminal de 2020", *Revista de la Asociación de Profesores de Derecho Procesal de las Universidades Españolas,* núm. 4, 2021, p. 198.

23 En similares términos a los textos de 2011 y 2020, el Borrador de Código Procesal Penal de 2013 atribuyó tal competencia a un magistrado del tribunal de garantías de los tribunales de instancia (art. 25).

en atención al cauce a través del cual se desarrolla. Mientras el auto de procesamiento en el procedimiento ordinario cumple tal función de control[24], en el procedimiento abreviado el juicio de acusación se desdobla en dos momentos o, como decía Varela Castro, es un "enjuiciamiento en dos actos"[25]: en un control previo o *ex ante* que se realiza mediante el auto de transformación de las diligencias previas en procedimiento abreviado del art. 779.1.4ª LECrim y en un segundo control realizado en el auto de apertura del juicio oral, que, de conformidad con el art. 783 LECrim, lo culmina con un examen *ex post* (aunque con un alcance muy limitado) de la acusación[26]. Paralelas diferencias a las que se presentan entre el juicio de acusación del procedimiento ordinario y el que se sustancia por el cauce del procedimiento abreviado se aprecian en otros procedimientos.

---

24 Como ya señaló Gimeno Sendra, no sólo cumple la función de atribuir al procesado unos hechos punibles, sino también la de informarle de la imputación que se dirige frente a él. Gimeno Sendra, Vicente, *Constitución y proceso,* Tecnos, Madrid, 1988, p. 109. En realidad, también el juicio de acusación se desdobla en dos momentos en el procedimiento ordinario, pero la apertura del juicio oral, que corresponde en este caso a la audiencia provincial, constituye un control de la acusación bastante más testimonial que el que se realiza en el procedimiento abreviado, puesto que, como veremos, las posibilidades de rechazar la apertura del juicio oral son muy limitadas, y se circunscriben exclusivamente a apreciar la procedencia del sobreseimiento libre por atipicidad de los hechos (art. 645 LECrim).

25 Varela Castro, Luciano, "El juicio sobre la acusación", en Carmona Ruano, Miguel, *Hacia un nuevo proceso penal,* Consejo General del Poder Judicial, Madrid, 2006, p. 314.

26 Con ánimo de distinguir el ámbito o alcance de cada uno de ellos, Armengot Vilaplana atribuye al primero el carácter de "juicio de imputación" (por ser previo a la formulación de la acusación) y al segundo la condición de "juicio de acusación". Armengot Vilaplana, Alicia, "Llamadme imputado, investigado o encausado, como queráis, pero respetad mis garantías", *Diario La Ley,* núm. 8776, junio de 2016, p. 10 y ss.

Todas ellas serán abordadas en el trabajo con la voluntad de evidenciar que no hacen sino ahondar en las dificultades para dar un tratamiento unitario que favorezca una racionalización del sistema de control judicial del ejercicio de la acusación.

A estas dificultades procedimentales se suman, por si fuera poco, inercias de la práctica forense que, como se verá, comprometen el cambio de paradigma que se precisaría para redimensionar tal control judicial como instrumento de limitación del Estado frente a un insostenible ejercicio del *ius puniendi*.

En definitiva, son muchas las aristas que presenta el tema objeto de este trabajo, que se aborda con la voluntad de aportar algunas ideas que permitan, por un lado, que cumpla eficazmente con la función de depuración procesal de acusaciones inviables y, por otro lado, reforzar su papel como garantía auxiliar del derecho de defensa y del derecho a la presunción de inocencia. Del primero, por cuanto debe asegurar que quien resulta finalmente sometido a enjuiciamiento conoce los hechos concretos que motivan su acusación y puede, en consecuencia, ejercitar eficazmente su defensa frente a la misma; del derecho a la presunción de inocencia, en tanto regla de tratamiento que supone un límite a las actuaciones judiciales que no resulten suficientemente amparadas en una acusación sólida, ya sea por contar con un defectuoso sustrato fáctico o una escasa base indiciaria, ya sea por referirse a hechos sin relevancia penal. El juicio de acusación debe traducirse en un singular y certero pronóstico de viabilidad de la acusación, por lo que su importancia para el ejercicio eficaz de la defensa y para el mantenimiento mismo de la condición de acusado resulta incuestionable. Es por todo ello que a lo largo del trabajo se incide en numerosas ocasiones y desde distintas perspectivas en la estrecha conexión entre el control de la acusación, el derecho a ser informado de la acusación y el derecho de defensa.

Sólo un análisis transversal del juicio de acusación y sus implicaciones permite obtener una panorámica más o menos completa a partir de la que realizar un abordaje que integre la respuesta a las diversas problemáticas que plantea: es preciso, pues, partir del diseño institucional de la fase intermedia y del propio juicio de acusación para garantizar su eficacia y la imparcialidad de quien lo realiza; pasar por la observación de las relaciones de vinculación e independencia que se producen entre la acusación y las resoluciones judiciales en las que se traduce el juicio de acusación; por las condiciones exigidas para abrir el juicio oral a la luz de los indicios de criminalidad que pesan sobre el encausado y por el estudio de las fórmulas que permiten evitar que causas penales sin un sólido sustrato acusatorio lleguen a la fase de enjuiciamiento. Una transversalidad que alcanza, en suma, a interesantes cuestiones relativas a la delimitación del objeto procesal, la determinación de la competencia para el enjuiciamiento o el régimen de impugnación de las decisiones judiciales que conforman el juicio de acusación.

Es indudable, además, que este análisis transversal no puede circunscribirse estrictamente al desarrollo del juicio de acusación en la fase intermedia, donde tiene lugar con carácter general, al menos en los términos en los que se ha entendido el juicio de acusación tradicionalmente. Sus estribaciones teóricas y prácticas sobrepasan los límites del periodo intermedio (cuya finalidad esencial radica en decidir si debe o no abrirse juicio)[27] y se adentran en el juicio oral en forma de control judicial de las modificaciones que el objeto procesal puede sufrir en el trámite de cuestiones previas y en sede de conclusiones definitivas y, desde ese punto de vista, es patente la oportunidad de volver la mirada también hacia esos momentos. No se trata de la parte esencial del juicio de acusación, tal ejercicio nos permite observarlo con mayor detalle y de forma más

---

27 Así lo destacaba Gimeno Sendra, Vicente, *Manual de Derecho Procesal Penal*, Ediciones jurídicas Castillo de Luna-Uned, Madrid, 2015, p. 674.

completa, ofreciendo de este modo una perspectiva integral y coherente de su tratamiento procesal.

No requiere una especial justificación la complejidad técnica de algunas de las cuestiones planteadas, como tampoco la necesita el interés de su estudio analítico, sistemático y crítico, que se desarrolla siguiendo una estructura que atiende a los distintos momentos procesales en los que se concreta el control de la acusación. Por ello, el primer capítulo se centra en delimitar las fronteras de la fase intermedia en cada uno de los procedimientos penales, dada la ausencia de referencia legal alguna a su extensión y contenido, y ello con el fin de contextualizar el juicio de acusación desde una perspectiva temporal (momento procesal en el que se desarrolla), orgánica (órgano jurisdiccional en quien descansa la función de control) y procedimental (resoluciones judiciales que lo conforman).

Teniendo en cuenta, además, que el control de la acusación requiere una mirada hacia el pasado (hacia las actuaciones desarrolladas en la fase de investigación) y una mirada hacia el futuro (hacia la pertinencia de abrir el juicio oral o, en su caso, de dictar sentencia según lo solicitado por las acusaciones), los siguientes capítulos abordan de manera sistemática el tratamiento procesal de las decisiones judiciales en las que se traduce. De ahí que el segundo capítulo sea una aproximación al juicio de acusación desde una vertiente negativa, esto es, a través del análisis de las situaciones en las que la mirada hacia el pasado conduce al órgano jurisdiccional a apreciar, de oficio o a instancia de parte, que no concurren las condiciones para el ejercicio de la acción penal. En su lugar, debe acordar nuevas diligencias de investigación que completen la instrucción (lo que supone postergar la decisión sobre la pertinencia de la imputación judicial) o decidir —con o sin previa práctica de nuevas diligencias— el sobreseimiento temporal o definitivo de las actuaciones. Se presta una atención especial a los presupuestos fácticos y normativos para acordar ambos tipos de resoluciones y a las posibles estrategias procesales de las que disponen las partes frente a ellas.

El tercer capítulo aborda los presupuestos y el contenido de la decisión judicial con la que se abren las puertas a la acusación formal, que supone un verdadero acto de imputación judicial precursor de la futura pretensión acusatoria. Se toma como punto de referencia fundamental el auto de transformación de las diligencias previas en procedimiento abreviado, pero su estudio se acompaña de los paralelismos y distinciones que esta resolución presenta con el resto de las decisiones judiciales que ostentan similar condición en otros procedimientos y, en particular, con el auto de procesamiento propio del procedimiento ordinario. El contenido de ambos se analiza en detalle. En este capítulo se aborda también el momento procesal en el que debe ejercitarse la acción civil que, en términos generales, escapa del control de acusación pero que merece algunas consideraciones en la medida en que acompaña y suele formularse en muchas ocasiones indisolublemente unida a la acción penal.

El cuarto capítulo se dedica al control judicial de la acusación ya formulada. En primer lugar, se abordan el contenido y las exigencias del auto de apertura del juicio oral como principal resolución mediante la que se lleva a cabo dicho control y la decisión de sobreseer las actuaciones que, como alternativa, prevé el art. 783.1 LECrim. Se analizan también las facultades del tribunal de enjuiciamiento para examinar en diversos momentos del juicio oral las posibles irregularidades que afecten a la pretensión penal y se aborda, por último, el control del ejercicio de la acusación popular y la restrictiva doctrina del Tribunal Supremo sobre los criterios de imposición de costas a la acusación.

En el quinto capítulo se aborda el control judicial de acusación en casos especiales, como es la conformidad, el procedimiento por delito privado o los procedimientos en los que la investigación se atribuye al Ministerio Fiscal o donde cobra un especial protagonismo (como es el caso del procedimiento por aceptación de decreto). Así mismo, se analiza el tratamiento procesal que recibe la decisión de no formular acusación en atención a los distintos momentos en los que se puede plantear y las formas que puede revestir.

En definitiva, el trabajo pretende, desde un diálogo entre la teoría y la práctica —entre el fundamento y los fines del juicio de acusación, por un lado, y los mecanismos legales y las prácticas jurisprudenciales, por otro—, incrementar su eficacia frente a acusaciones infértiles, promover la terminación lo más temprana posible de causas penales innecesarias y potenciar su virtualidad como instrumento para la efectividad de los derechos del encausado.

Capítulo I

El control judicial de la acusación. Generalidades y delimitación

1. DIFICULTADES DEL ANÁLISIS DEL CONTROL JUDICIAL DE LA ACUSACIÓN. CONTROL CONCENTRADO *VERSUS* CONTROL DIFUSO DE LA ACUSACIÓN

El análisis del juicio de acusación tiene como presupuesto ineludible la delimitación de las actuaciones judiciales a través de las que se lleva a cabo. Y es que, a pesar de que tiende a asimilarse el control de la acusación con el contenido sustancial de la fase intermedia[28], ello no deja de ser una suerte de simplificación, puesto que no son actuaciones procesales del todo coincidentes. Si bien el juicio de acusación comienza en ese momento procesal y supone la principal de las actuaciones que integran la fase intermedia, en ella se desarrollan otros actos procesales que, aunque se encuentran relacionados directa o indirectamente con ese control de acusación, tienen sustanti-

---

[28] Por ejemplo, en relación con el Anteproyecto de LECrim de 2020, que acogió la expresión "juicio de acusación", Armenta Deu señalaba que se había producido un cambio de denominación, por lo que se podía entender que se partía de la base de asimilar el significado de "fase intermedia" y "juicio de acusación". Armenta Deu, Teresa, *Jueces, fiscales y víctimas en un proceso en transformación,* Marcial Pons, Madrid, 2023, p. 83. También se aprecia esa asimilación terminológica en Verger Grau, Joan, *La defensa del imputado y el principio acusatorio,* JM Bosch, Barcelona, 1994, p. 81.

vidad propia[29]. En cualquier caso, a pesar de la necesidad de partir de esta distinción, hay quien considera que, por ser el juicio de acusación el principal de los objetivos de la fase intermedia, es preferible optar por tal denominación y abandonar esta última[30].

Esta primera tarea de delimitación de la fase intermedia y, dentro de ella, de identificación del juicio de acusación, resulta laboriosa por, al menos, tres razones. La primera es la ausencia de referencia alguna en la LECrim a la fase intermedia como fase procesal autónoma[31]. Ni originariamente ni tras las sucesivas reformas que han ido transformado el texto procesal hasta su redacción actual se ha prestado atención a la individualización de la fase intermedia, sino que únicamente se contienen referencias relativas a cada una de las actuaciones que la integran, en muchas ocasiones desconectadas unas de otras. Y es que la fase intermedia no se encuentra como tal recogida y regulada en la LECrim[32], sino que se trata más bien

---

29 Ortego Pérez, Francisco, "Reflexiones sobre el "juicio de acusación" y la etapa intermedia del proceso penal", Diario La Ley, núm. 6090, 21 de septiembre de 2004, p. 6. También en Ortego Pérez, Francisco, "Juicio de acusación, sobreseimiento y cuestiones previas en el proceso penal", *Revista Aranzadi de Derecho y Proceso Penal* num.13, 2005, pp. 10 y ss.

30 Es el caso de Verger Grau, Joan, *La defensa del imputado…*, cit., p. 82. Ortego Pérez parte de distinguir claramente entre las distintas funciones del periodo intermedio, pero, ante la posibilidad de que no llegue a celebrarse el juicio oral, considera preferible aludir al juicio de acusación, omitiendo, por tanto, toda referencia a un juicio que bien podrá no llegar a tener lugar.

31 Llama la atención sobre ello, entre otros, Ormazabal Sánchez, Guillermo, *El periodo intermedio del proceso penal*, McGraw-Hill, Madrid, 1997, p. 1.

32 Moreno Catena, Víctor, "La fase intermedia", en Moreno Catena, Víctor, (Dir.), *El proceso penal*, Ed. Tirant Lo Blanch, Valencia, 2000, Tomo III, p. 1875.

de una construcción doctrinal que la jurisprudencia ha hecho suya para referirse al momento procesal que separa la fase de instrucción de la fase de juicio oral y al conjunto de variadas decisiones judiciales que deben tomarse acerca del curso de las actuaciones, entre las que se encuentra el control de la acusación[33]. Gracias a ese reconocimiento jurisprudencial, la fase intermedia tiene sustantividad procesal propia, si bien sus contornos resultan algo difusos[34]. En cualquier caso, no es tanto la identificación de una fase de transición entre la instrucción y el juicio oral lo que resulta interesante, sino el análisis de las diversas resoluciones judiciales que la integran mediante las que se efectúa un control judicial —previo y posterior— de los elementos esenciales de la pretensión acusatoria.

La segunda razón por la que la delimitación exacta de la fase intermedia plantea algunas dificultades es la diversidad procedimental que caracteriza nuestro sistema penal, que conlleva, a su vez, una diversidad de fases intermedias; tantas como procedimientos existen (con la salvedad del procedimiento para el enjuiciamiento de delitos leves que, por carecer de fase de investigación propiamente dicha, no cuenta tampoco, por definición, con un periodo intermedio). De ahí que, en ocasiones, sea preciso referirse a las particularidades de cada procedimiento, dado que el juicio de acusación no se produce de la misma manera en todos ellos, pues cada uno está integrado por actos no siempre coincidentes ni en su contenido ni en el momento procesal en el que tienen lugar. En cualquier caso, y dado que hoy por hoy es el proceso común o tipo, me centra-

---

[33] La Exposición de Motivos de la LECrim de 2011 distinguía con suma claridad: "Es el juicio de acusación en la fase intermedia el momento en el cual la autoridad judicial realiza una labor de depuración de la regularidad de la formación de la tesis acusatoria".

[34] De ello da cuenta Quintero Jiménez, Camilo Alberto, *Fase intermedia y control...*cit., pp. 26 y 27.

ré fundamentalmente en el procedimiento abreviado, aunque serán inevitables las referencias a las especialidades propias de la fase intermedia y del juicio de acusación que tienen lugar en el resto de procedimientos.

La tercera causa de las dificultades para identificar los momentos y actuaciones que conforman el control judicial de la acusación es, como ya se ha mencionado, que la fase intermedia y el juicio de acusación no son fases o actuaciones procesales plenamente equivalentes. Es indudable que las actuaciones que se llevan a cabo en la fase intermedia alcanzan a diversas cuestiones, todas ellas vinculadas, directa o indirectamente, con el ejercicio de la acción penal. Tales actuaciones incluyen, en primer lugar, un examen de lo actuado durante la instrucción a los efectos de pronosticar la viabilidad de la futura acción penal que se entable mediante los escritos de acusación. En segundo lugar, en el caso de acordar la continuación del procedimiento, es precisa la determinación del cauce procedimental adecuado, la delimitación de las personas frente a las que podrá dirigirse la pretensión penal y, correlativamente, un control sobre las oportunidades de defensa que las mismas han tenido durante la instrucción a los efectos de concretar los hechos punibles sobre los que podrá versar el enjuiciamiento. Por último, es preciso determinar la competencia del órgano de enjuiciamiento, que viene fijada por las normas de competencia objetiva en atención a la pretensión finalmente ejercitada en los escritos de acusación[35].

---

[35] La STS 211/2020, de 21 de mayo, cuyo estudio es ineludible si se quiere conocer el contenido y las funciones de la fase intermedia, realiza una descripción sumamente detallada de las decisiones cruciales que deben adoptarse y de las garantías que las mismas suponen para el justiciable. Las referencias posteriores a esta sentencia han sido numerosas, pues su claridad y utilidad para fijar los márgenes de la fase intermedia están fuera de toda duda. Por ejemplo, se remiten a ella las SSTS 738/2022, de 19 de julio, 301/2024, de 9 de

Tampoco cabe duda de que el momento central del juicio de acusación tiene lugar en la fase intermedia y, particularmente, en el mismo auto de transformación de las diligencias previas en procedimiento abreviado con el que se clausura la instrucción y se inicia dicha fase, pero el juicio de acusación no se agota en dicha resolución[36]. Ni siquiera se agota en el auto de apertura del juicio oral que pone fin al periodo intermedio, sino que un detallado examen de las funciones de control del órgano de enjuiciamiento sobre la acusación permite concluir que tal control se extiende (aunque, sin duda, con una fuerza que disminuye gradualmente) a lo largo de toda la instancia. Por tal razón, las actuaciones posteriores al auto del apertura del juicio oral en las que, de un modo u otro, se efectúa dicho control pueden considerarse "estribaciones" del juicio de acusación, toda vez que tal control se deja notar en distintos momentos del acto de juicio y con distintas consecuencias. De ahí que, aunque el trabajo se ciña fundamentalmente a las actuaciones de la fase intermedia, donde se desarrolla en su mayor parte el juicio de acusación, sean inevitables las referencias a momentos procesales posteriores.

Estas primeras consideraciones conducen, a su vez, a una primera conclusión: el juicio de acusación previsto en la LECrim no puede calificarse como un control concentrado del ejercicio de la acción penal, por cuanto sobrepasa los límites de la fase intermedia y se adentra en el acto mismo del juicio oral. De ahí que tal desbordamiento permita considerar que se trata de un sistema de control más bien difuso, por cuanto

---

abril, 873/2023, de 24 de noviembre, 811/2023, de 3 de noviembre, 416/2023, de 31 de mayo o 1016/2022, de 18 de enero, entre otras.

36 Me referiré a él indistintamente como auto de transformación de las diligencias previas en procedimiento abreviado, auto de incoación de procedimiento abreviado, auto de procedimiento abreviado, auto transformador, auto de acomodación o auto del art. 779.1.4ª LECrim.

transcurre en paralelo a la continuación del procedimiento y se puede materializar en diversos momentos: como veremos, fundamentalmente, en el trámite de cuestiones previas (ahora en la audiencia preliminar regulada en el art. 785 LECrim) y en el de modificación de las conclusiones definitivas. Ello no deja de ser fiel reflejo del proceso de cristalización progresiva que sufre el objeto procesal, lo que hace necesario tomar en consideración todas las actuaciones en las que cabe cuestionarse los términos de la acusación que ha logrado traspasar el filtro del auto de apertura del juicio oral.

2. EL PROTAGONISMO DEL JUEZ INSTRUCTOR

A diferencia de lo que sucede en la mayor parte de los sistemas de nuestro entorno, en los que la investigación se ha puesto en manos del Ministerio Fiscal al considerar que, de este modo, se garantiza en mayor medida el principio acusatorio, nuestra LECrim, y hasta tanto se produzca una reforma integral (lo que, a día de hoy, parece bastante improbable) atribuye a un juez las funciones de investigación y le asigna también la competencia para conocer de las principales resoluciones que conforman el juicio de acusación en el procedimiento abreviado: el auto de transformación de las diligencias previas en procedimiento abreviado (art. 779.1.4ª LECrim) y el auto de apertura del juicio oral (art. 783.1 LECrim)[37]. Ello marca una evidente diferencia entre tales sistemas procesales y el nues-

[37] Un sistema en parte similar al francés, donde el instructor decide si procede el sobreseimiento (por la insuficiencia de los indicios) o la continuación de las actuaciones, en cuyo caso remite lo actuado al órgano de enjuiciamiento con una calificación provisional de los hechos punibles. Solaro, Chantal y Paul Jean, Jean, "El proceso penal en Francia" (trad. por Escribano Mora, Fernando), *Jueces para la democracia*, 1987, núm. 2, p. 33.

tro, dado que en aquellos suele ser más sencillo identificar la función de control judicial sobre la acusación, toda vez que el órgano judicial es completamente ajeno a la investigación y se limita a evaluar la tipicidad de los hechos investigados y la existencia de indicios de criminalidad. En el sistema que articula la LECrim, sin embargo, la atribución al mismo órgano jurisdiccional de las funciones de investigar y, al mismo tiempo, de acordar la continuación de las actuaciones o el sobreseimiento, no plantea, en mi opinión, dudas de naturaleza constitucional, dado que la imparcialidad del órgano de enjuiciamiento queda plenamente salvaguardada[38], pero sí lleva a cuestionarse su efectividad, toda vez que la práctica nos muestra que en la gran mayoría de casos (por no decir prácticamente todos), el juez que ha acordado la transformación de las diligencias previas en procedimiento abreviado acuerda posteriormente el auto de apertura del juicio oral y nunca —o prácticamente nunca— el sobreseimiento, a pesar de que puedan concurrir las causas previstas en el art. 783.1 LECrim a partir de las que pronosticar que el procedimiento finalizará con una sentencia absolutoria por atipicidad de los hechos o insuficiencia de indicios de criminalidad. Se trata de una disfunción importante del juicio de acusación que debería ser subsanada para trata de garantizar, por un lado, el derecho de la persona encausada a conocer los hechos por los que va a ser enjuiciada y, por otro, la efectividad del control judicial sobre la viabilidad de la acusación para

---

38 Sí las planteó en el pasado. Por ejemplo, Moreno Catena señalaba que "es el propio juez quien decide sobre el momento de conclusión de la investigación, sin sujeción a plazo, decidiendo sobre su propia actividad investigadora, lo que puede comprometer la imparcialidad". Moreno Catena, Víctor, "El papel del juez y del fiscal durante la investigación del delito", en Carmona Ruano, Miguel (Dir.), *Hacia un nuevo proceso penal*, Consejo General del Poder Judicial, Madrid, 2005, p. 75.

evitar un juicio oral estigmatizante cuando cabe anticipar que terminará con una sentencia absolutoria.

Aunque, en términos generales, jurisprudencia y doctrina reconocen la importancia del juicio de acusación desde esa doble dimensión (garantía del derecho de defensa y evitación de juicios innecesarios), Nieva Fenoll ha explicado su existencia en términos de reminiscencia histórica y concluye que, hoy en día, salvo en el jurado, resulta innecesario contar con esa función de control. En síntesis, señala que el Gran Consejo de Clarendon (*Assize of Clarendon*) de 1166, instauró un jurado popular en Inglaterra —precursor del Gran Jurado o Jurado de acusación— encargado de revisar acusaciones que, en muchos casos, carecían de todo fundamento, de modo que se garantizaba que sólo se diera curso a cargos que lograran superar el filtro de ese jurado previo. Fue la *Carta Magna Libertatum* de 1215 la que introdujo el jurado encargado propiamente del enjuiciamiento, al que únicamente llegaban las acusaciones que el primer jurado consideraba fundadas. Dicho sistema, con doble jurado, fue copiado en tiempos de la revolución francesa, pero el mal funcionamiento del primer jurado, el de acusación, llevó a atribuir tal función a jueces técnicos (la *Cámara de acusación*, con competencia respecto de los delitos enjuiciados por el jurado)[39], dando lugar a lo que, en su evolución, parece responder el actual filtro de acusación que compete, en su parte esencial, al instructor[40]. Se pregunta Nieva Fenoll si tiene sentido mantener ese control sobre la acu-

---

39 Almagro Nosete, José (con Moreno Catena, Víctor, Cortés Domínguez, Valentín y Gimeno Sendra, Vicente), *El nuevo proceso penal*, cit., p. 199.

40 Nieva Fenoll, Jordi, "El procedimiento de investigación en el Anteproyecto de LECrim de 2020", en Jiménez Conde, Fernando y Fuentes Soriano, Olga (Dirs.), *Reflexiones en torno al Anteproyecto de Ley de Enjuiciamiento Criminal de 2020*, Tirant lo Blanch, Valencia, 2022, pp. 642-643.

sación en un procedimiento de corte acusatorio (en particular, como el que estipula el Anteproyecto de LECrim de 2020, que atribuye la investigación al Ministerio Fiscal), al margen de los casos en los que la competencia para el enjuiciamiento sea del jurado. Considera que se trata de una formalidad innecesaria y una pérdida de tiempo, por cuanto tiene por finalidad preservar la imparcialidad del órgano de enjuiciamiento que, siendo técnico, está suficientemente formado y preparado para poner a salvo su imparcialidad. Sin embargo, es discutible que sea esa la finalidad de la fase intermedia y, en particular, del juicio de acusación, toda vez que este control se articula para examinar su viabilidad y evitar la indeseable apertura del juicio oral cuando los hechos no sean delictivos o no existan indicios de criminalidad suficientes, eludiendo lo antes posible el estigma para el acusado de su paso por el juicio oral. El juicio de acusación cumple, pues, una función de garantía de los derechos del futuro acusado que debe ponerse en un primer plano. Así lo ha destacado Armenta Deu, que expresa un sentir, si no unánime, sí muy mayoritario: "El control judicial de la acusación puede no ser una exigencia de rango constitucional, pero pocas dudas caben de que constituye el instrumento más adecuado para proteger con la debida eficacia derechos fundamentales del justiciable. El control judicial representa una valiosa garantía para la persona investigada, en la medida en que se propone liberarlo del sometimiento a un juicio basado en una acusación carente de fundamento mínimamente sólido o fundada en hechos que no constituyen delito. Se trata, en definitiva, de evitar lo que se denomina "pena de banquillo""[41]. Cuestión distinta es que, como se analizará más adelante, el juicio de acusación que se articula en la LECrim presente disfunciones que justifiquen la necesidad de algunas reformas. La atribución al instructor de la competencia para tomar las decisiones más im-

---

41 Armenta Deu, *Teresa, Jueces, fiscales*..., cit., p. 85.

portantes sobre la suerte que debe correr la acusación hace disminuir notablemente la eficacia de tales decisiones como filtro de entrada al juicio oral, pero su importancia desde la perspectiva de los derechos del encausado y, particularmente, de su derecho de defensa está, en mi opinión, fuera de toda duda.

3. LA TERMINACIÓN DE LA INSTRUCCIÓN. LA ALTERNATIVA ENTRE EL SOBRESEIMIENTO Y LA CONTINUACIÓN DEL PROCEDIMIENTO

Una vez practicadas de oficio o a instancia de parte las diligencias de investigación pertinentes y conducentes al descubrimiento de los hechos y de sus autores, el instructor debe valorar la situación en la que se encuentra la causa y decidir si procede continuar el procedimiento o si, por el contrario, se da una de las causas que conducen a acordar el sobreseimiento. Esto es, debe efectuar un control de lo actuado hasta el momento como presupuesto para iniciar el tránsito —si procede— hacia el central acto de enjuiciamiento, que dota de verdadero significado al ejercicio estatal del *ius puniendi*. Un control que no es el primero al que se somete la formulación de la imputación, por cuanto también al inicio de las actuaciones penales se precisa un acto judicial que avale el sometimiento de una persona a la investigación (un auto de admisión de la querella, un auto de incoación de las diligencias o un auto por el que se acuerda una medida cautelar personal). Se produce, en realidad, un control escalonado[42] o progresivo de la acusación que se inicia con el auto de incoación de procedimiento abreviado

---

[42] Así lo denomina Ortego Pérez, Francisco, "El control jurisdiccional de la acusación como garantía en el proceso penal", *Diario La Ley*, 2000, Tomo 5, pp. 4 y ss. (en especial, p. 9).

(en íntima conexión con la comparecencia informativa del art. 775 LECrim[43], tal y como se verá) y el auto de apertura del juicio oral y culmina —si atendemos a todos y cada uno de los actos judiciales que lo integran— con la sentencia, en la que el órgano de enjuiciamiento realiza una última valoración de la tipicidad[44] y del sustento probatorio de la acusación. Es llegado el momento de acordar la incoación del procedimiento abreviado —o alternativamente el sobreseimiento— cuando se puede concluir que el instructor deja atrás la investigación y se adentra en la fase intermedia, pero en los casos en los que opta con lo primero, ese es sólo el comienzo del control positivo de acusación. Como se ha comentado anteriormente, en una interpretación en exceso restrictiva, el juicio de acusación se circunscribiría exclusivamente a las decisiones por las que se acuerda la continuación del procedimiento hacia el juicio oral (auto de procedimiento abreviado y auto de apertura del juicio oral) o a aquéllas en las que, por el contrario, el instructor se decanta por el sobreseimiento. Sin embargo, se trata de una lectura, en mi opinión, sumamente empobrecedora del control judicial sobre la formulación de la hipótesis acusatoria. Desde el punto de vista procesal, la fase intermedia, en la que se enmarcan esas decisiones, cuenta con una especial trascendencia, por cuanto es en ese momento cuando es preciso apostar por la continuación del procedimiento o por su clausura anticipada en forma de auto de sobreseimiento. Sin embargo, es sólo una parte, sin duda la principal, del juicio de acusación. Y si en el análisis se introducen las disfunciones que su diseño produce en la práctica, esta conclusión resulta

---

43 Prevista también, con especialidades, en el ámbito del procedimiento ante el tribunal del jurado en el art. 25.1 LOTJ.

44 Entendiendo por tipicidad, en general, la relevancia penal de los hechos como presupuesto de la declaración de responsabilidad. En este sentido se pronuncia Romero Pradas, M.ª Isabel, *El sobreseimiento,* Tirant lo Blanch, Valencia, 2002, p. 112.

todavía más incontestable, especialmente por lo que se refiere a la decisión relativa a la apertura del juicio oral o el sobreseimiento, una disyuntiva que, como se verá, sólo formalmente cumple una función de filtro de acusaciones infundadas o —deficientemente fundadas—que requiere, precisamente por eso, de ulteriores actuaciones del órgano de enjuiciamiento que completen esa función de control o valoración[45]. De este modo, aunque no cabe duda de que el control de la acusación se inicia —en sentido formal—en la fase intermedia, se prolonga durante toda la instancia, corriendo paralelo a la conformación progresiva de la pretensión penal, que constituye su principal objeto[46]. Y esta es una diferencia sustancial con el proceso civil, donde, como ha señalado Asencio Mellado, el objeto procesal queda concretado en la demanda de manera prácticamente definitiva, lo que contrasta con la "cristalización progresiva" del objeto de acusación en el orden penal[47].

---

45 Como algunos autores han advertido, el control judicial que se lleva a cabo en el auto de apertura de juicio oral es tan débil que puede decirse que no existe un verdadero control de acusación. Es el caso de Castillejo Manzanares, Raquel, "Hacia un nuevo proceso penal (investigación y juicio de acusación)", *Estudios Penales y Criminológicos*, vol. XXIX, 2009, p. 253.

46 Conformación progresiva o escalonada que ya fue destacada por Gimeno Sendra, Vicente, *Fundamentos del Derecho Procesal*, Madrid, 1981, pp. 135 y ss.

47 Asencio Mellado, José María, "El auto del art. 779.1-4 de la Ley de Enjuiciamiento Criminal. Una imputación de hecho jurídicamente relevante (a propósito del auto de la Sección Segunda de la Audiencia Provincial de Alicante de dieciocho de septiembre de dos mil diecisiete", en Castillejo Manzanares, Raquel (Dir.) y Alonso Salgado, Cristina (Coord.), *El nuevo proceso penal sin Código Procesal Penal*, Atelier, Barcelona, 2019, p. 148. También destacaba este diverso tratamiento Montero Aroca, Juan, Principios del proceso penal. Una explicación basada en la razón, Tirant lo Blanch, Valencia, 1997, p. 130.

Finalizadas las actuaciones ordenadas en la fase de instrucción (o alcanzado el plazo máximo de instrucción previsto en el art. 324 LECrim), el sistema de control que articula la ley procesal comienza antes incluso de la formulación misma de la acusación y precisa que el instructor realice una "pausa" que le permita examinar la suerte que debe correr la investigación (declarando su terminación o la necesidad de realizar nuevas diligencias) y el propio procedimiento: "Se trata (...) de una pausa entre la instrucción y la fase plenaria, que puede denominarse de depuración o de clasificación, durante la cual, el Tribunal provincial delibera y decide, tanto la suerte, definitiva o mudable, del auto de terminación del sumario, como si el proceso debe proseguir por sus trámites normales o si, por el contrario, debe abortarse, acordando su archivo, por entender que lo alegado sumarialmente no basta para abordar debidamente las solemnidades del juicio oral"[48]. Una referencia inequívoca al procedimiento ordinario para el enjuiciamiento de delitos graves pero que ilustra muy bien la idea que pretendo destacar.

De ahí que, en el proceso penal italiano, *l'udienza preliminare,* en la que se desarrolla esta misma función, haya sido denominada gráficamente *fase procesal prodrómica al juicio*[49]. En efecto, es en este momento intermedio o preliminar cuando, con la finalidad de evitar juicios innecesarios o indebidamente preparados[50], tiene que examinarse la información obtenida en la instrucción y la posibilidad o conveniencia de llevar a cabo nuevas diligencias que la completen y permitan adoptar una decisión más atinada sobre la pertinencia de avanzar hacia

---

48 STS de 17 de mayo de 1990.

49 Garofoli, Vincenzo, "Considerazioni introduttive", en *L'udienza preliminare e il contenimento dei tempi processuali,* Giufrrè Editore, Milano, 2008, p. 1.

50 En este sentido también, entre otros, Ortego Pérez, F., "El control jurisdiccional de la acusación...", cit., págs. 1 y 2.

el juicio oral si la acusación cuenta con una adecuada fundamentación o, por el contrario, la de acordar el sobreseimiento de la causa. De ahí que, por ejemplo, Ortells Ramos haya definido nuestra fase intermedia como el "conjunto de actos que tienen por función revisar si la instrucción previa está completa -y en su caso completarla- y resolver sobre la procedencia de la apertura del Juicio oral en atención a la fundabilidad de la acusación"[51]. O que Ortego Pérez la haya considerado un "enjuiciamiento intermedio que tiene lugar en el proceso penal, previo al juicio sobre el hecho o juicio penal propiamente dicho, y donde se reconoce o deniega por el órgano jurisdiccional el derecho de acusar o acción penal"[52].

Aunque podrían introducirse algunos matices, lo cierto es que ambas definiciones encierran una aproximación muy certera a las actuaciones que tienen cabida en este momento procesal tan crítico, que, si bien pueden entenderse orientadas, en mayor o menor medida, a establecer la seriedad y sostenibilidad de la acusación[53], dan cuenta de la necesidad, para que ello sea posible, de poner en marcha un doble tamiz. En primer lugar, a modo de presupuesto, la necesaria valoración de la suficiencia de las diligencias desarrolladas en la fase instructora, de modo que, caso de no alcanzar el nivel de confirmación de los hechos necesarios para hacer avanzar el procedimiento, ello derive en la práctica de nuevas diligencias, permaneciendo la causa en la fase de investigación hasta que el resultado de esas actuaciones permita sostener más certeramente la decisión de

---

51 Ortells Ramos, Manuel, "Problemas de contenido y delimitación de las fases del proceso abreviado (diligencias previas, fase intermedia, juicio oral)", *Revista General del Derecho*, 1993, núm. 586-587, pp. 7195 y ss.

52 Ortego Pérez, Francisco, "El control jurisdiccional de la acusación…", cit., p. 2.

53 Ortego Pérez, Francisco, "Juicio de acusación, sobreseimiento…", cit., p. 5.

sobreseer las actuaciones o de continuar hacia el juicio oral. El segundo paso es el que, dando por terminada la instrucción, consiste en decantarse, en atención a su resultado, por la finalización del procedimiento (mediante el sobreseimiento) o por su continuación. Esta mirada hacia atrás, hacia lo ya actuado y, a renglón seguido, hacia delante, hacia el enjuiciamiento (que en nuestro sistema corresponde en el procedimiento abreviado al órgano encargado de la instrucción)[54] no sólo supone un juicio de fundamentación de la acusación[55], sino que constituye también un instrumento esencial al servicio del derecho de defensa, por cuanto marca los límites objetivos y subjetivos de la acusación. Cuenta, por tanto, con una doble dimensión, pues cumple dos funciones que se desarrollan indisolublemente unidas.

En definitiva, la fase intermedia y, en concreto, el juicio de acusación, representa el tránsito —más o menos largo, más o menos complejo— hacia un camino que hasta entonces era incierto y ahora se dirige hacia el juicio oral o, por el contrario, si el control sobre la acusación resulta ser negativo, lleva a poner fin al proceso de forma anticipada.

En el caso del procedimiento abreviado, el juicio de acusación se desenvuelve, como es sabido, en dos momentos procesales y a través de dos resoluciones íntimamente conectadas entre sí: el auto de transformación de las diligencias previas en procedimiento abreviado (art. 779.1.4ª LECrim) y el auto

---

54 Idea que encontramos en Fenech Navarro, Miguel, "Puntos de vista sobre el proceso penal español", en Fenech Navarro, Miguel y Carreras Llansana, Jorge, *Estudios de Derecho Procesal*, Barcelona, 1962, p. 692.

55 Como señala Giostra, se trata de una manera de evitar un juicio innecesario cuando no existe una base indiciaria sólida. Giostra, Glauco, *Prima lezione sulla giustizia penale*, Editori Laterza, Bari-Roma, 2020, p. 116.

de apertura del juicio oral (art. 783.1 LECrim), que sigue a los escritos de acusación[56]. Un sistema instaurado en 1988 que, con algún cambio, se mantiene hasta hoy y que, como ha destacado Del Moral García, responde en buena medida a la lógica que tradicionalmente ha inspirado la LECrim, en virtud de la cual el instructor no se encuentra vinculado a las acusaciones formuladas[57]. En efecto, frente a la inevitable vinculación del instructor a las peticiones de sobreseimiento como efecto directo del principio acusatorio[58], únicamente acordará la apertura del juicio oral cuando, a pesar de la petición de las acusaciones, aprecie que los hechos son típicos y que la pretensión penal cuenta con una base indiciaria suficiente que justifique su debate contradictorio en el acto de juicio. Se trata, en definitiva, de una facultad de control que le permite separarse de las peticiones de las acusaciones para evaluarlas críticamente y descartar las que no alcancen tales condiciones. Sin embargo, aunque el juicio de acusación persigue efectuar ese control so-

---

56 Lo que ha llevado a algunos autores a considerar innecesario el doble control, que bastaría concentrar en un solo acto judicial. Es el caso, por ejemplo, de Quintero Jiménez, Camilo Alberto, *Fase intermedia y control...*, cit., pp. 266-267.

57 Con la salvedad que se introdujo con las diligencias preparatorias (cuando la petición del Fiscal vinculaba al juez de instructor, salvo que entendiera que los hechos no eran constitutivos de delito) y la derivada de la LO 10/1980, de 11 de noviembre, que partía también de la vinculación del instructor a la acusación formulada si optaba, en lugar de archivar, por dar traslado de las actuaciones a las partes acusadoras. Del Moral García, Antonio, "Procedimiento abreviado: ámbito de aplicación y transformación a otros tipos procedimentales", *Poder Judicial*, núm. 37, 1995, pp. 189-190.

58 A excepción de las facultades que le confieren los arts. 642 a 644 y 782.2 LECrim en tal caso y los supuestos en los que, solicitando las acusaciones el sobreseimiento, sea preciso adoptar medidas de seguridad, supuesto este último en el que debe acordarse la apertura de juicio oral. Armenta Deu, Teresa, *Principio acusatorio y Derecho penal*, JM Bosch, Barcelona, 1995, pp. 50 y ss.

bre la pretensión penal, no siempre en la práctica lo consigue plenamente, y en ello pueden influir diversos factores, pero me decanto por uno de ellos por encima del resto: la atribución de la función de control al mismo órgano jurisdiccional que realiza la instrucción, que si bien salvaguarda la *tercietà* del órgano de enjuiciamiento, compromete seriamente la efectividad de dicha función al recaer sobre el mismo órgano que ha dirigido la investigación. Lo dejo simplemente anotado con la intención de dar cuenta de una problemática que tiene su origen en el diseño procedimental de la LECrim y que podría mejorar ostensiblemente transfiriendo la competencia para conocer de estas resoluciones a un tercer órgano jurisdiccional (que podría ser una sección de lo penal del tribunal de instancia o un magistrado de la audiencia provincial) que no hubiera tenido contacto previo con la instrucción y que no vaya a tenerlo con la fase de juicio y fallo, quedando así también salvaguardada la imparcialidad del órgano de enjuiciamiento frente a decisiones que pudieran ponerla en riesgo. Alternativamente, podrían reconfigurarse las funciones del instructor para acercarlo en la medida de lo posible a la figura del juez de garantías, aunque esta segunda posibilidad resulte algo más compleja en un sistema procesal como el nuestro y no evite el contacto con la instrucción previa, sobre la que debe pronunciarse al efectuar el control de la acusación.

Y precisamente porque, en muchas ocasiones, las actuaciones que se desarrollan en la fase intermedia no permiten una depuración eficiente de acusaciones infundadas, es necesario poner el foco también en otras actuaciones que, ya en sede de juicio oral, puede llevar a cabo el tribunal de enjuiciamiento para evitar que el acusado se vea sometido a acusaciones que hayan traspasado indebidamente los filtros jurisdiccionales. Para ello es preciso evaluar qué tipo de decisiones puede adoptar el tribunal enjuiciador sin poner en riesgo su imparcialidad y sin contravenir principios básicos del proceso, como es el caso, por ejemplo, de preservar la firmeza de decisiones del instructor que han dado ya respuesta a la viabilidad de la pretensión penal, a los cauces para su ejercicio y a la competencia del órgano jurisdiccional que debe pronunciarse sobre el fondo del asunto.

4. EL CONTROL JUDICIAL DE LA ACUSACIÓN Y EL DERECHO DE DEFENSA

El análisis del juicio de acusación exige revisar en qué medida se garantiza el derecho de defensa del encausado cuando se acuerda la continuación del procedimiento. En el concreto caso del procedimiento abreviado, una vez el instructor se decanta por la transformación de las diligencias previas en procedimiento abreviado, las facultades defensivas del encausado se encuentran en cierta medida limitadas. En efecto, además de la más evidente restricción, consistente en vetarle la posibilidad de proponer diligencias complementarias (y ello a partir de la literalidad del art. 780 LECrim)[59], la petición de nuevas diligencias que supongan la revocación del auto de transformación de las diligencias previas en abreviado (por vía de recurso de reforma o apelación) —o del auto de conclusión del sumario en el procedimiento ordinario— carece de efectos vinculantes, por lo que su alcance es muy reducido[60]. No obstante, existe acuerdo en reconocer la legitimidad constitu-

---

[59] El Tribunal Constitucional fue meridianamente claro al señalar que el veto a la defensa para interesar diligencias complementarias tiene su razón de ser en las amplias posibilidades de proponer diligencias en la fase de investigación y pruebas en su escrito de defensa. Sobre ello, pueden verse las SSTC 186/1990, de 15 de noviembre —que se analizará en detalle—, 21, 22 y 23/1991, de 31 de enero y 54/1991, de 11 de marzo y el ATC 316/1991, de 22 de octubre.

[60] En relación con el procedimiento ordinario, Moreno Catena, Víctor, "La fase intermedia", cit., p. 1891.

cional de las limitadas posibilidades de defensa del encausado en este momento, toda vez que en la fase de instrucción ha tenido la posibilidad de ser oído y de proponer todos los actos de investigación que ha considerado pertinentes, mientras que la fase intermedia a la que da paso la terminación de la instrucción se dirige a perfilar los límites del futuro juicio oral y de la acusación formal. Por eso, al margen del ejercicio de los recursos previstos frente al auto de procedimiento abreviado (reforma y apelación) para solicitar el sobreseimiento o su revocación como consecuencia de alguna irregularidad procesal, dado que durante la investigación ha podido defenderse sin más límites que los que legítimamente pudieran establecerse en casos especiales[61], lo más común es que la petición en vía de recurso de la revocación del auto de procedimiento abreviado para la práctica de adicionales diligencias de investigación se resuelva remitiendo al encausado a su escrito de defensa, donde podrá proponer todos los medios de prueba que estime necesarios, con la sola excepción de aquellas diligencias que logre justificar que, de acordarse, pudieran comportar el sobreseimiento. En tal caso, como después se analizará, debería acordarse la revocación del auto transformador para ofrecer a la defensa una última oportunidad de completar las diligencias practicadas y provocar la finalización anticipada del procedimiento. Es oportuno entonces que el instructor efectúe un control de pertinencia y utilidad más estricto que el empleado en instrucción, pues el encausado debe mostrar que, de practicarse las diligencias propuestas, cambiaría el curso de las actua-

---

61 Como es el caso de la declaración de secreto —situación en la que sólo se le permite acceder a los elementos esenciales para impugnar la detención o la prisión provisional— o el caso de la privación de libertad en régimen de incomunicación. Una vez levantada la declaración de secreto o cesada la situación de incomunicación, el investigado goza de acceso a todas las actuaciones y plenas facultades de contradicción.

ciones, que quedarían abocadas a un sobreseimiento, no siendo suficiente con tratarse de diligencias pertinentes y útiles, en cuyo caso, como he señalado, se le deberá remitir al escrito de defensa como trámite idóneo para la proposición de pruebas.

5. LA FASE INTERMEDIA COMO PUNTO DE PARTIDA DEL CONTROL JUDICIAL DE LA ACUSACIÓN

El análisis del juicio de acusación requiere abordar las resoluciones en las que se materializa en la fase intermedia, en la que, como se ha destacado, tienen lugar algunos de sus principales hitos. Ello plantea algunas dificultades. La primera, la circunstancia de que la LECrim no se refiera expresamente a la fase intermedia en ninguno de los procedimientos que articula. Es la razón principal por la que no existe acuerdo sobre las decisiones judiciales de esta fase que conforman el llamado "juicio de acusación". Algunos autores lo circunscriben al auto de apertura del juicio oral[62], al que denominan "juicio positivo de acusación", en contraposición al sobreseimiento que, en palabras empleadas por la STC 186/1990, de 15 de noviembre, supondría un juicio "negativo" de acusación, por cuanto estima improcedente la continuación del procedimiento. Para otros —y también para el Tribunal Supremo— el juicio de acusación comienza en un momento anterior; concretamente, con el auto de transformación de las diligencias previas en procedimiento abreviado (art. 779.1.4ª LECrim), y se completa con el auto de apertura del juicio oral o, alternativamente, el auto de sobreseimiento posterior a los escritos de acusación[63]. Y si atendemos al acto procesal en el que cabe situar el inicial control

---

62 Es el caso, por ejemplo, de Moreno Catena, "La fase intermedia", cit., p. 1940.

63 Entre otros muchos, así se confirma en los AATS de 12 de junio de 2024 y ATS 20639/2024, de 6 de junio.

de acusación en el sumario, el auto de procesamiento[64], que se dicta en la fase de instrucción, hay que concluir que la asimilación entre juicio de acusación (o inicio del juicio de acusación), y fase intermedia[65] es poco precisa y únicamente resulta operativa cuando se refiere al procedimiento abreviado[66].

En definitiva, como ya se ha señalado, aunque el juicio de acusación se desarrolla en gran parte en la fase intermedia, no coincide exactamente con ella, por cuanto las actuaciones desarrolladas en esta fase no agotan las facultades supervisoras que los órganos jurisdiccionales deben desempeñar en relación con la acusación formulada. Por un lado, porque, ya se ha destacado, el alcance de las que se desarrollan en esa etapa procesal es bastante limitado y, por otro lado, porque las facultades de las partes acusadoras en orden a modificar el objeto procesal —a instancia de parte o incluso a instancia del propio órgano de enjuiciamiento— conllevan la necesidad de efectuar un nuevo examen sobre la viabilidad de las alteraciones que pueda sufrir la hipótesis acusatoria.

Sea como fuere, y en tanto el control judicial comienza en la fase intermedia, es preciso abordar su delimitación a partir de la regulación de los concretos actos que la conforman.

---

64 Su equivalencia funcional con el auto de incoación del procedimiento abreviado se consolidó en la STC 186/1990, de 15 de noviembre, que incidió particularmente en la instrumentalidad de ambas resoluciones respecto del derecho de defensa del encausado.

65 Presente en muchas resoluciones. Entre ellas, puede verse en las SSTS 391/2024, de 10 de mayo y 893/2021, de 18 de noviembre.

66 Las SSTS 797/2023, de 25 de octubre y 895/2023, de 29 de noviembre, destacan los diferentes estadios procesales en los que tienen lugar el auto de procesamiento y el auto transformador de las diligencias previas en procedimiento abreviado.

5.1. La fase intermedia en el procedimiento ordinario

En el caso del procedimiento ordinario, hay acuerdo en situar el inicio de la fase intermedia en el momento inmediatamente posterior al auto de conclusión del sumario y su fin en el auto de sobreseimiento[67] o, en su contrario, el de apertura del juicio oral, si bien entiendo —a pesar de no ser pacífico[68]—, que debe extenderse hasta los escritos de calificación provisional, por cuanto la apreciación de alguno de los artículos de previo pronunciamiento conllevaría una resolución de sobreseimiento[69]. Ello, en mi opinión, nos sitúa todavía en ese periodo intermedio dirigido a la depuración de la acusación.

La regulación de estas actuaciones se encuentra fundamentalmente en los arts. 622 a 645 LECrim (confirmación o revocación del auto de conclusión del sumario y sobreseimiento), 649 a 658 (escritos de calificación) y 666 a 679 (artículos de previo pronunciamiento).

---

67 Ya la STS de 31 de mayo 1982 situaba el sobreseimiento libre dentro de la fase intermedia. Lo confirma la STS de 17 de mayo de 1990.

68 Moreno Catena, Víctor, "La fase intermedia", cit., p. 1876.

69 Ortego Pérez cuestiona la presencia de este tardío trámite en el procedimiento ordinario por delitos graves, al considerar que, si ya se resolvió la procedencia del juicio oral, carece de sentido volver a examinar cuestiones que puedan derivar en un sobreseimiento. Ortego Pérez, F., "Reflexiones…", cit., p. 7. Considero, sin embargo, que más que una deficiente técnica normativa, la ubicación de los artículos de previo pronunciamiento en la línea temporal del procedimiento ordinario responde más bien a su naturaleza de presupuestos procesales que no excluye en modo alguno su examen en un momento anterior (y, ni siquiera, posterior, tal y como viene reconociendo el Tribunal Supremo al haber extendido el trámite de formulación de cuestiones previas al ámbito del procedimiento ordinario).

5.2. La fase intermedia en el procedimiento abreviado

En el procedimiento abreviado, a falta de una resolución de conclusión de la fase de investigación, el comienzo de la fase intermedia se sitúa en las actuaciones que se regulan en el art. 779.1 LECrim y que proceden, según en él se indica, una vez se hayan practicado las diligencias instructoras pertinentes. La STC 186/1990, de 15 de noviembre, destacó las diferencias existentes entre la fase intermedia del procedimiento ordinario y la del entonces novedoso procedimiento abreviado, introducido con ocasión de la reforma procesal que siguió a la STC 145/1988, de 12 de julio, que recordó que, por elementales razones de imparcialidad judicial, quien instruye no puede juzgar: "En el proceso penal ordinario común, la llamada «fase intermedia» transcurre antes de que los titulares de la acción penal formulen acusación. Con términos aproximativos podría decirse que, en la fase intermedia, el Tribunal al que corresponde enjuiciar (conocer y fallar) el asunto decide si procede abrir el juicio o sobreseer (art. 632 LECrim.), y de este modo la resolución del Tribunal incorpora un cierto examen revisor de la inculpación formal y provisional plasmada en el Auto de procesamiento dictado por el instructor. El Tribunal ha de oír a las partes acerca de la conclusión del sumario y acerca del sobreseimiento o apertura del juicio (art. 627 LECrim. y STC 66/1989, fundamento jurídico 12), y queda vinculado por la petición de las [faltas] acusadoras de que se abra el juicio oral salvo que juzgue procedente sobreseer con arreglo al art. 637.2.° LECrim. (art. 645 LECrim.). Sólo tras acordar la apertura del juicio oral, formulan las partes acusadoras la calificación provisional (esto es: acusan) y contestan a la acusación «los procesados y las terceras personas civilmente responsables» (arts. 649. 651 y 652 LECrim.). El procedimiento abreviado ha sido organizado por el legislador de muy distinta manera. El Auto de apertura del juicio oral es posterior a la acusación; justamente es en el escrito acusatorio donde ha de pedirse que se abra el juicio oral (art. 790.5 1 LECrim.). Ocurre, sin embargo, que se concede al Juez de Instrucción -no al órgano de enjuiciamiento- un cierto control de la consistencia o solidez del escrito de acusación, pues el art. 790.6 I LECrim., tras enunciar la regla general de la vinculación del instructor por la petición de cualquiera de las partes acusadoras de que se abra el juicio oral, le permite, a título excepcional, denegar la apertura del juicio en dos hipótesis: concurrencia del supuesto del art. 637.2.° LECrim. (cf. art. 645 LECrim.) e inexistencia de indicios racionales de criminalidad» contra el acusado, «en cuyo caso acordará el sobreseimiento que corresponda conforme a los arts. 637 y 641 de esta Ley, siendo su resolución susceptible de recurso de apelación ante la Audiencia Provincial». Se opine lo que se quiera de este control, la L.O. 7/1988 lo hace recaer sobre un escrito o unos escritos acusatorios: escritos a los que la parte acusada ha de contestar -también ante el Juez instructor- en los términos del art. 791 LECrim. Sólo tras ser formulado el escrito de defensa, se remite lo actuado al órgano competente para el enjuiciamiento (art. 791.5 LECrim.)"[70].

En atención a tales diferencias, una vez agotadas las actuaciones imprescindibles para la averiguación de los hechos y de sus autores, es el propio juez instructor, a la vista del resultado de las diligencias previas, quien debe adoptar alguna de las decisiones que se indican en el art. 779.1 LECrim y, entre ellas, el sobreseimiento o la continuación de las actuaciones por los trámites del procedimiento abreviado, en cuyo caso se acordará el traslado de las actuaciones a las partes acusadoras para formular los respectivos escritos de acusación y, una vez abierto el juicio oral, a la defensa para que formule el correlativo escrito de defensa (arts. 780 a 784). Es lo que la propia LECrim denomina "preparación del juicio oral" (así titula el capítulo IV del Título II del Libro IV, integrado por los arts.

[70] Distinción entre la fase intermedia de ambos procedimientos que reiteró, entre otras, en la STC 54/1991, de 11 de marzo.

780 a 784), y que jurisprudencialmente se ha identificado con la fase intermedia[71]. El encaje constitucional de su configuración actual, en los términos establecidos por la LO 7/1988 fue declarado por la STC 186/1990, de 15 de noviembre. Esta resolución avaló también las escasas posibilidades de intervención del investigado en esta fase al considerar, como es sabido, que el derecho de defensa se encontraba garantizado, por un lado, con sus amplias facultades de intervención desde los primeros momentos de las diligencias previas gracias al deber de la autoridad judicial de informarle de la imputación (ahora previsto en el art. 775 LECrim desde la Ley 38/2002, de 24 de octubre con la modificación introducida en 2015, que refuerza su estatuto, además de abandonar el uso del término "imputado")[72] y, por otro, con la posibilidad de interponer recurso de reforma y de apelación frente al auto transformador[73].

Más recientemente, el Tribunal Supremo se ha pronunciado en esta misma línea: "Es principio estructural básico de nuestro sistema procesal que se dote a las partes pasivas de un medio de impugnación eficaz frente a la estimación de la razonabilidad de la pretensión de condena (juicio de acusación). En el procedimiento ordinario se consigue mediante el sistema de recursos contra el procesamiento (art. 384 LECrim). A través del mismo cabe fiscalizar tanto los aspectos fácticos (indicios) como los jurídicos (carácter delictivo de los hechos). Si subsiste el procesamiento -por no haber sido recurrido o por haber sido

---

71 Así lo dispuso la STC 186/1990, de 15 de noviembre.

72 Armengot Vilaplana, Alicia, "Llamadme imputado…", cit., pp. 4 y ss.

73 Como también aclaró la STC 186/1990, de 15 de noviembre y apuntaló el Tribunal Constitucional en la sentencia de 4 de octubre de 1993, en la que recordó la necesidad de que el auto transformador se notificara al encausado. Más recientemente, en las SSTS 211/2020, de 21 de mayo y 724/2020, de 2 de febrero de 2021, se recuerda que el derecho de defensa se garantiza con el reconocimiento al investigado del derecho al recurso frente al citado auto.

confirmado- al Tribunal de enjuiciamiento le resta únicamente la capacidad de sobreseer por razones jurídicas, es decir, por no ser los hechos constitutivos de delito (art. 645). En el procedimiento abreviado el esquema básico es el mismo; su articulación procesal, diferente. La necesidad de mantener las garantías defensivas (capacidad de oponerse eficazmente a la apertura del juicio oral) llevó primero al Tribunal Constitucional, en los años noventa, y luego al legislador, a principios de este siglo, a resignificar la función del auto de prosecución, para enfatizar su carácter de imputación formal que vendría a asumir algunas de las funciones que en el procedimiento ordinario se asocian al procesamiento. Correlativamente se subrayaba la importancia de la impugnabilidad de ese auto, para compensar la irrecurribilidad del auto de apertura del juicio oral"[74].

Como ha destacado Asencio Mellado, la prioridad del Tribunal Constitucional cuando se dictó la sentencia 186/1990, de 15 de noviembre sobre el entonces nuevo procedimiento abreviado, la idea que le confirió su especial trascendencia constitucional, que todavía hoy conserva, fue la de garantizar que el investigado tuviera pleno ejercicio del derecho de defensa en la instrucción, que no se retrasara la adquisición de su condición de —entonces— imputado y que tuviera cabal información de los hechos que se le atribuían, y no tanto reducir su defensa en la fase intermedia: reconocido el carácter contradictorio de la instrucción, quedaban en un segundo plano las limitaciones previstas en el (hoy) art. 780 LECrim y también,

---

74 STS 705/2022, de 11 de julio. En el mismo sentido, sobre la función de la apelación frente al auto de prosecución, puede verse la STS 815/2012, de 26 de octubre. Sobre el alcance del recurso que puede ejercitar la defensa se volverá posteriormente, aunque es preciso anticipar ahora la relevancia del análisis de esta STS (705/2022), que traza una distinción esencial entre la viabilidad fáctica de la pretensión acusatoria y la viabilidad jurídica de la condena, y anuda distintas consecuencias en cuanto al estándar de decisión judicial.

en cierta medida, la trascendencia del juicio de acusación[75]. Para ello era preciso, como hizo la sentencia, declarar que el encausado dispone del derecho de participar plenamente en la instrucción, reforzando así definitivamente el carácter contradictorio de esta fase inicial[76]. Con ello, se completaba lo que hasta entonces había sido una reforma trascendental de la investigación penal, la operada por la Ley 53/1978, de 4 de diciembre, por la que se garantizó el derecho del investigado a intervenir en el sumario desde el primer momento[77]. Se dio

---

75 Asencio Mellado, José María, "La prueba y la obra del profesor Gimeno en los tiempos de cambio", en Asencio Mellado, José María (Dir.), *Derecho probatorio y otros estudios procesales. Liber amicorum Vicente Gimeno Sendra*, Ediciones jurídicas Castillo de Luna, Madrid, 2020, pp. 197-198. En el mismo sentido, Ortells Ramos, Manuel, *El proceso penal abreviado (nueve estudios)*, Comares, Granada, 1997, p. 125 y Pérez Mariño, Ventura, "El abogado en el procedimiento abreviado", en Andrés Ibáñez, Perfecto, Conde-Pumpido Tourón, Cándido, Fernández Entralgo, Jesús, Pérez Mariño, Ventura y Varela Castro, Luciano, *La reforma del proceso penal*, Tecnos, Madrid, 1990, p. 124.

76 Asencio Mellado, José María, "La prueba y la obra del profesor Gimeno...", cit. pp. 197-198. Idea también presente en Asencio Mellado, José María, *Principio acusatorio*...cit., p. 87. No obstante, la STC 186/1990, de 15 de noviembre, también fue objeto de críticas por respaldar la limitación del derecho de defensa en la fase intermedia. Es el caso, por ejemplo, de Reverón Palenzuela, Benito, "La contradicción procesal como garantía del derecho de defensa en la llamada «fase intermedia» del proceso penal por delito", *Diario La Ley*, Tomo 3, 1998, p. 8.

77 Moreno Catena, Víctor, "El mito de la instrucción dirigida por el juez", en Asencio Mellado, José María (Dir.), *Derecho probatorio y otros estudios procesales. Liber amicorum Vicente Gimeno Sendra*, Ediciones jurídicas Castillo de Luna, Madrid, 2020, p. 1348; Varela Castro, Luciano, "Consideraciones sobre la reforma del proceso penal", *Diario La Ley*, Tomo 2, 1990, p. 3. De hecho, hasta entonces, como destacaba Gimeno Sendra, el proceso penal quedaba integrado por tres momentos: el de la imputación, el del conocimiento de la imputación y el de la adquisición formal de la condición de imputado mediante

forma así, de una vez, a una perspectiva, por fin, dialógica de la investigación, que hasta entonces había revestido los caracteres de fase procesal al más puro estilo inquisitivo frente a la necesidad, destacada por Calamandrei, de configurarla de acuerdo con el principio de contradicción: "el juez no está nunca solo en el proceso. El proceso no es un monólogo sino un diálogo, una conversación, un cambio de proposiciones, de respuestas y de réplicas, un cruzamiento de acciones y de reacciones, de estímulos y de contraestímulos, de ataques y de contraataques (...). En esto consiste la dialéctica, que es el carácter más precioso y típico del proceso moderno, lo que significa que la voluntad del juez no tiene ya, en ningún caso, el carácter de soberanía absoluta, sino que está siempre condicionada (inclusive en el proceso penal) a la voluntad y al comportamiento de las partes, es decir, a la iniciativa, al estímulo, a la resistencia o a la aquiescencia de las mismas. Y lo mismo puede decirse para cada una de las partes, cuya voluntad y actividad se plasman y se adecuan en todo momento del proceso a los estímulos provocados por la conducta del juez y de su contraparte. Sin esta dialéctica triangular —continúa el autor— no existe proceso en el sentido moderno de la palabra, y se podría decir, parafraseando un antiguo lema, que *tres personae faciunt processum*"[78]. Un espaldarazo sin duda importantísimo que, no obstante, no ha cerrado el debate dogmático sobre las formas en las que este momento procesal puede satisfacer en la mayor medida posible el derecho de defensa.

---

el auto de procesamiento. Gimeno Sendra, Vicente, "El auto de procesamiento", *Revista general de legislación y jurisprudencia*, núm. 247, 3, 1979, p. 309.

78 Calamandrei, Piero, *Proceso y democracia*, Buenos Aires, 1960, pp. 150-151. Una idea, la del contradictorio como elemento esencial de todo proceso, que hizo suya también y sobre la que giró gran parte de su obra.

5.3. La fase intermedia en los juicios rápidos

Por lo que respecta a la identificación de la fase intermedia en los juicios rápidos, dado que las actuaciones se desarrollan ante el juzgado de guardia y bajo el principio de concentración, el control de la acusación se lleva a cabo en el curso de la audiencia que debe celebrarse al amparo del art. 798 LECrim. En su virtud, el instructor, si considera procedente alguna de las decisiones a las que se refiere el art. 779.1 reglas 1ª y 3ª LECrim, acordará lo que corresponda mediante auto (incluyendo, en su caso, las decisiones relativas a la adopción de medidas cautelares personales). Si entendiera que el hecho pudiera ser constitutivo de delito leve, deberá acordar su enjuiciamiento de conformidad con el art. 963 LECrim[79]. En el caso de considerar que las actuaciones practicadas son insuficientes, deberá transformar las diligencias urgentes en diligencias previas, indicando expresamente las que deban llevarse a cabo, sin perjuicio de que, en el curso de las mismas, y al amparo de la situación prevista en el art. 779.1.5ª LECrim, sea procedente transformar las actuaciones en diligencias urgentes. En el caso de que el juez considere que las diligencias practicadas durante la guardia son suficientes, debe dictar oralmente auto por el que acuerde la continua-

---

[79] Con las prevenciones que, en tal caso, deban adoptarse para evitar la pérdida de imparcialidad que puede suponer que el instructor de las diligencias previas o sumario sea el que enjuicie el delito leve, y que pasan por invocar la correspondiente causa de abstención o recusación. Ello remite a un ineludible casuismo, máxime cuando, como destaca Bellido Penadés críticamente, el TEDH ha considerado necesario atender al alcance y la naturaleza de las diligencias acordadas por el instructor para valorar de qué modo ha podido quedar afectada su imparcialidad. Bellido Penadés, Rafael, *Derecho de defensa y principio acusatorio en el juicio por faltas. Evolución jurisprudencial y análisis crítico,* Dykinson, Madrid, 2012, pp. 223 a 245. Una línea jurisprudencial que se inició con la STEDH de 24 de mayo de 1989 (*Haudschildt c. Dinamarca*) y ha pervivido hasta hoy.

ción del procedimiento (art. 798.2.1º LECrim), lo que supone el comienzo de la fase intermedia propiamente dicha, que se tramita conforme a lo previsto en el art. 800 LECrim en el curso de la audiencia celebrada en la propia guardia y ante el instructor. En dicha audiencia, las partes deben pronunciarse sobre si estiman procedente el sobreseimiento o la apertura del juicio oral y sobre la necesidad de acordar medidas cautelares. Si interesasen el sobreseimiento, habrá que estar a lo establecido en el art. 782 LECrim, como después se verá, con la salvedad del trámite de traslado para formular escrito de acusación cuando una parte acusadora haya solicitado el sobreseimiento pero se haya acordado la apertura de juicio oral a petición de otra acusación, y ello porque en los juicios rápidos, la apertura del juicio oral se acuerda con anterioridad a la formalización de la acusación, por lo que carece de sentido ese trámite de nuevo traslado al que alude el art. 783.1 LECrim[80]. Si, por el contrario, alguna de las acusaciones solicita la apertura de juicio oral, habrá de estarse a lo dispuesto en el art. 783.1 LECrim, de modo que se acordará el sobreseimiento en los casos que en él se contemplan[81] o, por el contrario, la apertura de juicio oral mediante auto, que se dictará de forma oral y se documentará posteriormente, sin que frente al mismo quepa recurso alguno. Por último, si el Ministerio Fiscal no presentase escrito de acusación en los plazos previstos en los apartados 2 y 4 del art. 800 LECrim, será de aplicación lo dispuesto en el art. 800.5, que permite ponerlo en conocimiento del superior jerárquico y, caso de no evacuarse el correspondiente escrito, concluye que el instructor debe considerar que la fiscalía interesa el sobreseimiento libre de las actuaciones.

---

80 Fuentes Soriano, Olga, *La investigación por el fiscal...*cit., p. 195.

81 Únicamente por atipicidad de los hechos, dado que la insuficiencia de los indicios de criminalidad debe resolverse en la transformación de las diligencias urgentes en diligencias previas.

5.4. La fase intermedia en el procedimiento ante el tribunal del jurado

Por lo que respecta al jurado, la LO 5/1995, de 22 de mayo, del Tribunal del Jurado, como sucede con la LECrim, no menciona la fase intermedia, pero a poco que nos adentremos en el *iter* de este procedimiento, se pueden identifican las actuaciones que la conforman. En particular, siguiendo a Del Moral García[82], deben considerarse incluidas en esta fase las actuaciones que se enmarcan entre la finalización de la instrucción y el señalamiento del juicio oral y, en consecuencia, las siguientes: traslado de las actuaciones a las acusaciones para que se pronuncien sobre la apertura del juicio oral (una vez transcurrido el plazo en el que las partes pueden solicitar la práctica de nuevas diligencias o cuando el instructor considere suficientes las diligencias ya practicadas, en los términos del art. 27.4 LOTJ)[83]; audiencia preliminar para la concreción de la imputación (art. 25 LOTJ)[84]; escritos de conclusiones provisionales (art. 29 LOTJ)[85]; auto de sobreseimiento[86], de apertura del

---

82 Del Moral García, A., "La fase intermedia en el proceso ante el Tribunal del Jurado", *Actualidad Penal*, núm. 7, 12-18 de febrero de 1996, pp. 99 y ss.

83 Aunque no se distingue, se entiende que el traslado debe realizarse exclusivamente a las partes acusadoras, pues en otro caso, el trámite de traslado a las defensas resultaría innecesariamente duplicado. Del Moral García, A., "La fase intermedia…", cit., p. 103.

84 Esta comparecencia encuentra un precedente comparado cercano (al menos, en parte) en *l'udienza preliminare* prevista por el *Codice di procedura penale* italiano de 1988.

85 Calificaciones que las partes acusadoras podrán modificar al término de la audiencia preliminar del art. 30, siempre que no suponga una alteración sustancial de la pretensión (art. 31.3 LOTJ). Bujosa Vadell, Lorenzo, M., "Principio acusatorio…", cit., p. 68.

86 Sobreseimiento que sólo puede acordarse en tres momentos: tras la audiencia en la que se da traslado de la imputación al investigado

juicio oral o de transformación del procedimiento (art. 32.1 LOTJ); emplazamiento ante la audiencia provincial (art. 35.1 LOTJ); cuestiones previas (art. 36 LOTJ)[87] y, por último, auto de hechos justiciables (art. 37 LOTJ)[88], en cuya elaboración el magistrado-presidente debe ajustarse a los hechos incluidos en los escritos de acusación para evitar una posible infracción del principio acusatorio.

Como sucede en el resto de procedimientos (especialmente, en el abreviado y en los juicios rápidos), la delimitación de esta fase a efectos expositivos no debe hacer pensar que sus lindes en la práctica, fruto de su regulación, sean tan nítidos. Al contrario, algunas de las actuaciones de la instrucción (como sucede con la posibilidad de practicar diligencias de investigación complementarias) pueden solaparse con el momento procesal en el que las partes formulan sus escritos de acusación y defensa[89] o con la petición de sobreseimiento, que se

---

(art. 26), tras la audiencia preliminar (art. 32) o, genéricamente, cuando lo soliciten todas las acusaciones personadas. Del Moral García, A., "La fase intermedia…", cit., p. 103. Con las peculiaridades que destaca también Vegas Torres, "Las actuaciones ante el Juzgado de instrucción en el procedimiento para el juicio con jurado", *Estudios de Derecho Judicial*, núm. 45, 2003, pp. 35 y ss.

87 En las que, como más adelante se verá, las partes pueden volver a plantear una modificación de los hechos justiciables, ya sea para ampliarlos (al haberse denegado la apertura del juicio oral respecto de ellos), ya sea para reducirlos por no constar alguno de los incluidos en el auto de apertura del juicio oral en los escritos de acusación.

88 Como advierte Bujosa Vadell, si al precisar los hechos justiciables, el magistrado-presidente no se ajusta estrictamente a los escritos de acusación, asume el grave riesgo de sobrepasar los límites del principio acusatorio. Bujosa Vadell, Lorenzo M., "Principio acusatorio…", p. 69.

89 Del Moral García, A., "La fase intermedia…", cit., p. 101. En el mismo sentido se pronuncia Vegas Torres, J., "Las actuaciones…", cit., pp. 9-10.

dificulta, lógicamente, al realizarse, como es el caso, cuando la instrucción no se encuentra totalmente finalizada[90].

---

90 Vegas Torres, J., "Las actuaciones...", cit., p. 10.

Capítulo II

El control negativo de la acusación: el sobreseimiento

1. LA TERMINACIÓN DE LA INSTRUCCIÓN. LA PRÁCTICA DE NUEVAS DILIGENCIAS DE INVESTIGACIÓN A INSTANCIA DE PARTE

Dado que la finalización de la instrucción —ya sea mediante auto por el que se acuerda la continuación de las actuaciones, ya sea mediante auto de sobreseimiento— se alcanza en el procedimiento abreviado sin traslado previo a las partes, es habitual la queja formulada por vía de recurso relativa a la necesidad de practicar diligencias de investigación adicionales al entender que la instrucción se encuentra incompleta y que su terminación resulta prematura. La defensa suele plantear la oportunidad de acordar el sobreseimiento y no es extraño que respalde su petición proponiendo nuevas diligencias cuyo resultado avalaría su recurso. También las acusaciones pueden estimar insuficientes las diligencias practicadas y, por ello, interesar su ampliación si el instructor ha acordado el sobreseimiento o incluso si, decantándose por la continuación de las actuaciones, considera que de las acordadas y practicadas se desprende la tipicidad de los hechos y la existencia de indicios suficientes de criminalidad. La terminación de las diligencias necesarias a juicio del instructor es, por tanto, presupuesto para el dictado del auto de procedimiento abreviado o, alternativamente, del auto de sobreseimiento. De este modo, una vez declarada la finalización de la instrucción, ya sea mediante auto de transformación en procedimiento abreviado, ya sea mediante auto de sobreseimiento, el criterio para revocar tales decisiones y acordar la práctica de nuevas diligencias es más restrictivo que el que justificaba su estimación durante la fase de instrucción, sin olvidar que, aun en el caso de que la práctica de nuevas diligencias pudiera resultar necesaria, si se han alcanzado los plazos máximos de instrucción previstos en el art. 324 LECrim, se cierra definitivamente la puerta a tal posibilidad[91].

Y frente a la queja de alguna de las partes, es también habitual que el instructor remita a las partes acusadoras a las diligencias complementarias del art. 780.2 LECrim y a la defensa al momento ordinario de proposición de la prueba que deba practicarse en el acto de juicio . Sin embargo, tal práctica resulta poco satisfactoria, por cuanto vacía de contenido el derecho al recurso frente a la decisión por la que se pone fin a la investigación, lo que reduce los motivos de revocación a las irregularidades que pueda presentar, pero limita, *de facto*, la posibilidad de cuestionar la solidez indiciaria de la resolución.

Por esta razón, es preciso que se garantice el derecho de las partes personadas a impugnar la completitud de la instrucción y, por tanto, el sustrato fáctico de la decisión del instructor, de tal modo que se les permita interesar la revocación del auto de que se trate para la práctica de nuevas diligencias de investigación que permitan clausurar esta fase de otra manera (ya sea, mediante un sobreseimiento cuando se había acordado un auto de continuación del procedimiento, ya sea mediante un auto de continuación distinto y más completo que el inicialmente dictado). A quienes ostentan el legítimo interés de

---

91 Caso en el que las partes deben limitarse a solicitarlas como pruebas en sus correspondientes escritos de acusación y defensa (y sin perjuicio de que las acusaciones puedan interesar las diligencias del art. 780.2 LECrim, cuyo objetivo es, como más adelante se verá, manifiestamente más restrictivo).

sustentar la acusación, porque la decisión de sobreseer las actuaciones, en el caso de revelarse precipitada, cercena su derecho a la tutela judicial efectiva[92]. A la defensa, porque acordar la continuación de las actuaciones sin ofrecerle la posibilidad de proponer diligencias cuyo resultado pudiera justificar el sobreseimiento de la causa supone dejar en manos del instructor, sin posibilidad de control alguno, la exposición del encausado a un juicio oral que podría resultar innecesario.

Siendo así, considero que la instrucción debe ofrecer información lo más completa posible sobre la oportunidad de finalizar el procedimiento o continuarlo hasta el juicio oral. En efecto, sin necesidad de que se agoten todas las diligencias y vías de investigación, las partes deben poder cuestionar desde todas las perspectivas la decisión del instructor mediante los recursos de reforma y apelación y, en particular, proponiendo la práctica de nuevas diligencias que completen lo ya actuado. Lógicamente, el criterio para acordar tales diligencias debe ser más restrictivo que la mera pertinencia y utilidad que impera hasta el momento en el que el instructor acuerda sobreseer o continuar el procedimiento, pero sin que sea posible rechazar de plano, como muchas veces ocurre, toda solicitud en tal sentido. Y desde este punto de vista, su relevancia, esto es, la pertinencia y utilidad que debían valorarse para su admisión en instrucción, deben traducirse ahora en *necesidad* como criterio para acordar o rechazar las diligencias solicitadas en vía de recurso.

---

92 SSTS 32/2017, de 26 de enero y 94/2019, de 20 de febrero, entre otras muchas.

1.1. Diligencias de investigación solicitadas a instancia de la acusación

Son tres los casos en los que, en mi opinión, cabe revocar la resolución impugnada (sobreseimiento o auto de continuación de las actuaciones) y estimar la petición de las acusaciones relativa a la práctica de nuevas diligencias de investigación (siempre, claro está, que no se hayan sobrepasado los plazos máximos de instrucción):

i) Cuando habiéndose dictado auto de sobreseimiento, sea previsible que el resultado de las diligencias propuestas conduzca a acordar la continuación de las actuaciones.

ii) Cuando, dictado auto de continuación de las actuaciones, las diligencias solicitadas sean necesarias para efectuar una mejor calificación de los hechos. Se trata de un criterio, como he señalado, más estricto que el de la mera pertinencia y utilidad, pero también más amplio que el previsto en el art. 780.2 LECrim para acordar diligencias complementarias, por cuanto estas únicamente son procedentes cuando sea preciso esclarecer circunstancias esenciales determinantes de la tipicidad, mientras que las diligencias de investigación interesadas en vía de recurso pueden estar dirigidas a permitir una más certera calificación de los hechos en general, pudiendo recaer sobre cualquier otro elemento fáctico del delito o de sus consecuencias, por lo que no es preciso que se ciñan estrictamente a acreditar circunstancias relativas a la tipicidad.

iii) También en los casos en los que se hubiera dictado auto de continuación, las acusaciones pueden interesar su revocación para la práctica de las diligencias cuyo resultado pueda poner de manifiesto la existencia de hechos determinantes de la responsabilidad penal del encausado que hayan sido objeto de investigación pero no se hayan incluido en la resolución como hechos punibles, de hechos que puedan integrar una continuidad delictiva o, por último, de hechos que puedan ser enjuiciados en el mismo procedimiento por razones de conexidad[93].

1.2. Diligencias de investigación solicitadas a instancia de la defensa

Por su parte, cuando es la defensa quien interesa la revocación del auto de procedimiento abreviado para la práctica de diligencias de investigación adicionales, el criterio de decisión debe ser también más restrictivo que el aplicado al decidir sobre las diligencias solicitadas durante la instrucción, dado que ya existe una resolución del instructor en la que se concluye que los hechos son típicos y existen suficientes indicios de criminalidad. En tal caso, la defensa podrá proponer todas las pruebas que considere oportunas en el escrito de defensa para su práctica anticipada o en el acto del juicio oral, lo que explica que sólo deba revocarse la incoación de procedimiento abreviado excepcionalmente, de modo que pesa sobre la defensa la carga de justificar debidamente que la desestimación de su solicitud supondría ocasionar una patente limitación del principio de contradicción y del derecho de defensa en instrucción, que debe argumentar mostrando que las diligencias interesadas y no practicadas aportarán información que permita alcanzar el sobreseimiento de la causa (así puede suceder, por ejemplo, con diligencias rechazadas *ad limine* cuya relevancia se ha puesto de manifiesto a la vista del conjunto de actuaciones desarrolladas en instrucción).

---

93 Siempre, claro está, que se constate que el investigado sea debidamente informado de todos ellos una vez practicadas las nuevas diligencias y con carácter previo al auto de continuación de las actuaciones que, en su caso, ponga fin de nuevo a la instrucción.

De lo expuesto se desprenden, en mi opinión, dos ideas. La primera, consistente en que, hasta tanto finalice la investigación, la defensa puede interesar la práctica de todas las diligencias que estime necesarias, y ello como consecuencia de la aplicación del principio de contradicción, puesto que, salvo en los casos que legítimamente permiten una restricción justificada (como es el caso de la declaración de secreto), su ejercicio debe garantizarse durante la instrucción en condiciones de igualdad para todas las partes intervinientes. En consecuencia, los criterios para la admisión y práctica de diligencias interesadas por la defensa del investigado en esta fase procesal son idénticos a los que justifican la práctica de las solicitadas por las acusaciones (pertinencia, utilidad y legalidad). La segunda idea supone que, una vez finalizada la investigación y acordada la continuación de las actuaciones, la petición de revocación de tal decisión para practicar ulteriores diligencias de investigación —tanto a instancia de parte acusadora como a instancia de la defensa— sólo puede prosperar al amparo del principio de necesidad, esto es, mediante un examen más restrictivo que el efectuado en instrucción, toda vez que ya se ha dictado una resolución judicial que da cuenta de la suficiencia del material instructorio para abrir juicio oral o, por el contrario, para acordar la procedencia de alguna de las modalidades de sobreseimiento. De este modo, cuando las acusaciones interesen la revocación del auto de continuación para la práctica de nuevas diligencias, sólo debe acordarse tal revocación cuando sean imprescindible para practicar diligencias dirigidas a acreditar hechos que se hayan declarado punibles pero respecto de los que las acusaciones precisen apuntalar algún extremo para calificarlos correctamente (por ejemplo, para cuantificar con mayor exactitud lo defraudado o valorar la introducción de hechos que puedan quedar incluidos en fórmulas penales como el delito continuado). No debe olvidarse que, además, las acusaciones cuentan también con la posibilidad de interesar diligencias complementarias de conformidad con lo previsto en el art. 780

LECrim, si bien estas deben circunscribirse exclusivamente a acreditar circunstancias esenciales que afecten a la tipicidad de los hechos[94]. Por su parte, cuando sea la defensa quien interese la revocación del auto por el que finaliza la instrucción y comienza la fase intermedia, igualmente será preciso atender a un criterio de estricta necesidad, toda vez que, como sucede con la petición de las acusaciones, cuenta con la posibilidad de solicitar la práctica de todos los medios de prueba que estime pertinentes en el escrito de defensa. Por tal razón, únicamente debe prosperar su petición en los casos en los que realice un fundado pronóstico del resultado de las diligencias que interesa, esto que, que pueda mostrar que es verosímil anticipar un sobreseimiento como consecuencia de la información que aporten tales diligencias (por ejemplo, las relativas a la averiguación de la posesión por parte del investigado del permiso de conducir en su país de origen, que, caso de resultar positiva, conllevaría un sobreseimiento libre de la causa por el delito de conducción sin licencia del art. 384 párrafo segundo CP)[95]. Quedan excluidas, por tanto, todas aquellas diligencias que, siendo pertinentes, no impliquen una modificación sustancial de la resolución por la que se ha acordado la continuación de las actuaciones (o, en su caso, de las que hayan motivado el auto de sobreseimiento que ahora se pretenda revocar), y ello por cuanto las partes podrán proponerlas en sus correspondientes escritos de acusación y defensa sin más límite que los principios de pertinencia, utilidad y legalidad.

---

94 Sobre el alcance y los límites de las diligencias complementarias, véase el apartado quinto del capítulo III.

95 Circunstancia esta que motiva en la práctica muchas de las resoluciones estimatorias del juicio de revisión penal al ser insuficientes las diligencias desarrolladas durante la instrucción de la causa y también en el acto de juicio.

Debe tenerse en cuenta, además, que la fase de investigación no tiene por finalidad preparar hasta su último detalle el futuro juicio oral, sino la práctica de las diligencias que sean indispensables para decidir si el procedimiento debe avanzar hacia el juicio oral. De ello da cuenta el art. 779.1 LECrim ("practicadas sin demora las diligencias pertinentes...") y, especialmente, el art. 777.1 LECrim (que se refiere a las "diligencias necesarias" para determinar la naturaleza y circunstancias del hecho, las personas involucradas y la competencia del tribunal para el enjuiciamiento). Esta manera de entender la fase de instrucción, dirigida exclusivamente a valorar la oportunidad de abrir la fase de juicio oral, es la más respetuosa con la centralidad del acto de enjuiciamiento, toda vez que únicamente deben practicarse ante el instructor las diligencias necesarias para tomar tal decisión. No obstante, una lectura rígida de esta manera de entender la instrucción conllevaría el indeseable efecto de limitar el contradictorio y el ejercicio del derecho defensa en esta fase, máxime cuando la decisión de continuar el procedimiento ha podido ser sorpresiva para la defensa, lo que le ha podido privar de la posibilidad de interesar diligencias que podrían haber alterado sustancialmente el resultado de la investigación. En tal caso, aunque algunos argumentos pueden sustentar la decisión contraria (entre ellos, el tan manido pleno ejercicio del derecho a utilizar los medios de prueba pertinentes en el correspondiente escrito de defensa), lo cierto es que otras razones apuntan hacia la oportunidad de completar la instrucción si cabe pronosticar que, gracias a ello, sería posible acordar el sobreseimiento de las actuaciones. Razones de economía procesal, pero, sobre todo, el pleno ejercicio del derecho de defensa y la evitación de un juicio oral innecesario y estigmatizante adquieren, en mi opinión, un mayor peso que la práctica habitual de remitir a la defensa al trámite ordinario de proposición de la prueba.

2. EL SOBRESEIMIENTO

2.1. El sobreseimiento y el archivo acordados de oficio

Señala Vegas Torres que, en los procedimientos regulados en la LECrim, el sobreseimiento no puede acordarse hasta tanto se alcanza la fase intermedia, lo que supone un importante estigma para quien ha sido objeto de imputación inicial pero cuya responsabilidad no se encuentra respalda por indicios de criminalidad a pesar del avance de la investigación, mientras que esta situación resulta satisfactoriamente resuelta en la LOTJ[96]. En efecto, en la comparecencia para el traslado de la imputación prevista en el art. 25 LOTJ, se permite a las partes solicitar la práctica de nuevas diligencias de investigación o el sobreseimiento, mientras que en los procedimientos de la LECrim no se estipula expresamente tal posibilidad —ni siquiera un traslado previo para que las partes puedan realizar alegaciones escritas— hasta tanto el instructor de por concluida la investigación. Sin embargo, el diferente régimen es más aparente que real, por cuanto en la práctica es habitual la incoación de diligencias previas, de manera que la transformación al procedimiento previsto en la LOTJ sólo se produce al final de la instrucción. Además de ello, no hay óbice alguno para que en el resto de procedimientos, aunque no se encuentre expresamente previsto, las partes puedan solicitar el sobreseimiento en cualquier momento desde la incoación de las actuaciones y hasta la apertura del juicio oral[97]. Y ello con la salvedad del ordinario, en el que sólo la audiencia provincial puede acordar

---

96 Vegas Torres, Jaime, "Las actuaciones…". cit., p. 35.

97 Al margen, claro está, del sobreseimiento que puede acordarse como consecuencia de la estimación de un artículo de previo pronunciamiento o de una cuestión previa.

el sobreseimiento y sólo por el motivo del art. 637.2º LECrim[98], un límite con el que cuenta cuando asume funciones de tribunal de control de la acusación en el procedimiento ordinario, dado que así lo dispone en el 645 LECrim: sólo puede acordar el sobreseimiento libre por no ser los hechos típicos si las acusaciones piden la apertura del juicio oral, mientras que, si interesan el sobreseimiento, podrá acordar cualquier modalidad[99], por cuanto el límite del art. 645 LECrim se dirige exclusivamente a establecer los motivos por los que puede acordar el sobreseimiento de oficio, pero no afecta a la defensa, que puede solicitarlo en cualquiera de sus modalidades, tal y como dispone el art. 627 LECrim[100].

---

98 STS 688/2022, de 7 de julio.

99 Ejemplo de ello es la STS 440/2024, de 22 de mayo, que desestima el recurso de amparo frente al auto de sobreseimiento libre dictado por la Audiencia Nacional a petición del Ministerio Fiscal por prescripción de los hechos, circunstancia por la que el sumario finalizó sin que se dictara auto de procesamiento. En esta resolución recuerda la Sala que la prescripción "presenta naturaleza sustantiva, de legalidad ordinaria y próxima al instituto de la caducidad, añadiendo que por responder a principios de orden público y de interés general puede ser proclamada de oficio en cualquier estado del proceso en que se manifieste con claridad la concurrencia de los requisitos que la definen y condicionan".

100 En sentido contrario se pronuncia Khalaf Reda, que considera que, en dicho trámite del procedimiento ordinario, la defensa únicamente podrá solicitar el sobreseimiento por no ser los hechos constitutivos de delito y entiende también limitadas las facultades de la defensa al solicitar el sobreseimiento en el recurso frente al auto de procedimiento abreviado. Khalaf Reda, Abdalla, La falta de intervención de la defensa en la fase intermedia del procedimiento abreviado", *Justicia*, núm. 1, 2023, pp. 464 y 470; también en Khalaf Reda, Abdalla, "El control judicial de la pretensión acusatoria en el proceso penal ordinario y abreviado", *Revista Aranzadi de Derecho y Proceso Penal*, núm. 72, octubre-diciembre 2023, pp. 76-77.

Como decíamos, en las diligencias previas tampoco hay límites para que el instructor acuerde el sobreseimiento libre o provisional cuando se den los presupuestos para ello con base en lo dispuesto en el art. 779.1 LECrim, lo que puede suceder en un momento incipiente de las actuaciones si se agotan rápidamente las vías de investigación o las diligencias practicadas arrojan un resultado claro a favor del sobreseimiento[101]. Téngase en cuenta que el mantenimiento de unas actuaciones penales abiertas sin que existan indicios que las sustenten ni más información incriminatoria que la que simplemente ha permitido la mera incoación de la causa carece de justificación alguna, máxime cuando la decisión de sobreseer la causa se encuentra respaldada por el derecho a recurrir en reforma y apelación. La práctica consistente en mantener viva una instrucción en la que no consta información incriminatoria sustancial que permita avanzar hacia la formulación de una acusación formal debe ser rechazada. El propio Tribunal Supremo lo ha expresado con claridad: "alargar un proceso de forma innecesaria es dilación no debida. Debe por ello permitirse al Instructor valorar esas causas de exención para no postergar innecesariamente la decisión del proceso y, sobre todo, la injusticia que supondría someter a una persona a un juicio oral, cuando se puede evidenciar ya que es penalmente irresponsable"[102].

---

[101] Así como el archivo de las actuaciones, basado en razones distintas a las que fundamentan el sobreseimiento libre y provisional. Es el caso, por ejemplo, del archivo por fallecimiento del investigado o el archivo que sigue a la suspensión del procedimiento consecuencia de la declaración de rebeldía del procesado (art. 840 LECrim). Mascarell Navarro, sin embargo, razona que, en caso de fallecimiento, procede un auto de sobreseimiento libre, aun en el caso de que se produzca en el sumario. Mascarell Navarro, M.ª José, *El sobreseimiento provisional en el proceso penal español. Doctrina, jurisprudencia y formularios*, Editorial general de Derecho, Valencia, 1993, p. 56.

[102] STS 509/2022, de 25 de mayo, que reproduce lo que ya expresó en las SSTS 202/2018, de 25 de abril y 548/2018, de 13 de noviembre.

El único límite para el instructor en el uso de la facultad de sobreseer es la realización previa de las diligencias que sean pertinentes y, por tanto, las que puedan conducir a la averiguación de los hechos y de los autores, pero una vez acordadas, si el resultado es infructuoso o exculpatorio, debe acordar sin dilación la terminación de las actuaciones. En la inmensa mayoría de ocasiones, sólo será posible acudir al sobreseimiento provisional, pero no cabe duda de que es preferible la paralización de un procedimiento sólo formalmente vivo[103] que el mantenimiento de una instrucción en la que no se ha hallado -ni existe una expectativa realista de hallar- información incriminatoria que la sustente.

2.2. *La decisión de sobreseer: la atipicidad y la insuficiencia de indicios de criminalidad*

El sobreseimiento amparado en alguno de los motivos previstos en los arts. 637 y 641 LECrim puede acordarse, bien a petición de alguna de las partes -que pueden interesarlo desde la incoación misma de las actuaciones-, bien de oficio, como resultado de las diligencias practicadas durante la fase investigadora. Para ello, el instructor (o la audiencia provincial, que sólo puede acordar de oficio el sobreseimiento por la causa prevista en el art. 637.2º LECrim) debe examinar la información disponible y valorar la tipicidad de los hechos investigados, el resultado de las diligencias ya practicadas y la viabilidad de nuevas diligencias que abonen un posible cambio en el resultado de los indicios obrantes en las actuaciones (valoración esta que, en el ámbito del procedimiento ordinario, antecede al examen de las causas de sobreseimiento, tal y como se des-

---

[103] Provocando con ello su *letargia* o *latencia,* según calificaba la STS de 17 de mayo de 1990 las consecuencias del sobreseimiento provisional.

prende del art. 631 LECrim). Son tres los posibles resultados de ese examen: (i) estimar que procede el sobreseimiento libre; (ii) estimar que procede el sobreseimiento provisional y (iii) estimar que procede la práctica de nuevas diligencias de investigación cuyo resultado permita salir de la situación transitoria o interina de incertidumbre propia de la investigación y acordar, cuando ello suceda, el sobreseimiento (en la modalidad que corresponda) o la continuación de las actuaciones (por el procedimiento que corresponda).

En definitiva, y particularmente en el procedimiento abreviado, son variados los momentos en los que el juez de instrucción puede plantearse la terminación anticipada de las actuaciones: (i) cuando las partes lo soliciten, (ii) cuando se hayan practicado todas las diligencias que, a su juicio, sean pertinentes, en cuyo caso debe acordar la continuación cuando los hechos sean típicos y existan suficientes indicios de su comisión y de los posibles autores o, en su defecto, el sobreseimiento (art. 779 LECrim) y (iii) cuando se hayan formulado los escritos de acusación, en atención a su concreto contenido, deberá nuevamente examinar la tipicidad de los hechos y la concurrencia de indicios suficientes, esta vez a partir del examen concreto de los hechos recogidos en tales escritos y con expresa referencia a ellos (art. 783 LECrim).

Debe tenerse en cuenta, además, que existe una sutil pero muy importante distinción entre las diversas situaciones que permiten acordar el sobreseimiento, puesto que es fácil confundir el que viene motivado por la atipicidad de los hechos (amparado en el art. 637.2º LECrim) con un improcedente "sobreseimiento de calificaciones jurídicas", así denominado en algunas sentencias del Tribunal Supremo[104]. No olvidemos que compete al instructor evaluar la tipicidad de los hechos

---

[104] STS 688/2022, de 7 de julio. En la STS 697/2022, de 11 de julio, dictada escasos días después de la anterior y en relación con una

(que, en caso de ser atípicos, conducen al sobreseimiento libre) y, en segundo término, la existencia de indicios (que, caso de ser insuficientes, deben desembocar en el sobreseimiento en su modalidad provisional), pero todo juicio que pueda realizar sobre la calificación jurídica que merezcan tales hechos —con ser relevante para la defensa, como después se verá— carece de efectos vinculantes, puesto que compete exclusivamente a las acusaciones.

Por lo que respecta al alcance del sobreseimiento, al llegar alguno de los momentos procesales previstos en el art. 779 o 783 LECrim, el juez puede decantarse por el sobreseimiento cuando los hechos no sean típicos o no existan elementos suficientes para sostener la culpabilidad del encausado. Ello incluye la falta de solidez de los indicios relativos a los elementos subjetivos y, como después se verá, alcanza también a la presencia de causas de exclusión de la antijuridicidad[105].

Una cuestión sumamente relevante es establecer el grado de certeza que se exige para acordar el sobreseimiento. Por ejemplo, Ormazábal Sánchez considera que, en los momentos procesales intermedios en los que cabe acordarlo, a diferencia de lo que sucede en el juicio oral (y particularmente en el momento de la valoración de la prueba), rige el principio *in dubio pro accusatione* (*pro societate*)[106]. Y si bien comparto plenamente la idea de que el estándar de decisión en estos casos juega a favor de la continuación del procedimiento, es preciso

---

causa vinculada con ella, se llega a una conclusión similar, pero de forma menos enfática.

105 En sentido contrario se pronuncia Romero Pradas, M.ª Isabel, *El sobreseimiento*, cit., pp. 145 a 150.

106 Ormazábal Sánchez, Guillermo, *El periodo intermedio…*, cit., p. 3. A ello apuntaba también Castillejo Manzanares al exigir una razonable probabilidad de culpabilidad. Castillejo Manzanares, Raquel, “Hacia un nuevo proceso…”, cit., p. 263.

tener en cuenta que existen diversos estándares en función de la fórmula de sobreseimiento de que se trate. Respecto de este tema, es particularmente ilustrativo el ATS de 31 de julio de 2013, de cita recurrente entre nuestros tribunales para abordar el nivel de certeza necesario para acordar el sobreseimiento provisional: "La posibilidad del Instructor de decretar el sobreseimiento asume el papel del juicio de acusación en este modelo procesal: para entrar en el acto del juicio oral no basta con una parte legitimada dispuesta a sostener la acusación (art. 782.2). Es necesario, además, que un órgano con funciones jurisdiccionales considere "razonable" esa acusación, lo que en el procedimiento abreviado se lleva a cabo, eventualmente, en un doble momento: al elegir por alguna de las opciones legales en el trámite del art. 779; o, en su caso, una vez que las acusaciones han exteriorizado su pretensión, al decretar la apertura del juicio oral (art. 783.1). (...) Interesa este excurso para destacar que si se considera procedente cualquier género de sobreseimiento este es momento apto y oportuno para acordarlo sin que sea ni necesario, ni siquiera procesalmente lo más correcto, aguardar a que las acusaciones hayan fijado posición exteriorizando una pretensión formal acusatoria. La reforma de 2002 en sintonía con lo que ya había ensayado la jurisprudencia constitucional (STC 186/1990, de 15 de noviembre) ha resaltado esa función de la resolución del art. 779.1.4 y, por contraste, de su reverso -el sobreseimiento-. Solo procede aquélla si "está justificada de forma suficiente" la comisión del delito. Y es que la fase preliminar de investigación en el proceso penal sirve no solo para preparar el juicio oral sino también para evitar la apertura de juicios innecesarios. La decisión del art. 779.1.4 es mucho más que un acto de trámite. ¿Qué significa "justificación suficiente" de la perpetración del delito? Esta decisión despliega en el procedimiento abreviado una función paralela a la del procesamiento en el procedimiento ordinario. Por tanto la cota indiciaria exigible es equiparable a los "indicios racionales de criminalidad" mencionados en el art.

384 LECrim. Son algo más que la mera posibilidad o sospecha más o menos fundada. Es necesaria la probabilidad. Solo ese nivel justifica la apertura del plenario que, indudablemente, encierra también cierto contenido aflictivo para el acusado, aunque sea difuso. La probabilidad de comisión del delito, se traduce en negativo, expuesto de forma poco matizada, en la racional posibilidad de que recaiga una condena. No pueden extremarse las exigencias en esta fase anticipando valoraciones que solo procederían tras examinar la prueba practicada en el juicio oral. Pero sí ha de cancelarse el proceso cuando racionalmente quepa hacer un pronóstico fundado de inviabilidad de la condena por insuficiencia del material probatorio con que se cuenta. Si tal bagaje se revela desde este momento como insuficiente para derrotar a la presunción de inocencia y, con igual juicio hipotético, no pueden imaginarse ni variaciones significativas ni introducción de nuevos materiales, procederá abortar ya el procedimiento en aras de esa finalidad complementaria de la preparatoria del juicio oral: evitar la celebración de juicios innecesarios que, entre otras cosas, supondrían la afectación del derecho a un proceso sin dilaciones indebidas, también el de las partes acusadoras que verían inútilmente postergada en el tiempo la decisión final ya pronosticable, y dilapidadas energías no solo procesales sino también económicas y personales cuando se trata de parte no institucional. El procesamiento exige que la hipótesis de la comisión del delito y la participación en él del inculpado sea al menos tan posible o fuerte como la contraria. Estamos en un escalón superior al necesario para tomar declaración como imputado y por supuesto, muy por encima de la verosimilitud que justifica la incoación de unas diligencias penales".

Y por lo que respecta a la decisión de acordar el sobreseimiento libre por ser los hechos atípicos, es el ATS de 4 de diciembre de 2013[107] el que ofrece importantes claves, con referencias también al canon decisor en el caso del sobreseimiento provisional: "la LECrim exige diversos niveles de certeza en función de la resolución que pretende fundarse desde tales hechos. Basta que el relato histórico, incluida la atribución al sujeto, no resulte manifiestamente falsa, para la iniciación de la fase de investigación previa (...). Exige después mayores grados de probabilidad para la adopción de medidas cautelares o que puedan afectar a derechos fundamentales o, en fin, indicios racionales de criminalidad para, si se trata del procedimiento ordinario, justificar la eventualidad del sometimiento a juicio determinado el instructor el procesamiento del imputado. Si bien esta decisión en fase sumarial aún ha de pasar un nuevo examen ya por el órgano competente para el enjuiciamiento, incluso de oficio si éste considera que la imputación no supera el juicio sobre tipicidad. En tal caso el artículo 645 autoriza esa ulterior decisión de sobreseimiento. Reunidas esas plurales atribuciones al Instructor del procedimiento abreviado (...), el artículo 779 de la LECrim le emplaza a decidir, además de otras cuestiones (...), tanto el juicio de tipicidad, como el de probabilidad del hecho y de su atribución al imputado. Este último por referencia al canon de "suficiente justificación de su perpetración" que recuerda el de existencia de causa probable de otros modelos en que el juicio de acusación tiene suficiente consideración específica dentro del iter procedimental. Tales precedentes llevan a dos consideraciones: a) que el trámite en que ahora nos encontramos no puede erigirse en un simple filtro negativo de flexible laxitud, conforme al cual la mera posibilidad autorice a someter a un imputado a la carga, no solamente jurídica del juicio oral y b) que el adelantamiento de la decisión a un órgano previo al de enjuiciamiento no autoriza a que aquél asuma funciones que no le son propias, como lo

---

107 Dictado en la causa especial 3/20284/2012 seguida frente a aforado.

sería condicionar la continuidad a la certeza sin dudas sobre la realidad del hecho, ni a asumir una de las alternativas posibles en el juicio de tipicidad, que solamente en definitiva corresponde a la función juzgadora".

No cabe duda de que la decisión de optar por el sobreseimiento en lugar de dictar auto de procedimiento abreviado o, posteriormente, auto de apertura del juicio oral, debe someterse a un criterio basado en la falta de solidez de los indicios de criminalidad o en la fuerte probabilidad de atipicidad de los hechos, y que se basa en un estándar más exigente que el que se precisa para acordar la continuación del procedimiento o el auto de apertura del juicio oral. Pero lo que no alcanzo a ver —como algún autor ha sugerido— es que el instructor haga uso de estándares de decisión distintos al dictar estas dos resoluciones en momentos distintos (como alternativa al auto de incoación de abreviado o como alternativa al auto de apertura del juicio oral)[108]. No se trata de dos resoluciones independientes, sino que la segunda (el sobreseimiento o el auto de apertura del juicio oral) es consecuencia necesaria de la primera (auto de procedimiento abreviado) y, conjuntamente, del examen de los escritos de acusación, pero ello no supone que el estándar requerido para adoptar cada una de ellas sea distinto, puesto que en ambos casos el instructor debe examinar si los hechos son atípicos o si concurren indicios de su comisión (arts. 779.1.4ª en relación con la regla 1ª del mismo precepto y art. 783 LECrim). No cabe duda de que las circunstancias en las que se dicta uno y otro son distintas (en el caso del auto de apertura del juicio oral, una vez evacuado el escrito

---

108 Quintero Jiménez, identifica, respecto del auto de procedimiento abreviado, la necesidad de que "las pruebas excluyan la certeza o seguridad de que los hechos indiciarios son atípicos" y, respecto del auto de apertura del juicio oral, "la probabilidad de ocurrencia de un hecho delictivo". Quintero Jiménez, Camilo Alberto, *Fase intermedia y control...*, cit. pp. 264-265.

de acusación, lo que supone un control del mismo *ex post*), pero la única diferencia radica en que, al dictar el segundo, el juez debe valorar si, a la luz de la hipótesis acusatoria finalmente formulada (y, en su caso, de las diligencias complementarias que se hayan podido practicar), concurre alguna causa de sobreseimiento que no fuese apreciada cuando se dictó el auto de procedimiento abreviado, pero ello no supone estándar indiciario distinto al que aplicó al emitir este último. En este sentido, ha sido claro el Tribunal Supremo al igualar la trascendencia del análisis que el instructor hace en ambos casos: "El canon de "suficiencia" de los indicios no es diverso en cada uno de esos momentos. Por eso algunos han criticado esa duplicidad. No tendría sentido mantener en manos del Instructor las llaves para cerrar el trámite procesal por razones que ya descartó al adoptar la resolución prevista en el art. 779.1.4ª. No obstante, ese filtro duplicado no solo se explica por vicisitudes legislativas: tiene su razón de ser. La acusación puede hacer pivotar su pretensión en extremos diferentes de los valorados por el Instructor, o puede aportar datos que permitan aquilatar la decisión anterior. En consecuencia pueden surgir razones antes no evaluadas para denegar la apertura del juicio oral, pese a las gotas de contradicción que eso puede comportar con la decisión, que ha de ser motivada, casi inmediatamente anterior, de continuar el trámite de preparación del juicio oral (arts. 780 y ss LECrim)"[109]. Y entre esas razones que el instructor no haya podido evaluar antes, cabe situar el resultado de diligencias complementarias, que pasa a integrar el acervo indiciario a partir del cual debe efectuar el control exigido por el art. 783 LECrim.

Aunque el canon de decisión sea el mismo en ambos momentos, no se debe olvidar que la acusación debe proponer las pruebas de las que pretende valerse en el escrito de acusa-

---

109 AATS de 31 de julio de 2013 y de 28 de abril de 2016.

ción, aunque la LECrim no estipula consecuencia alguna para el caso de que su propuesta sea incompleta y se permita que pueda completarla en cualquier momento antes del juicio oral o ya en el trámite de cuestiones previas que tiene lugar en la audiencia preliminar a la que se refiere el art. 785 LECrim[110]. Ello exige a la acusación actuar con cautela en la fase investigadora para proponer la práctica de diligencias con las que evitar un sobreseimiento basado en la insuficiencia de indicios.

2.3. El sobreseimiento basado en la concurrencia de causas de justificación y de causas de inimputabilidad

No es pacífico que deba acordarse el sobreseimiento cuando existan elementos de juicio que sustenten la existencia de circunstancias favorables al acusado que, de concurrir en el juicio oral, motivarían su absolución. Se ha planteado la necesidad de permitir el acceso de tales circunstancias al acto de juicio oral para que el tribunal de enjuiciamiento pueda valorar su existencia a la luz del conjunto de pruebas practicadas para evitar decisiones precipitadas[111]. Sin embargo, con ser esta la

---

110 Sobre esta cuestión es particularmente interesante la STS 1004/2021, de 17 de diciembre, que recuerda que debe hacerse una interpretación flexible de los momentos de proposición de la prueba y, en consecuencia, que es posible hacerlo no sólo en los escritos de calificación provisional, sino también con posterioridad y hasta en el trámite de cuestiones previas, incluso en el procedimiento ordinario, siempre que ello no suponga un fraude procesal y se garantice la debida contradicción.

111 Son de esta opinión Khalaf Reda, Abdalla, "El control judicial...", cit., pp. 54-55 y Romero Pradas, M.ª Isabel, *El sobreseimiento*, cit., pp. 145 a 150. Sigüenza López se mantiene en una posición intermedia, cercana a la posibilidad de que tales causas sean apreciadas por el instructor, pero consciente de la dificultad de que en una fase tan temprana sea factible hacerlo con carácter general. Sigüenza López, Julio, *El sobreseimiento libre*, Aranzadi, Navarra, 2002, pp. 70 y ss.

posición que tradicionalmente se ha sostenido, parece haberse consolidado en la Sala Segunda el criterio contrario, lo que debe ser valorado muy positivamente.

Al respecto, es particularmente interesante la STS 202/2018, de 25 de abril[112] que, por su claridad, convienen exponer literalmente: ""Criminalidad" a los efectos de los arts. 384 o 783 LECrim es algo más que "tipicidad objetiva". Por "criminalidad" hay que entender la existencia de un delito con todos sus elementos. Por tanto, el Instructor, en el momento de dictar o denegar el auto de procesamiento, se encuentra a estos efectos en idéntica posición que la Audiencia a la hora de dictar sentencia. La única variante es que al Instructor le basta la existencia de una probabilidad para decretar el procesamiento (o abrir el juicio oral, o decretar la conversión en abreviado -art. 779.1.4ª-), en tanto que la Audiencia para llegar a un pronunciamiento condenatorio necesitará certeza[113]. En lo demás, la

[112] Cuyo criterio se reitera en las SSTS 548/2018, de 13 de noviembre y 509/2022, de 25 de mayo.

[113] Nuevamente se insinúa esa distinta posición en la STS 310/2022, de 29 de marzo, en la que se destaca que el control de las razones del sobreseimiento libre debe partir de los hechos indiciariamente acreditados, y no de unos hechos declarados probados, dado el distinto momento procesal en el que se dicta el auto de sobreseimiento. Aunque la referencia a "hechos indiciariamente acreditados" no es especialmente clara (puesto que técnicamente no se ha producido todavía actividad probatoria propiamente dicha), sí denota la idea de que el instructor que decide sobreseer o la audiencia provincial que confirma tal sobreseimiento (o acuerda estimar un recurso contra el auto de transformación en procedimiento abreviado y, en consecuencia, sobresee), ocupa una posición muy distinta a la del órgano de enjuiciamiento que valora la prueba y, desde tal posición, realiza, en realidad, un pronóstico de viabilidad de la acusación (en el caso del sobreseimiento con acceso a la casación, sobre la base de un juicio de tipicidad negativo). También es interesante sobre esta cuestión la STC 135/1989, de 19 de julio.

posición es idéntica. Si el Instructor aprecia la existencia de una causa de justificación (v.gr. ejercicio legítimo de la libertad de información), razones que pueden llevar a la inculpabilidad (error sobre la falsedad de la imputación o un error de tipo) o una excusa absolutoria[114], deberá denegar el procesamiento o la apertura del juicio oral por no existir indicios de "criminalidad"[115]. (...) La única salvedad que en un plano teórico hay que efectuar a este planteamiento es la relativa a las causas de inimputabilidad que llevan aparejadas medidas de seguridad. En tales casos es preceptivo entrar en el juicio oral no ya porque el instructor no pueda constatar esas circunstancias (en muchas ocasiones contará con elementos sobrados para ello), sino porque se hace imprescindible el plenario para decidir sobre la imposición de medidas de seguridad, a veces más gravosas que la propia pena, dando oportunidad al acusado de disfrutar de una defensa plena. Y, es que, en esos casos, aunque la sentencia sea formalmente absolutoria, acuerda el sometimiento a una medida de seguridad"[116]. De hecho, la exigencia de celebrar juicio oral en estos casos se introdujo con la reforma del art. 782 LECrim de 2002, que incorporó lo que venía siendo criterio jurisprudencial desde 1979, cuando el Tribunal Supremo declaró que la adopción de medidas de segu-

---

114 Sobre la apreciación de la excusa absolutoria en fase de instrucción y en fase intermedia, con el consiguiente sobreseimiento al amparo del art. 637.3º LECrim si se verifican sus presupuestos, también se ha pronunciado en otras ocasiones, como en las SSTS 91/2006, de 30 de enero y 195/2024, de 29 de febrero.

115 En sentido contrario, Khalaf Reda, Abdalla, "El control judicial de la pretensión...", cit., pp. 54-55.

116 STS 202/2018, de 25 de abril, fundamental en esta materia. El planteamiento lo suscriben y hacen suyo también, entre otras muchas, las SSTS 509/2022, de 25 de mayo, 310/2022, de 29 de marzo y el ATS de 15 de noviembre de 2021.

ridad no podía realizarse en el auto de sobreseimiento porque había que garantizar el derecho de audiencia del encausado[117].

Lógicamente, cuando se acuerde la apertura del juicio oral a los solos efectos de decidir la adopción, en su caso, de una medida de seguridad, se deberán disponer en el propio auto (o en decisión separada pero coetánea) las medidas de apoyo y de accesibilidad procesal que el encausado precise para garantizar el efectivo ejercicio de sus derechos, más allá del derecho de defensa. Tales medidas habrán de ajustarse, ante la inexistencia de previsión alguna en la LECrim, a lo estipulado en el Código Civil (que prevé su adopción preventiva ante notario, la guarda de hecho o su adopción judicial mediante el procedimiento de los arts. 756 y ss LEC) y en la Ley de Enjuiciamiento Civil por lo que se refiere a la competencia y procedimiento para su adopción judicial cuando sea preciso y a las medidas que, como la asistencia de un facilitador, persiguen garantizar su efectiva intervención en el acto del juicio oral, previstas en el art. 7 bis.

Por último, y como ulterior aval de la necesidad de acordar el sobreseimiento ante la posible concurrencia de causas de justificación y de inimputabilidad, la Sala Segunda ha modificado recientemente su doctrina en torno al nivel de prueba necesario para estimar la concurrencia de circunstancias favorables al acusado en la sentencia. Y es que, si es posible apreciar la existencia de una causa de inimputabilidad o de una causa de justificación para atenuar la responsabilidad o declarar exento de responsabilidad penal al acusado en los casos en los que, sin existir certeza más allá de toda duda razonable, cabe concluir su probable existencia[118], con mayor razón debe esti-

---

117 Romero Pradas, M.ª Isabel, *El sobreseimiento,* cit., pp. 133 a 140.

118 Ya existen varias sentencias del Tribunal Supremo que abordan esta polémica cuestión. Entre ellas, destacaría dos: la STS 335/2017, de 11 de mayo (ponente: Antonio Del Moral García), que abrió el de-

marse su concurrencia como causa de sobreseimiento cuando los indicios existentes en el periodo intermedio apuntan a tal circunstancia con el mismo grado de certeza que en el juicio oral provocaría su apreciación[119]. En definitiva, el sobreseimiento libre por atipicidad se impone (i) ante la certeza sobre la inexistencia de los hechos de cargo que lo motivan o (ii) ante la verosímil existencia de una causa de justificación o de una causa de inimputabilidad, salvo que fuera previsible contar con ulteriores medios de prueba que en el acto de juicio pudieran decantar la decisión del órgano de enjuiciamiento hacia la inexistencia de tales circunstancias.

Y ello, no debe pasarse por alto, tiene como consecuencia también que, en los procedimientos frente a personas jurídicas —a las que el Tribunal Supremo ha extendido el conjunto de garantías procesales propio de las personas físicas—, la existencia y razonable eficacia de un programa de cumplimiento debería provocar igualmente el sobreseimiento de las actuaciones, aun cuando no exista total certeza de dicha eficacia, sino únicamente la verosimilitud de su desarrollo y aplicación. Así se acordó, por ejemplo, en los autos del Juzgado Central de Instrucción núm. 6 de 23 de marzo de 2021 y de 29 de julio de 2021, que aludían al "daño reputacional" de un procedimiento penal abierto frente a las personas jurídicas acusadas basado en "una atribución delictiva carente de sustancialidad" por desprenderse verosímilmente de lo actuado en instrucción

---

bate y la STS 291/2024, de 21 de marzo (ponente: Javier Hernández García), que introduce nuevos argumentos. La primera de ellas fue objeto de comentario en Fernández López, Mercedes, "Retos del proceso penal a la luz de la presunción de inocencia", en Bujosa Vadell, Lorenzo Mateo (Dir.), González Pulido, Irene y Reifarth Muñoz, Walter (Coord.), *Derecho Procesal: retos y transformaciones*, Atelier, Barcelona, 2021, pp. 140 y ss.

119 Dejo al margen las circunstancias atenuantes, por cuanto no permiten acordar un sobreseimiento.

que contaban con un programa de cumplimiento al tiempo de producirse los hechos[120].

2.4. Los recursos frente al auto de sobreseimiento

Parte esencial del juicio negativo de acusación es el control del sobreseimiento en vía de recurso. Al respecto, la STS 124/2022, de 11 de febrero, se pronuncia sobre la recurribilidad del auto de sobreseimiento, una cuestión técnico-procesal de destacada dificultad sobre la que la Sala Segunda ha tenido que realizar una importante tarea de delimitación en los últimos años ante las importantes aristas que presenta, motivadas, en gran parte, por su oscura regulación. Y es que el art. 636 LECrim señala que "contra los autos de sobreseimiento sólo procederá, en su caso, el recurso de casación", precepto que debe interpretarse de manera coherente y coordinada con lo prescrito por los arts. 236, 846 ter y 848 LECrim.

El Tribunal Supremo viene adoptando un criterio bastante estricto de recurribilidad como resultado de la reforma procesal operada por la Ley 1/2015, que modificó el art. 848 LECrim y generalizó la doble instancia penal, razón por la que entiende que, existiendo un control sobre las decisiones dictadas en primera instancia por las audiencias provinciales, resulta innecesario proporcionar acceso al recurso de casación al auto de

---

120 Sobre esta cuestión, véase Lightowler-Stahlberg Juanes, Pablo, "El tratamiento de las personas jurídicas investigadas: análisis de las resoluciones judiciales más relevantes en la fase de instrucción", *Diario La Ley*, 9 de marzo de 2022, que se hace eco también del auto de la Sala de lo Penal de la Audiencia Nacional (sección 4ª) de 14 de marzo de 2022, que destaca que no basta constatar la existencia de un programa de cumplimiento, sino que es preciso que conste su eficacia para que permita fundamentar el sobreseimiento de las actuaciones penales frente a la persona jurídica.

sobreseimiento[121]. En efecto, las decisiones de sobreseimiento recaídas en procedimientos iniciados con anterioridad a la citada reforma debían ajustarse a lo dispuesto por el entonces vigente art. 848 LECrim, que únicamente preveía el recurso de casación (sin necesidad de apelación previa, por cuanto no existía tal posibilidad) frente al auto de sobreseimiento libre por atipicidad de los hechos. Una interpretación estricta, además, que excluía la posibilidad de interponer recurso alguno frente al auto sobreseimiento dictado en el procedimiento abreviado, por cuanto el precepto aludía a la circunstancia de que el investigado se hallara "procesado" por hechos que no revestían carácter delictivo, lo que se interpretó como una remisión al sobreseimiento en el procedimiento ordinario. Esta interpretación comenzó a cambiar con la STS 1759/1993, de 21 de mayo, en la que se abrieron las puertas de la casación al auto de sobreseimiento libre dictado en el procedimiento abreviado al entender asimilable a estos efectos el procesamiento a la imputación formal propia de este procedimiento: "El auto de procesamiento del procedimiento ordinario y sumarial ha de entenderse asimilado, en el procedimiento abreviado, a la inculpación y al acta de acusación, como claramente definidoras de alguna responsabilidad criminal (...), y es que de no estimarse así, tal se dice por el Fiscal, resultaría que los sobreseimientos libres no serían nunca recurribles en casación por lo que respecta a la nueva normativa procesal". Ante las dudas y los criterios contradictorios que subsistían, la Sala Segunda alcanzó el Acuerdo del Pleno no Jurisdiccional de 9 de febrero

---

121 No cabe apelación frente a los autos de las audiencias provinciales dictados con ocasión de una apelación previa contra el auto de sobreseimiento dictado en el ámbito del procedimiento abreviado por el instructor o por el juzgado de lo penal. En la medida en que ponen fin a la instancia en los términos que exige el art. 848 LECrim, tales autos son objeto directo de casación (STS 310/2022, de 29 de marzo).

de 2005, en el que estableció los siguientes criterios relativos a la recurribilidad de los autos de sobreseimiento dictados por las audiencias provinciales en el seno del procedimiento abreviado: "Los autos de sobreseimiento dictados en apelación en un procedimiento abreviado sólo son recurribles en casación cuando concurran estas tres condiciones: 1ª. Se trate de un auto de sobreseimiento libre. 2ª. Haya recaído imputación judicial equivalente a un procesamiento, entendiéndose por tal la resolución judicial en que se describa el hecho, el derecho aplicable y las personas responsables. 3ª. Se haya dictado en procedimiento cuya sentencia sea recurrible en casación".

Esa resolución judicial de imputación requerida para abrir las puertas del recurso no podía ser otra que el auto transformador de diligencias previas en procedimiento abreviado. Con dicho Acuerdo, en definitiva, se zanjó la que en su día fue la polémica recurribilidad del auto de sobreseimiento libre en el procedimiento abreviado, y con la reforma de 2015 se elevó a categoría de norma vinculante al incorporarse su contenido al actual art. 848 LECrim[122]. Resulta, pues, incontrovertido que cabe recurso de casación como mecanismo de control del juicio jurídico de subsunción que supone la decisión de sobreseer libremente las actuaciones por atipicidad de los hechos o por la existencia fundada de una circunstancia excluyente de la responsabilidad, de modo que debe canalizarse como recurso fundado en la infracción de ley y, en particular, en el primero de los motivos del art. 849 LECrim, por cuanto el motivo segundo del precepto se reserva exclusivamente para el con-

---

122 En el mismo sentido, y destacando la necesidad de que se haya dictado una resolución de imputación formal como presupuesto de procedibilidad, como lo es el auto de procesamiento o el auto de transformación en procedimiento abreviado, véase la STS (Pleno) 396/2021, de 6 de mayo —que consolida el acuerdo— y el ATS 1086/2021, de 28 de octubre. Más recientemente, reproduce dicho planteamiento la STS 604/2023, de 13 de julio.

trol de errores judiciales en sede de valoración de prueba (y, por tanto, producidos una vez ha tenido lugar el juicio oral, la práctica de la prueba y declarados probados unos hechos)[123]. Un exiguo margen de control que el Tribunal Supremo ha asimilado en algún caso al que corresponde a las sentencias absolutorias en sede casacional: del mismo modo que sólo cabe analizar en casación las razones jurídicas que han conducido a la absolución, el control del sobreseimiento debe circunscribirse a las razones jurídicas, eludiendo la declarada inexistencia de indicios para acordar la apertura del juicio oral[124], sobre la que el órgano de apelación dispone de la última palabra. Un juicio puramente normativo, en suma, que de conducir a la atipicidad de los hechos no hace sino ahondar en la futilidad de las indagaciones sobre la realidad de los mismos[125]. Configurado así el exiguo alcance de la casación frente al auto

---

123 SSTS 790/2023, de 25 de octubre, 872/2015, de 5 de febrero (que niega el carácter de imputación formal a estos efectos a la que se produce con ocasión de la declaración del denunciado), 99/2016, de 18 de febrero, 32/2017, de 26 de enero, 790/2017, de 7 de diciembre (que declara que un auto que autoriza la entrada y el registro no equivale a la resolución judicial de imputación que daría acceso al auto de sobreseimiento libre al recurso de casación), 690/2020, de 14 de diciembre, 794/2021, de 20 de octubre (que da cuenta de la adecuación de esta limitada recurribilidad a la doctrina del TEDH sobre el derecho de acceso a los tribunales), 252/2022, de 17 de marzo, 509/2022, de 25 de mayo, 310/2022, de 29 de marzo, 688/2022, de 7 de julio, 705/2022, de 11 de julio, 387/2023, de 24 de mayo y 511/2023, de 28 de junio. La STS (Sala de lo Militar) de 30 de octubre de 2015 se detiene con particular detalle sobre la inexistencia de un verdadero relato de hechos probados en el auto de sobreseimiento libre como motivo que impide acudir a la casación por la vía del art. 849.2 LECrim.

124 SSTS 509/2022, de 25 de mayo y 958/2023, de 21 de diciembre, entre otras muchas.

125 Con suma claridad: "Si los hechos carecen de relieve penal, no tiene sentido adentrarse en un juicio para probar lo que, de por sí, es atí-

de sobreseimiento libre, no sólo se excluye el examen de los indicios obrantes en la causa, sino de cualquier cuestión procesal, como puede suceder con la falta de legitimación de las acusaciones que, a mayor abundamiento, no provoca el sobreseimiento libre[126].

Tras la reforma del art. 848 LECrim operada en 2015, la Sala ha actualizado su posición, que mantiene en lo esencial. Así, por ejemplo, el ATS 960/2021, de 7 de octubre, resume las exigencias del acceso a la casación de este tipo de resoluciones, que se resumen en cinco: (i) que se trate de un auto de sobreseimiento libre acordado con base en el art. 637.2º y 3º LECrim; (ii) que haya sido acordado por una audiencia provincial conociendo de un recurso de apelación; (iii) que la queja se canalice por el art. 849.1º LECrim; (iv) que exista un auto de imputación formal (como es el caso del auto de transformación de las previas en abreviado); y (v) que, aunque se trate de un auto, que presente un cierto interés casacional"[127].

---

pico. Es lógico anticipar esa decisión para evitar un juicio inútil que nada podrá añadir" (STS 705/2022, de 11 de julio).

126 STS 387/2023, de 24 de mayo. En el mismo sentido, también reciente, véase la STS 511/2023, de 28 de junio. Esta idea debe ser completada con lo afirmado en la STS 85/2022, de 9 de marzo, que considera que el concepto de "precepto penal sustantivo" a efectos casacionales no comprende cualquier infracción de la legalidad, sino exclusivamente la que afecta a normas que definen tipos penales o que están dirigidas a establecer conductas delictivas.

127 En el mismo sentido —y con más detalle—, véanse las SSTS 877/2023, de 28 de noviembre, 794/2021, de 20 de octubre, 940/2021, de 1 de diciembre y 859/2021, de 11 de noviembre y los AATS 1047/2021, de 28 de octubre y 1170/2021, del 4 de noviembre. En todas estas resoluciones se aborda la evolución jurisprudencial del complejo régimen de impugnación de los autos de sobreseimiento.

Debe tenerse en cuenta que para determinar si estamos ante un verdadero sobreseimiento libre no bastará atender al *nomen iuris* que reciba en el auto (dado que se abusa en la práctica de calificarlos como provisionales con independencia de los motivos que los sustentan), sino al sentido y alcance real que tenga tal pronunciamiento. Si se indica que se trata de un sobreseimiento provisional cuando en realidad lo es libre (o viceversa), la denominación errónea no puede determinar su régimen de impugnación. Así se indica en la STS 509/2022, de 25 de mayo, que incide en la necesidad de distinguir con claridad entre los pronunciamientos relativos a la inexistencia o insuficiencia de indicios y los que, al margen de los indicios que obren en la causa, se decantan por excluir el enjuiciamiento al estimar que los hechos no son delictivos (637.2º y 637.3º LECrim). En el mismo sentido, la STS 310/2022, de 29 de marzo destaca que, de acuerdo con el art. 848 LECrim, tienen acceso a la casación los sobreseimientos libres acordados por las audiencias provinciales con base en los apartados 2º y 3º del art. 637 LECrim, como ya se venía aceptando jurisprudencialmente. Pero debe tenerse en cuenta también que el precepto cuya infracción debe ponerse en cuestión en trámite de casación no es el art. 637 LECrim, de naturaleza procesal, sino los que resulten afectados por el juicio negativo de tipicidad que haya llevado al juzgador a decantarse por el sobreseimiento[128].

En cualquier caso, no siempre resulta sencillo trazar una distinción nítida entre los problemas propios de tipicidad y los relativos a la prueba de los hechos, y la práctica forense nos proporciona ejemplos interesantes para determinar cuándo procede un tipo de sobreseimiento u otro. La regla general según la cual el juicio de tipicidad requiere partir de unos hechos declarados existentes que —con toda la provisionalidad

---

[128] A título de ejemplo, véanse las SSTS 32/2017, de 26 de enero y 705/2022, de 11 de julio.

propia de una resolución de sobreseimiento— no pueden ser discutidos en casación, es clara. Sólo tras ello es viable emitir una valoración jurídica de los hechos. Sin embargo, la STS 94/2019, de 20 de febrero, nos muestra lo confusa que puede ser esta distinción en algunos casos. En el supuesto al que da respuesta, se recurría en casación un auto de sobreseimiento libre basado en la atipicidad de los hechos (art. 637.2 LECrim), pero el Tribunal Supremo concluye que debió dictarse un auto de sobreseimiento provisional por la causa prevista en el art. 641.1 LECrim, puesto que no se trataba de un caso de atipicidad, sino que la decisión se sustentaba en no encontrarse debidamente justificada la comisión del delito, esto es, se trataba de una cuestión que afectaba a la premisa fáctica del razonamiento judicial preciso para acordar la continuación de las actuaciones y no a la premisa normativa, por lo que lo procedente era el sobreseimiento provisional y no el libre. Sostiene la sentencia que el hecho de que no se describan "actos, concretos y evidentes, tendentes a una destrucción u ocultación real o ficticia de sus activos que imposibilite o dificulte a los acreedores el cobro de lo que les es debido" es una exigencia respecto de los hechos objeto de enjuiciamiento que encierra una clara actividad valorativa que excede de la conformación de la premisa fáctica y se adentra en la normativa, relativa al juicio de tipicidad. Sin embargo, sorprendentemente, la sentencia entiende que procede un sobreseimiento provisional y no libre por ser los hechos atípicos[129]. A ello debe sumarse,

---

[129] Aunque excede de los fines de este trabajo, es interesante cuestionarse la tradicional distinción entre *quaestio iuris* y *quaestio facti* (sobre la que se asientan, entre otros, los motivos de acceso a la casación de las resoluciones judiciales) y mostrar que difícilmente permite etiquetar supuestos que quedan en la frontera entre ambos. Sobre ello, me parece muy interesante el trabajo (y los ejemplos que cita) de Rodríguez-Toubes Muñiz, Joaquín, "Interpretación y calificación jurídica de los hechos", *Anuario de la Facultad de Derecho,*

como se destaca en la sentencia que se comenta, que el acceso a la casación del auto de sobreseimiento libre no se desprende exclusivamente de ese Acuerdo de 9 de febrero de 2005 (ahora del art. 848 LECrim), sino del hecho mismo —en el caso concreto que motiva esta resolución— de haberse dictado en trámite de cuestiones previas, por cuanto las resoluciones que en él se acuerdan deben seguir el mismo régimen de impugnación de la sentencia que le pondría término al procedimiento, y que permite invocar tanto la infracción de ley como el quebrantamiento de forma.

Directamente vinculada con el control de la decisión de terminación anticipada del procedimiento, tanto libre como provisional, aunque no sólo con tal control, se encuentra la necesidad de motivación de la decisión[130]. Sin duda, el juez que acuerda el sobreseimiento debe expresar las causas que han llevado a adoptar tal decisión, dado que sus efectos, en el caso del libre —que impiden la reactivación del procedimien-

---

Universidad de Alcalá, XII, 2019, especialmente en pp. 15 y ss. El autor destaca, además, que no existe acuerdo teórico acerca de la pertenencia de la calificación jurídica de los hechos a la premisa fáctica o a la premisa normativa (nota 21, p. 14). Y, como señala González Lagier, los hechos "calificados" precisan de las normas jurídicas que los configuran como supuesto de hecho, por lo que los problemas que atañen a tal calificación "no son siempre independientes de las normas jurídicas". González Lagier, Daniel, "Hechos y argumentos. Racionalidad epistemológica y prueba de los hechos en el proceso penal (I)", *Jueces para la Democracia,* nº 46, 2003, p. 23.

130 STS de 17 de mayo de 1990. Sobre ello puede verse Hernández Rueda, M.ª Dolores, "La resolución de recursos intermedios en fase de instrucción e intermedia. Problemática en relación a sobreseimientos, denegación de diligencias e incoación de procedimientos abreviados. Recursos contra medidas cautelares, especialmente prisión provisional y órdenes de alejamiento. Cuestiones que afectan al enjuiciamiento", *Cuadernos digitales de formación,* CGPJ, núm. 11, 2014, pp. 8 y ss.

to— se asimilan a los de la sentencia absolutoria, y, en el caso del sobreseimiento provisional, suponen una paralización del procedimiento que sólo se justifica ante la insuficiencia de los indicios de cargo[131]. De ahí que la motivación se requiera para que las acusaciones puedan verificar que tal resolución es respetuosa con su derecho a la tutela judicial efectiva.

En efecto, es comprensible que el auto de sobreseimiento, que cierra las puertas —temporal o definitivamente— del enjuiciamiento, requiera una motivación reforzada si se compara con la exigida a otras resoluciones dictadas en la fase de instrucción, toda vez que tal decisión, si fuera prematura, comprometería el derecho a la tutela judicial de las acusaciones. Es por ello que no son admisibles fórmulas de sobreseimiento parcial implícito en el auto de procedimiento abreviado o en el auto de apertura de juicio oral[132], pues en caso contrario se burlaría con suma facilidad la preceptiva motivación de la decisión. La STS 489/2018, de 23 de octubre es particularmente concreta y exigente: "Era asimismo exigible que en el auto de acomodación al procedimiento abreviado se incorporasen esos hechos. El auto guarda silencio sobre ellos (...). Pero era obligada su mención para permitir en su caso que la defensa

---

131 Por ello, la citada STS de 17 de mayo de 1990 exige que el auto de sobreseimiento libre cuente con una declaración de hechos probados.

132 Destaca la necesidad constitucional de motivación del auto de sobreseimiento De Urbano Castrillo, Eduardo, "El sobreseimiento del proceso penal", *Revista Aranzadi Doctrinal* num.3, 2021, p. 16. Se manifestaba en sentido contrario Pérez Benítez, Jacinto José, "La fase intermedia del procedimiento abreviado tras la reforma operada por la LO 38/2002", *Diario La Ley*, núm. 6433, 2 de marzo de 2006, p. 15. Sin embargo, la jurisprudencia se ha encargado de zanjar esta cuestión, a mi juicio, de manera satisfactoria, a favor de la necesaria motivación, en SSTS como la 277/2021, de 25 de marzo y la 489/2018, de 23 de octubre y 862/2022, de 4 de noviembre.

pudiese recurrir y reclamar el sobreseimiento parcial respecto de esos hechos. En todo caso la falta de inclusión no puede interpretarse como un sobreseimiento tácito, inexistente". Y continúa la resolución expresando igualmente la imposibilidad de acordar tácitamente el sobreseimiento en el auto de apertura del juicio oral: "el sobreseimiento exige una resolución expresa: no caben sobreseimientos tácitos. Estando tales hechos relatados y calificados en el escrito de la acusación particular y no excluyéndose en el auto de apertura del juicio oral, no se puede decir que fueron expulsados mediante un sobreseimiento implícito".

De ahí que la apreciación de causas de atipicidad o de insuficiencia indiciaria deba ser expresada y desarrollada por el instructor en la resolución para posibilitar el control de racionalidad y el respeto al derecho a la tutela judicial de las partes acusadoras[133]. De ahí también que la omisión en el auto de apertura del juicio oral de hechos incluidos en los escritos de acusación no vincule al órgano de enjuiciamiento, que debe celebrar el juicio respecto de todos los hechos que sean objeto de tales escritos[134].

---

[133] Ortega Lorente, José Manuel, Camarena Grau, Salvador, Hernández García, Javier y Gimeno Jubero, Miguel Ángel, "Bloque 1. La fase intermedia...", cit., pp. 23-24.

[134] STS 338/2020, de 19 de junio.

Capítulo III

El control judicial ex ante: límites de la futura acusación

1. EL AUTO TRANSFORMADOR DE LAS DILIGENCIAS PREVIAS EN PROCEDIMIENTO ABREVIADO DESDE LA STC 186/1990, DE 15 DE NOVIEMBRE, HASTA LA ACTUALIDAD

1.1. La terminación de la instrucción

Finalizada la fase de investigación a juicio del instructor (aunque también es posible a iniciativa del Ministerio Fiscal en las diligencias previas en virtud de lo dispuesto en el art. 773.1 LECrim)[135], la existencia de indicios de criminalidad supone la necesidad de conducir las actuaciones hacia el juicio oral[136]. El art. 779.1.4ª LECrim marca con claridad el tránsito de las

---

135 "Corresponde al Ministerio Fiscal (...) instar (...) la adopción de medidas cautelares o su levantamiento y la conclusión de la investigación tan pronto como estime que se han practicado las actuaciones necesarias para resolver sobre el ejercicio de la acción penal".

136 Cualquiera que sea la naturaleza del sistema procesal (acusatorio puro o, como el nuestro, mixto) requiere la intervención de la autoridad judicial para examinar la procedencia de la acción penal y para efectuar el control de los actos de investigación. Una actuación que, en el caso de los sistemas acusatorios puros, inaugura la presencia judicial en el proceso, tal y como destaca Armenta Deu, Teresa, "Juicio de acusación, imparcialidad del acusador y derecho de defensa", *Revista Ius et Praxis*, núm. 2, 2007, pp. 84-85. Sobre la forma

actuaciones instructoras, orientadas a determinar la existencia de elementos incriminatorios, hacia el enjuiciamiento. Un tránsito condicionado en último término por la formulación de la acusación, en torno a la que girará el juicio oral y las posibilidades de defensa del ya acusado. Se trata de una fase procesal en la que el rigor técnico de quien haya dirigido la instrucción (o de la audiencia provincial, si nos encontramos en el procedimiento ordinario) y de quien formule la acusación va a determinar en gran medida el curso de las actuaciones y las posibilidades de reacción del acusado frente a los aspectos técnico-procesales que no se ajusten debidamente a las exigencias del derecho de defensa.

Es verdaderamente llamativo que la formulación de la acusación responda a unos parámetros bien distintos en cada uno de los procedimientos penales[137]. Las diferencias sustanciales en cuanto a cómo se articula la finalización de la instrucción y se formula la subsiguiente acusación ofrece una panorámica poco agraciada de un sistema penal que en este punto —y, algo más en general, en la fase intermedia— se muestra cuanto menos incoherente o inconsistente, por no decir caótico.

Esa diversidad procedimental prevista por la LECrim provoca un volumen de trabajo ingente, particularmente porque son precisas resoluciones interlocutorias para posibilitar el tránsito entre procedimientos que, como han evidenciado estudios recientes, contribuyen a congestionar las oficinas de los

---

en la que se desarrolla ese control en Inglaterra y EEUU puede verse Armenta Deu, Teresa, "Juicio de acusación…", cit., pp. 85-86.

137 Ortego Pérez, Francisco, "El juicio de acusación y la proyectada reforma del enjuiciamiento criminal (reflexiones de *lege data* y propuestas de *lege ferenda*)", *Revista del Poder Judicial*, núm. 69, primer trimestre 2003, p. 4.

juzgados de instrucción[138]. Resulta totalmente inaplazable la unificación de procedimientos y trámites, especialmente por lo que se refiere a la fase intermedia y, en particular, al juicio de acusación[139].

Por lo que respecta a la fase intermedia, frente a las amplias facultades de intervención de la defensa en este momento crucial del procedimiento ordinario, en el procedimiento abreviado se optó por un sistema más inclinado hacia la oficialidad de la acción penal (con evidentes privilegios para la acusación y, especialmente, para el Ministerio Fiscal), con una limitada intervención para la defensa[140], que únicamente puede recurrir el auto transformador en reforma y apelación para solicitar, bien su revocación y la práctica de nuevas diligencias de inves-

---

138 Resulta especialmente llamativo que, en 2019, los juzgados de instrucción dictaron 252.253 autos de transformación de diligencias previas y diligencias urgentes en otros procedimientos (contabilizando sólo los de trámite, esto es, excluyendo los autos de transformación en procedimiento abreviado o en juicio rápido). Véase el análisis de estos datos realizado por Juan-Sánchez, Ricardo, “Reordenación de procedimientos y eficiencia…”, cit., pp. 234 y ss.

139 García-Panasco Morales, Guillermo, “El proceso penal vigente: análisis crítico”, *La Ley Digital*, 2223/2020, p. 31. También reclamaba esta unificación, si bien respecto de la resolución de imputación formal, Del Olmo del Olmo, José Antonio, *Garantías y tratamiento del imputado en el proceso penal*, Trivium, Madrid, 1999, pp. 365 y ss.

140 Armenta Deu, Teresa, “Juicio de acusación…”, cit., p. 100. La autora analiza críticamente el juicio de acusación del procedimiento abreviado y lo compara con los establecidos en los sistemas anglosajones para concluir que, en estos, el derecho de defensa tiende a quedar relegado al momento de la aparición en escena de la autoridad judicial, mientras que el carácter judicial de nuestra instrucción ha propiciado su adelantamiento, si bien con un efecto muy desigual (e incluso contrario en parte a esta idea) en lo que se refiere a la intervención de la defensa en la fase intermedia y a sus posibilidades de impugnación de las actuaciones judiciales, policiales y de la acusación (pp. 100-102).

tigación, bien el sobreseimiento de la causa, ya que carece de la posibilidad de solicitar diligencias complementarias[141].

Es en la fase intermedia donde la autoridad judicial debe decidir si la acusación formulada es suficientemente sólida como para contar con posibilidades de prosperar y, por tanto, si procede abrir el juicio oral o, por el contrario, las actuaciones conducen hacia el sobreseimiento de la causa[142]. Una valoración ("juicio de acusación" [143]) que, como se ha señalado en varias ocasiones en estas páginas, aunque no agota todas sus funciones, sí conforma, sin lugar a dudas, el núcleo esencial de la fase intermedia[144]. Y una función que, con ser esencial para evitar juicios innecesarios, por cuanto supone realizar un pronóstico de viabilidad de la pretensión penal[145], no puede resultar debidamente satisfecha en la práctica por el riesgo manifiesto de contaminación del órgano jurisdiccional encargado de realizar tal pronóstico[146]. Una oportunidad verdaderamente desaprovechada que

---

141 De ahí la intensa crítica que Fairén Guillén articuló frente a la reforma de la LECrim que introdujo el procedimiento abreviado y que suprimía en tal ámbito, al menos nominalmente, el auto de procesamiento. Fairén Guillén, Víctor, *Estudios de Derecho Procesal Civil, Penal y Constitucional III. La reforma procesal penal. 1988-1992*, Editorial Revista de Derecho Privado-Editoriales de Derecho Reunidas, Madrid, 1992, pp. 289 y ss.

142 Lo que Asencio Mellado ha considerado, en cierta medida, un prejuzgamiento del instructor. Asencio Mellado, José María, *Principio acusatorio...*, cit., p. 24.

143 Expresión empleada en la STC 186/1990, de 15 de noviembre y que rápidamente se extendió.

144 Armenta Deu, entre otros, destaca esta función sobre el resto. De ahí que se refiera a esta fase como "juicio de acusación". Armenta Deu, Teresa, "Juicio de acusación...", cit., pp. 82-83.

145 "Veracidad probable de las afirmaciones sobre los datos históricos del caso" (STS 903/2011, de 15 de junio).

146 Destacaba Montero Aroca que tanto la decisión de sobreseer como la de ordenar la continuación del procedimiento a la vista de las

bien debiera recibir un tratamiento legal diverso para sacar el mayor partido de su potencial efecto depurador de acusaciones infundadas[147], hecho que el prelegislador tomó en seria consideración en los anteproyectos de LECrim al atribuir la competencia para realizar ese examen a un órgano jurisdiccional distinto al competente para la instrucción y al encargado de conocer del enjuiciamiento (el juez de la audiencia preliminar), a imagen de lo que sucede en los sistemas procesales de nuestro entorno que han optado por un sistema de investigación fiscal.

El auto de transformación de las diligencias previas en procedimiento abreviado tiene la función implícita de clausurar la instrucción, por cuanto las diligencias complementarias que las acusaciones pueden solicitar en el trámite del art. 780 LECrim lo son exclusivamente a los estrictos efectos de posibilitar la tipificación de los hechos y, por tanto, sólo se acordarán de ser condición necesaria para que las partes acusadoras personadas puedan formular adecuadamente sus escritos de acusación[148]. Una diferencia sustancial con el procedimien-

---

actuaciones desarrolladas en la instrucción y de su resultado están tan vinculadas a los actos de investigación desarrollados que resulta imposible desvincularlos de estos, opinión que, como ya se ha puesto de manifiesto, no se comparte. Montero Aroca, Juan, "El juez que instruye no juzga. La incompatibilidad de funciones dentro del mismo proceso", *Diario La Ley*, sección doctrina, núm. 1, 1999, apdo. VI.2 *in fine* (consultado en www.laleydigital.es).

147 "Momento procesal garantizador o filtro de acusaciones infundadas" en palabras de la Circular de la FGE 1/1989, o que "se orienta precisamente a garantizar que ningún ciudadano habrá de soportar una acusación infundada" (STS 94/2019, de 20 de febrero).

148 Da cuenta del carácter excepcional de las diligencias complementarias —y en modo alguno dirigido a reabrir o prolongar la instrucción— Quintero Jiménez, Camilo Alberto, *Fase intermedia y control…*, cit. p. 38. En el mismo sentido, Carretero Sánchez, Adolfo, "La regulación de las diligencias complementarias en el procedimiento abreviado: visión crítica", *Diario La Ley*, núm. 7640, 30 de mayo de

to ordinario que ya fuera destacada con suma nitidez por el Tribunal Constitucional en la sentencia 186/1990, de 15 de noviembre: "Es preciso resaltar que la fase de preparación del juicio oral en este proceso [procedimiento abreviado] no tiende, a diferencia también de lo que ocurre en la fase intermedia del procedimiento común, a dar oportunidad a las partes para que completen el material instructorio que permita la adecuada preparación y depuración de la pretensión punitiva —lo que sí justificaría la aplicación de la doctrina sentada por este Tribunal en la STC 66/1989, en relación con el art. 627 de la LECrim—, dado que el inicio de la fase de preparación del juicio oral presupone, necesariamente, la conclusión de la instrucción jurisdiccional sin posibilidad de revisión posterior. Al respecto, el hecho de que el art. 790.1 de la LECrim, en el traslado conferido a las acusaciones, autorice a que por estas se solicite el sobreseimiento de la causa o, excepcionalmente, la práctica de diligencias complementarias, no desvirtúa la finalidad esencial de la fase de preparación ni dicha previsión puede considerarse como constitucionalmente inválida"

Como ya se ha destacado, la fase intermedia del procedimiento abreviado se aparta en gran medida de esa función de control de la instrucción y se identifica, fundamentalmente, con una fase de control del juicio de acusación, precisamente por la posibilidad, vetada a la defensa, de que las acusaciones soliciten diligencias complementarias. Ello comporta, además, un sustancial apartamiento de los sistemas penales de nuestro entorno, donde se ha articulado específicos mecanismos que garantizan la contradicción y defensa del investigado ante un

---

2011, p. 2 . Más flexible se muestra, sin embargo, Betrán Pardo, Ana Isabel, "Algunas cuestiones procesales y sustantivas en torno a las diligencias complementarias del Ministerio Fiscal. Comentarios a la STS 159/2015, de 18 de marzo", *Diario La Ley*, núm. 8617, 2 de octubre de 2015, p. 4.

tercer órgano judicial encargado de realizar el juicio de acusación. Entre ellos, como destaca Armenta Deu, *l'udienza preliminare* (Italia), la función de control de la *Chambre d'accusation* (Francia), la fase intermedia o *Zwischenverfharen* (Alemania) y la *instruçao* (Portugal). En particular, concluye la autora que "hay que afrontar seriamente si existen razones de peso suficientes como para excluir la salvaguarda en la misma [en la fase intermedia] del principio de contradicción y del derecho de defensa, atendiendo por ejemplo al referente que constituye el reformado proceso penal italiano —del que por cierto existe acuerdo en admitir constituye la aproximación más decidida hacia el modelo adversarial de los EEUU de Norteamérica— extrayendo las lecciones correspondientes de sus más de diez años de vigencia. Entre ellas: la notable desigualdad entre las partes que se crea en los sistemas del "common law", como consecuencia de eliminar la fase investigadora; desigualdades, que desaparecen o se ven notablemente paliadas en los procesos penales mixtos, en los que la intervención judicial opera como garante a través de un amplio abanico de cuestiones: revisando el quehacer policial o de la fiscalía en la investigación; por su imprescindible intervención para limitar determinados derechos; o, realizando funciones de arbitro imparcial entre acusación y defensa" [149]. También Ortego Pérez destaca el papel fundamental de *l'udienza preliminare* en la preparación de la defensa, por cuanto le permite tomar conocimiento de las actuaciones desarrolladas durante la investigación por el *Pubblico Ministero*[150].

---

149 Armenta Deu, Teresa, "Juicio de acusación, imparcialidad del acusador...", cit., pp. 87 a 90, 100 y 102. También sobre la necesidad de atribuir la función de control a un tercer órgano judicial puede verse Ormazábal Sánchez, Guillermo, "La fase intermedia en el Anteproyecto...", cit., p. 165.

150 Ortego Pérez, Francisco, "Reflexiones...", cit., p. 7.

Una importante diferencia respecto del sistema español, donde ese control es menos intenso, lo que Ormazábal Sánchez atribuye a la circunstancia de contar con un sistema de instrucción judicial (con algunas diferencias entre procedimientos), mientras que la instrucción desarrollada por el fiscal requiere de un control de la acusación más intenso en cuanto a sus presupuestos procesales y materiales[151]. Esta afirmación, sin embargo, puede ponerse en duda a la vista del Anteproyecto de LECrim de 2020 y de la Ley Orgánica 9/2021, de 1 de julio, relativa al procedimiento penal ante la Fiscalía Europea, que dejan en manos de la defensa la posibilidad de efectuar el control judicial de la acusación. En cualquier caso, a la escasa intensidad del juicio de acusación previsto por la LECrim contribuye el hecho de que tal función se atribuya al mismo órgano encargado de la instrucción o, en el caso del procedimiento ordinario, del enjuiciamiento, cuando en otros sistemas, como el italiano, existe entre ambas funciones una meridiana distinción[152].

En cuanto a la función del auto de procedimiento abreviado, se ha discutido si se trata de una resolución que verdaderamente (o únicamente) clausura la instrucción o si, por el contrario, tiene como función la de dar comienzo a la fase intermedia. La STC 186/1990, de 15 de noviembre, le confirió la virtualidad de dar por terminada la instrucción[153], pero entiendo que se trata de un debate un tanto improductivo. De un

---

151 Ormazábal Sánchez, Guillermo, "La fase intermedia en el Anteproyecto…", cit., pp. 151-152.

152 Tal y como apunta Grillo, Paolo, "Il GUP che autorizza la proroga delle intercettazioni non può celebrare l'udienza preliminare", *Diritto & Giustizia*, fasc. 218, 2018, p. 9.

153 Criterio asumido, entre otras, en la STS 437/2012, de 22 de mayo o, más recientemente, en la STS 869/2022, de 4 de noviembre, que se refiere a "la decisión prosecutoria que pone fin a la fase previa". También lo considera así Escobar Jiménez, Rafael, "Aspectos de la

lado, porque nada impide considerar que cumple con ambas funciones y, de otro lado, porque su ubicación sistemática en la LECrim no altera su régimen jurídico, ni en cuanto a su contenido ni en cuanto a su recurribilidad. Debe tenerse en cuenta que su equivalente funcional, el auto de procesamiento, se incardina en el seno del sumario y, por tanto, fuera de la fase intermedia. Digamos —con ánimo de no tomar partido por ninguna de las dos posturas— que el auto de transformación de las diligencias previas en procedimiento abreviado es la resolución que autoriza el tránsito de la instrucción al juicio oral y que supone la primera y fundamental pieza del puzle que conforma el juicio de acusación.

No cabe duda de que la práctica —muy extendida, por otra parte— de clausurar la instrucción sin practicar más diligencias que la admisión de la denuncia o, a lo sumo, la declaración del denunciante, suele ser prematura. La necesidad de evaluar la viabilidad de la acusación se produce particularmente en estos casos, dado que se hace preciso determinar la existencia de elementos incriminatorios. En ocasiones, tales elementos se anuncian en la declaración del denunciante o de un testigo ante el instructor (así sucede, por ejemplo, cuando se indica que se dispone de grabaciones, mensajes o documentos que se pondrán a disposición del tribunal pero nunca llegan a aportarse o, habiéndose aportado, carecen de contenido incriminatorio). Los elementos corroboradores de la denuncia o querella se revelan esenciales en todos aquellos casos en los que existen relaciones previas conflictivas entre la persona denunciante y la persona acusada o posibles motivos espurios para sostener un relato acusatorio, de modo que tales elementos se precisan para robustecer tanto el testimonio como la propia credibilidad del declarante y para justificar que la valoración

---

fase intermedia del procedimiento abreviado", *Diario La Ley, núm. 5967,* 3 de marzo de 2004, p. 2.

probatoria pueda decantarse por la versión de cargo frente a la de descargo. Y a falta de corroboraciones, resulta inadecuado que prospere la tesis acusatoria frente a la de descargo, por cuanto ello implicaría aceptar que un relato coherente y verosímil sostenido en el tiempo es suficiente para abrir juicio oral frente al acusado. Esta circunstancia, salvo en supuestos extraordinarios (como podrían ser aquellos en los que el declarante es totalmente independiente, esto es, carece de relaciones previas de cualquier tipo con las partes que pudieran condicionar su imparcialidad), sólo puede conducir al sobreseimiento de la causa, toda vez que no resultaría mínimamente viable la acusación fundada exclusivamente sobre una única declaración inculpatoria, salvo que se asumiera la existencia de testimonios con valor privilegiado, algo a todas luces incompatible con la presunción de inocencia[154].

154 Sobre ello se ha pronunciado en muchas ocasiones el Tribunal Supremo, especialmente en resoluciones de Perfecto Andrés Ibáñez: "en supuestos como el que se examina de relaciones producidas entre dos personas en un contexto íntimo, existe cierta tendencia a postular para la declaración de la que aparece procesalmente como víctima un plus de credibilidad. Es decir, la aplicación de un estándar de prueba menos exigente. Pero sucede que el derecho a la presunción de inocencia es de carácter absoluto, lo que significa que cualquiera que sea la imputación debe estar bien acreditada en todos sus elementos centrales, para que resulte justificada una sentencia condenatoria. Y el supuesto argumento de frecuente presencia sobre todo implícita- de la necesidad de evitar la impunidad de acciones producidas sin la concurrencia testigos, privilegiando para ello alguna clase de prueba no se sostiene. Pues que nuestro sistema punitivo conoce una sola forma de dar respuesta constitucionalmente válida a los actos penalmente relevantes: la fundada en el respeto de la presunción de inocencia como regla de juicio. Y esto exige que cualquier condena tenga como soporte una convicción de culpabilidad más allá de toda duda razonable, racionalmente formada y argumentada de manera convincente a partir de datos probatorios bien adquiridos" (STS de 21 de mayo de 2010).

Sea como fuere, la práctica de todas las diligencias de investigación de cargo y descargo se revela necesaria para decidir con el mejor criterio sobre la continuación del procedimiento o el sobreseimiento. De ahí que el Tribunal Constitucional se viera obligado a destacar que la distinta configuración de la fase intermedia en el procedimiento ordinario hacía preciso que también a la defensa se le diera traslado del sumario. La STC 66/1989, de 17 de abril, acomodó la interpretación del art. 627 LECrim a las garantías constitucionales de contradicción y defensa, por cuanto exigió que el trámite de traslado del sumario a las acusaciones que preveía se entendiera también preceptivo respecto de los procesados[155], lo que dio lugar a la reforma (tardía) del precepto mediante el art. 2.73 de la Ley 13/2009, de 3 de noviembre. Una situación francamente distinta a la que se produce respecto del auto de procedimiento abreviado, tal y como destacó la STC 186/1990, de 15 de noviembre, que aclaró la distinta función de la fase intermedia de ambos procedimientos, por cuanto en el procedimiento común u ordinario se realiza un control de la instrucción en su conjunto, de modo que las partes personadas pueden solicitar a la audiencia provincial la práctica de nuevas diligencias de investigación o el sobreseimiento, mientras que en el procedimiento abreviado tal posibilidad sólo cabe en vía de recurso frente a la decisión del instructor.

Se sostiene en esta resolución una versión que podemos denominar "fuerte" de la presunción de inocencia, que en los últimos años ha sido matizada en algunos puntos, particularmente en lo relativo a la fuerza probatoria de los elementos corroboradores.

155 Sobre la trascendencia de este pronunciamiento del Tribunal Constitucional puede verse Varela Castro, Luciano, "Consideraciones sobre la reforma del proceso penal", *Diario La Ley*, Tomo 2, 1990, p. 4, Castillejo Manzanares, Raquel, "Hacia un nuevo proceso…", pp. 251-252 y Reverón Palenzuela, Benito, "La contradicción procesal…", cit., p. 5.

Tales diferencias avalan que en la STC 66/1989, de 17 de abril se exigiera que el traslado del auto de conclusión del sumario establecido por el art. 627 LECrim (el conocido como *trámite de instrucción*) se confiriese a todas las partes, mientras que se haya considerado conforme con la Constitución que el art. 790 LECrim (hoy 780 LECrim) prevea un traslado dirigido exclusivamente a la preparación de la futura acusación, lo que explica que a la defensa se le notifique dicho traslado pero tenga vetada la posibilidad de proponer diligencias complementarias, dado que ha podido solicitar diligencias de investigación durante la instrucción de la causa y, por tanto, únicamente puede impugnarlo en reforma y/o apelación.

Esta diferencia entre ambos procedimientos ha llevado a algunos autores a considerar que tal distinción legal, por la que sólo las acusaciones pueden interesar la práctica de diligencias complementarias, provoca una importante quiebra del principio de igualdad de armas. Como consecuencia de ello, se ha llegado a proponer la supresión de las diligencias complementarias[156]. Es el caso de Khalaf Reda, que sugiere que las peticiones que hasta ahora se canalizaban como diligencias complementarias por la vía del art. 780 LECrim, se articulen como motivo para solicitar la revocación del auto de procedimiento abreviado en vía de recurso[157]. Esto es, que todas las partes deban acogerse a los recursos frente al auto de procedimiento abreviado para interesar la práctica de nuevas diligencias de investigación y el ulterior dictado de un nuevo auto transformador o, en su caso, de un auto de sobreseimiento.

Como después desarrollaré[158], no considero necesaria su supresión si su utilización se reduce exclusivamente a la finalidad

---

156 Sobre esta cuestión véase el apartado quinto de este capítulo.

157 Khalaf Reda, Abdalla, "La falta de intervención de la defensa...", cit., p. 469.

158 Véase el apartado quinto de este capítulo.

para la que fueron concebidas: la determinación de la tipicidad de los hechos sobre los que va a formularse acusación. Es cierto que su uso abusivo debe ser objeto de control por el propio instructor, que sólo debe acordar su práctica de manera excepcional. La necesidad de recurrir el auto de procedimiento abreviado de forma sistemática para interesar nuevas diligencias puede tener efectos dilatorios sobre el procedimiento y supone también una sobrecarga de trabajo para el instructor, que al revocar el auto y acordar nuevas diligencias, deberá dictar otro auto (de incoación de abreviado o sobreseimiento) al término de estas.

Más que una supresión radical de las diligencias complementarias, sería aconsejable una regulación más detallada de las mismas y, en todo caso, no estaría de más, para tratar de reducir su uso, que el instructor diera traslado a las partes de las actuaciones desarrolladas en instrucción antes de acordar el sobreseimiento o de dictar el auto de procedimiento abreviado. Una posibilidad que no está prevista expresamente en la LECrim para el procedimiento abreviado, pero tampoco prohibida[159]. Su generalización permitiría evitar decisiones precipitadas que puedan ser revocadas con cierta facilidad en vía de recurso para continuar con la investigación, especialmente en los casos en los que se acuerdan en un momento muy incipiente de las actuaciones y, lo que es quizás más importante, para tener la posibilidad de conocer el criterio de las acusaciones, que son, a la postre, quienes tienen que entender suficientes las actuaciones desarrolladas para poder sostener sus pretensiones[160]. En definitiva, podría resultar útil contar con

---

159 Sí está prevista en el procedimiento ordinario, aunque sólo una vez dictado el auto de conclusión del sumario (art. 627 LECrim) y en el art. 25.1 LOTJ.

160 Se trata, como ha señalado Fuentes Soriano, de una disfunción procedimental frente a la que la autora propone que se arbitren me-

un trámite previo al auto de clausura de las diligencias previas —similar al traslado previsto por el art. 627 LECrim, pero antes del dictado del auto, o en el art. 25.1 LOTJ, pero sin necesidad de que revista la forma de comparecencia— por el que las partes pudieran manifestar la necesidad de practicar nuevas diligencias, o solicitar la incoación de abreviado o el sobreseimiento. De este modo, difícilmente las acusaciones podrían, inmediatamente después de la transformación, interesar diligencias complementarias, salvo que hubieran sido interesadas y no acordadas en instrucción.

Todo ello sin perjuicio de que, habiendo tomado conocimiento del auto transformador, puedan recurrirlo en reforma y apelación y solicitar el oportuno sobreseimiento por atipicidad de los hechos o insuficiencia de indicios de criminalidad o, en el caso de las acusaciones, su revocación para llevar a cabo nuevas diligencias o modificar algunos de sus aspectos esenciales. Téngase en cuenta que el auto del art. 779.1.4ª LECrim se encuentra sometido al régimen de impugnación propio de los autos del juez instructor en su sentido más amplio, dado que no se excluye expresamente la posibilidad de recurrirlo y, a mayor abundamiento, como se indica en la STS 705/2022, de 11 de julio, es la manera de compensar la imposibilidad de recurrir el auto de apertura del juicio oral (aunque, en la práctica, las audiencias provinciales traten de estrechar los márgenes del recurso y el alcance del control sobre la decisión de transformación del procedimiento).

---

canismos como el de las diligencias complementarias que den un mayor protagonismo al Ministerio Fiscal al tiempo de adoptar esta trascendente decisión. Fuentes Soriano, Olga, *La investigación por el fiscal*...cit., p. 117.

1.2. La delimitación del objeto procesal

La centralidad actual del auto de transformación de las diligencias previas en procedimiento abreviado desde el punto de vista del juicio de acusación no puede cuestionarse. Frente a su inicial consideración, hace años, como resolución de mero impulso procesal por la que se acordaba el tránsito de la instrucción al juicio oral, actualmente ocupa un lugar de excepción, por cuanto forma parte esencial del proceso de conformación del objeto procesal, al contener su delimitación objetiva y subjetiva y, por ello, condiciona el contenido de la futura pretensión penal que sostengan las partes acusadoras, tal y como lo hace el auto de procesamiento en el sumario, que constituye su equivalente funcional.

Sobre la naturaleza y significado del auto de procesamiento (y, por extensión del auto de procedimiento abreviado), en su doble condición de acto de imputación judicial y garantía de defensa del inculpado, es de referencia ineludible la STC 66/1989, de 17 de abril, que recorre su evolución desde la Ley provisional de Enjuiciamiento Criminal de 1872 y pone el foco en su condición de resolución judicial que hace exigible la efectividad de las garantías derivadas del derecho a ser informado de la acusación del art. 118 LECrim, especialmente desde su reforma en 1978. Algunas de las afirmaciones que en ella se contienen son hoy matizables, pero no por ello desdibujan la trascendencia de esta resolución. Es el caso, por ejemplo, de su absoluta ajenidad al derecho a la presunción de inocencia: "el procesamiento no puede por su naturaleza vulnerar por si *(sic)* mismo la presunción de inocencia, que es, en principio el derecho a no ser condenado sin pruebas de culpabilidad o sin una actividad probatoria realizada con las debidas garantías que, en alguna forma, pueda entenderse de cargo". Sí considera la resolución, por el contrario, que el auto de procesamiento puede lesionar el derecho a la tutela judicial efectiva cuando se acuerda sin los suficientes indicios de criminalidad que sustenten el juicio de imputación. El contenido esencial de esta sentencia, por lo que se refiere al auto de procesamiento, sigue hoy vigente.

Hay acuerdo acerca del hecho de que el auto de transformación en procedimiento abreviado es un primer filtro de la futura acusación[161], pero que no es la de acusar una función que corresponda al instructor. Ello explica que tradicionalmente se haya entendido que no sea preciso que el auto califique los hechos y que, de hacerlo, tal calificación no vincule a las acusaciones ni al órgano enjuiciador, puesto que su misión es únicamente —y es sólo un matiz, pero no insignificante— la de marcar los contornos dentro de los que deben situarse las acusaciones, por conocer el juez de instrucción las actuaciones desarrolladas, la información obtenida y las personas que aparecen involucradas en unos hechos que revisten los caracteres de delito. En efecto, ni el auto transformador ni el auto de procesamiento delimitan definitivamente el objeto del proceso, sino que marcan sus fronteras como garantía del derecho de defensa del encausado y, dentro de ellas, las acusaciones podrán circular con relativa libertad al formular sus escritos provisionales y, más tarde, los definitivos[162]. Gimeno Sendra cuestionó no sólo la vinculación de las acusaciones a las ca-

---

[161] Ibarra Sánchez, Juan Luis, "Alcance y finalidad del auto de transformación en procedimiento abreviado del Artículo 779.1.4ª LECR, como primer juicio de acusación y de probable responsabilidad penal. El auto núm. 627/2014 de 7 de noviembre, de la audiencia provincial de Palma, caso Nóos", *Revista Aranzadi de Derecho y proceso penal*, núm. 37, 2015, p. 6.

[162] Sobre la delimitación del objeto procesal en conclusiones definitivas, trámite respecto del que ha de evaluarse la debida correlación entre acusación y sentencia, se ha pronunciado en innumerables ocasiones la Sala Segunda. Entre ellas, véanse, por ejemplo, las SSTS 124/2022, de 11 de febrero o 214/2018, de 8 de mayo. Sobre este tema se volverá con más detalle en el capítulo IV.

lificaciones jurídicas incluidas en el auto, sino también a los hechos que el instructor considere punibles, reduciendo su eficacia vinculante a las personas de los encausados[163]. Seguía en este punto la doctrina minoritaria del Tribunal Supremo sobre la vinculación exclusivamente subjetiva al auto de procesamiento, expresada, por ejemplo, en las SSTS 804/2013, de 23 de octubre, 904/2013, de 12 de noviembre o, más recientemente, en el ATS 3/2020, de 16 de enero. Este último declara que "el auto de transformación a que se refiere el motivo no condiciona los delitos concretos objeto de enjuiciamiento ni los hechos concretos que los sustentan. De todo ello tenían perfecto conocimiento los recurrentes por el contenido del escrito de acusación del Ministerio Fiscal". Una posición que parece reducir la trascendencia del auto de transformación —y de su equivalente funcional, el de procesamiento— a la de ser resolución de mero trámite salvo en lo concerniente a la persona del procesado, cuando en absoluto cabe atribuirle esta naturaleza sin quiebra de la función de garantía jurisdiccional que representa. De hecho, la propia Sala Segunda ha cuestionado que pueda desdibujarse de tal forma la función delimitadora de los hechos punibles en el auto de procesamiento. Como ha señalado en la STS 724/2022, de 14 de julio, "en la jurisprudencia la función delimitadora del objeto del proceso penal anudada al procesamiento, ha sido muy diluida: SSTS de 12 de junio de 1990, 20 de mayo de 1991, o 30 de junio de 1992, 25/2005, de 25 de enero y 1070/2004, de 24 de septiembre. Esta última relativiza la ausencia en el procesamiento de un concreto delito objeto de acusación y llega a una condena, considerando que no se produjo indefensión en tanto la defensa no solo conoció la imputación de dicho delito desde el

---

163 Gimeno Sendra, Vicente, "Posibilidad de subsanación de determinados requisitos del escrito de acusación. Comentario al ATS de 28 de julio de 2010", *Diario la Ley*, núm. 7497, de 27 de octubre de 2010, p. 2.

inicio de la actuación sumarial, sino que, además, luego la vio enmarcada en el escrito de acusación provisional del Ministerio Fiscal. Esa relajación de la fuerza delimitadora vinculante del procesamiento (o su equivalente: el auto de transformación) es admisible, empero, frente a los escritos de conclusiones; pero no frente a una sentencia no precedida de esa previa incorporación a las conclusiones de la acusación".

No es posible olvidar que, si bien el art. 384 LECrim no alude expresamente a la necesidad de incluir los hechos punibles en el auto de procesamiento, sí lo hace el art. 779.1.4ª LECrim al exigirlo para el auto de finalización de las diligencias previas, y no se justificaría un tratamiento distinto cuando jurisprudencialmente han sido consideradas resoluciones con idéntica finalidad.

1.3. La información al encausado sobre los hechos objeto de imputación

Aunque el auto de procedimiento abreviado no es parte del objeto procesal, sí forma parte del proceso de cristalización progresiva que contribuye a formar tal objeto y, a su vez, se encuentra limitado en su contenido por hechos que durante la instrucción fueron objeto de imputación y, por tanto, sobre los que el acusado pudo extender su derecho a defenderse por tener cumplido conocimiento de ellos. Esta última circunstancia resulta expresamente exigida por el art. 775.2 LECrim, que supone un respaldo básico del derecho de defensa en la fase de investigación y, en consecuencia, complementa lo dispuesto con carácter general en el art. 118.1 a) LECrim. De ahí que se haya afirmado que este auto, ni integra la acusación, ni constituye el origen de la conformación del objeto procesal, que se encuentra ya de algún modo perfilado por los hechos investigados[164].

Ambos preceptos (118.1 a) y 775.2 LECrim) dan sobrado cumplimiento a lo exigido por el art. 6.4 de la Directiva 2012/13/UE, relativa al derecho a la información en los procesos penales: "Los Estados miembros garantizarán que se informe con prontitud a la persona sospechosa o acusada sobre cualquier cambio que se produzca en la información facilitada de conformidad con el presente artículo cuando sea necesario para salvaguardar la equidad del procedimiento"[165].

El derecho del encausado a ser informado de los hechos imputados y de los indicios que obran en su contra se encuentra definitivamente afectado por la decisión de declarar el secreto de la fase de investigación, de modo que, en caso de acordarse, deberá levantarse con la suficiente antelación como para garantizar la toma de conocimiento de las actuaciones (art. 302 LECrim) y de cualquier modificación relevante que afecte a hechos que deban incorporarse en el auto de transformación de las diligencias previas en procedimiento abreviado[166].

---

164 STS 869/2022, de 4 de noviembre.

165 En este sentido ya se había pronunciado, entre otros, Asencio Mellado: "el acusado deberá ser informado a lo largo de todo el proceso, y en cualquier fase del mismo, de aquellas mutaciones sufridas por el objeto en tanto que estas puedan afectar a su derecho de defensa". Asencio Mellado, José María, *Principio acusatorio…*, cit., p. 97.

166 Sin olvidar que, aun persistiendo el secreto de las actuaciones, es irreductible el derecho a acceder a los elementos esenciales de la investigación para impugnar las decisiones que afecten a la libertad del investigado (arts. 505.3, 520 y 527 LECrim), lo que plantea, a su vez, un serio problema de delimitación de lo que debe entenderse por "elementos esenciales". Hernández García iba más allá y consideraba necesario, en el marco de un nuevo modelo de proceso penal, que la información se extendiera también a las fuentes de las que se deriva la imputación siempre que no se hubiera acordado el

Es por ello que, como se ha destacado desde la doctrina procesal, el inicial o preliminar juicio de acusación que encierra el auto de transformación no es sino una función de garantía jurisdiccional, de control de la seriedad de la imputación, pero no propiamente una función de acusación —que compete exclusivamente a las partes— e, incluso, una de las mayores garantías para el acusado que ofrece el proceso penal[167]. Frente a otros ordenamientos, como el alemán, donde se le ha conferido rango constitucional al control judicial de la acusación, en nuestro sistema no es tan evidente que se trate de una exigencia directamente derivada del texto constitucional, dado que no existe precepto alguno que exija expresamente dicho control[168], pero no por ello debe entenderse que se trata de una mera opción legislativa de la que se puede prescindir. El juego combinado del art. 2.2 LOPJ con el art. 24.1 (derecho a la tutela judicial efectiva) y 24.2 (derecho de defensa) CE nos permite atisbar un buen anclaje constitucional del juicio de acusación al derecho a ser informado de la acusación como presupuesto o instrumento para un adecuado ejercicio del derecho de defensa en los términos exigidos por la Directiva de 2012.

Por lo que respecta al auto de procesamiento, tampoco su contenido es vinculante para las acusaciones, puesto que estas pueden omitir hechos descritos en él o no dirigir la acusación frente a alguno o algunos de los designados en el auto, pero opera, sin duda, a modo de límite objetivo y subjetivo,

---

secreto del sumario o medidas de protección de testigos. Hernández García, Javier, "El estatuto del imputado en el proceso penal", en Carmona Ruano, Miguel, *Hacia un nuevo proceso penal*, Consejo General del Poder Judicial, Madrid, 2005, p. 149.

167 Ortego Pérez, Francisco, "Reflexiones…", cit., pp. 1 y 3; también sobre la función de garantía, en general, del juicio de acusación, en "El control jurisdiccional…", cit., p. 10 .

168 Así lo entiende Ormazábal Sánchez, Guillermo, "La fase intermedia en el Anteproyecto…", cit., pp. 159 y 160.

por cuanto los escritos de calificación, que han de ceñirse a los hechos que resulten del sumario (art. 650.1 LECrim), sólo podrán reflejar, dentro de estos, los que puedan desprenderse de los que el instructor indique en el auto de procesamiento y cuya autoría atribuya al procesado[169], si bien con unos matices importantes: "El auto de procesamiento representa la resolución por lo que el Juez de instrucción formaliza la inculpación y delimita objetiva y subjetivamente el proceso. Lo hace a través de una decisión motivada que determina la legitimación pasiva, al convertirse en un requisito previo de la acusación, hasta el punto de que nadie puede ser acusado sin haber sido previamente procesado (STS 78/2016, de 10 de febrero). Ni el auto de procesamiento, ni el de transformación, tienen la finalidad de definir inflexiblemente el objeto del proceso -constituido por las pretensiones de la acusación y defensa- sino conferir al acusado ciertos derechos a partir de la determinación de su legitimación pasiva (...). Pero la sentencia se conecta en mor del acusatorio con el escrito de calificación definitiva, no con el provisional, y tampoco con el dictado del auto de procesamiento. Por ello, no existe una subordinación indefectible del auto de procesamiento a la modificación de las conclusiones provisionales al elevarlas a definitivas, ya que por medio se cruza el escrito de calificación provisional y la modificación de este escrito al elevarlo a definitivas una vez practicada la prueba en el juicio oral, con las posibilidades que tiene la defensa, en su caso, de instar la suspensión o proponer prueba al respecto"[170].

Particularmente expresiva es la STS 78/2016, de 10 de febrero, quizás con ánimo de distanciarse de planteamientos an-

---

169 STS de 20 de marzo de 2018. Sobre esta sentencia, puede verse también el comentario de Muerza Esparza, Julio J., "A propósito del auto de procesamiento", *Actualidad Jurídica Aranzadi,* núm. 944, 2018.

170 STS 825/2021, de 28 de octubre.

teriores de la Sala que, desde posiciones "minimalistas" apostaron por reducir la función garantista del auto de procesamiento a la delimitación del elemento subjetivo de la pretensión[171]: "el auto de procesamiento, con todo el carácter provisional que quiera atribuírsele, no puede limitar su funcionalidad a la definición de quién haya de soportar la acusación. Esta resolución, para cuyo dictado el más clásico de los tratadistas exigía de los Jueces "una moderación y una prudencia exquisitas", es algo más. La garantía jurisdiccional, tal y como fue concebida en el modelo del sumario ordinario no puede contentarse con dibujar el quién de la inculpación. Ha de precisar también el qué y, por supuesto, el porqué. Sólo así cobra pleno sentido el sistema de investigación jurisdiccional al que se somete la fase de investigación en el procedimiento ordinario. Una interpretación microliteral del art. 650.1 de la LECrim, conduciría a la desnaturalización del sistema ideado para hacer eficaz la garantía jurisdiccional en el procedimiento ordinario. De hecho, llevado a sus últimas consecuencias obligaría a tolerar, por ejemplo, que el Fiscal pudiera formular acusación por hechos excluidos por decisión judicial en el momento de dictar la resolución de admisión a trámite de una querella. Esos hechos resultan del sumario y, sin embargo, no pueden integrar el acta de acusación (...). No estamos ante un problema de tutela judicial efectiva, ni siquiera de indefensión formal o material. La prohibición de incluir en el escrito de conclusiones hechos que no han sido objeto del auto procesamiento es una nota definitoria del sistema. Su exigencia dibuja un presupuesto de legitimidad para el ejercicio de la acusación. No se trata de decidir si el procesado pudo o no defenderse, sino de proclamar que nunca debió haber sido acusado". Expresiones como "nota definitoria del sistema" o "presupuesto de legitimidad"

---

[171] Es el caso de la STS 1070/2004, de 24 de septiembre o de la STS 1016/2022, de 18 de enero.

de la acusación dan cuenta del firme compromiso que esta sentencia expresa hacia el importante papel que desempeña el auto de procesamiento como garantía jurisdiccional frente a un ejercicio infundado de la acusación[172].

Por último, debemos recordar que el Tribunal Constitucional ha manifestado que el derecho de defensa se encuentra en íntima vinculación con el principio acusatorio, si bien no debemos por ello confundir ambos principios: "al definir el contenido del derecho a ser informado de la acusación, este Tribunal ha declarado reiteradamente en anteriores resoluciones que "forman parte indudable de las garantías que derivan del principio acusatorio las que son contenido del derecho a ser informado de la acusación", derecho que encierra un "contenido normativo complejo", cuya primera perspectiva consiste en la exigencia constitucional de que el acusado tenga conocimiento previo de la acusación formulada contra él en términos suficientemente determinados para poder defenderse de ella de manera contradictoria"[173]. El derecho a ser informado de los concretos hechos imputados conforma el presupuesto ineludible del efectivo ejercicio del derecho de defensa[174], y ello

---

172 Ya lo había destacado Gimeno Sendra muchos años atrás al señalar que la provisionalidad de la imputación que encierra el auto de procesamiento no le resta importancia como resolución que supone un límite a los hechos que pueden incluirse en los escritos de acusación. Gimeno Sendra, Vicente, "El auto…", cit., pp. 314 a 317. En el mismo sentido, Verger Grau, Joan, *La defensa del imputado…*cit., , p. 75, que destaca, además, su función de garantía del derecho de defensa (pp. 76-77).

173 STC 34/2009, de 9 de febrero.

174 Sobre ello se pronunciaba Roxin al plantear reformas necesarias de la ordenanza procesal penal alemana, incidiendo en la necesidad de que esa información se trasladase al encausado al inicio de las actuaciones, favoreciendo el desarrollo de su estrategia defensiva, y no, como establecía el § 163.a.1, "a más tardar antes del cierre de las investigaciones". Roxin, Claus, *Pasado, presente y futuro del Derecho*

no puede ser más que garantizado gracias a la intervención de la autoridad judicial que, en atención a los hechos sobre los que ha versado la instrucción y son conocidos por el investigado, delimita los que las acusaciones podrán incorporar a sus correspondientes escritos. En ello se traduce, como es sabido, un correcto juicio de acusación.

Una información que se resume en el derecho a que el auto de transformación permita al acusado "conocer de qué y por qué, en su caso, puede ser acusado"[175]. Pero la centralidad del auto de procedimiento abreviado o de procesamiento no se agota en su vertiente informadora de los límites de la futura acusación, sino que debe contener también cumplida explicitación del material inculpatorio obtenido en instrucción que le sirva de base a los efectos de garantizar un efectivo control de su motivación en vía de recurso: "la información que debe contener el auto prosecutorio constituye, por tanto, uno de los presupuestos objetivos que permite satisfacer el derecho a conocer previamente la acusación, en el sentido amplio sugerido por la doctrina del Tribunal Europeo de Derechos Humanos (...). Alcance del derecho que ha sido reafirmado de manera contundente por la Unión Europea mediante la Directiva 2012/13 del Parlamento Europeo y del Comité de Ministros relativa al derecho a la información en los procesos penales, traspuesta a nuestro sistema procesal ex Ley 41/2015 y L.O 13/2015"[176].

---

procesal penal (trad. por Óscar Julián Guerrero Peralta), Rubinzal-Culzoni editores, Buenos Aires, 2007, p. 153.

175 STS 825/2021, de 28 de octubre.

176 STS 825/2021, de 28 de octubre. Sobre la necesidad de que el acusado sea debidamente informado de la acusación se ha pronunciado el TEDH, entre otras, en las sentencias de 1 de marzo de 2001 (*Dallos contra Hungría*) y de 21 de febrero de 2002 (*Sipavicius contra Lituania*). Más recientemente, con referencia expresa a esta última resolución, ha destacado que "los apartados a) y b) del art. 6.3 están

Por último, es preciso detenerse, si quiera brevemente, en la trascendencia que la notificación del auto de transformación ostenta como garantía del derecho a conocer los hechos por los que se puede formular acusación. Una notificación que, sin caer en formalismos exagerados, es el presupuesto para un ejercicio efectivo del derecho de defensa, que podría quedar mermado en el caso de no efectuarse o realizarse sin ofrecer la posibilidad de recurrir la decisión e instar su revocación para acordar el sobreseimiento o practicar nuevas diligencias de investigación[177]. No es, sin embargo, una conclusión automática, sino que deben evaluarse las circunstancias de cada caso para determinar si quien resulta encausado y sufre una notificación defectuosa ha visto reducidas sus armas defensivas. La STS 173/2023, de 9 de marzo, particularmente importante para el análisis de este tema, es bastante restrictiva al respecto. Con ocasión de un cambio de domicilio del recurrente y de la renuncia de su abogado y su procurador, tuvo conocimiento del auto de prosecución por los trámites del abreviado cuando ya se había formulado escrito de acusación y dictado auto de apertura del juicio oral. La Sala, acudiendo al concepto de in-

---

conectados y que el derecho a ser informado de la naturaleza y la causa de la acusación debe considerarse a la luz del derecho de acusado a preparar su defensa". STEDH de 5 de marzo de 2024 (*Leka contra Albania*).

177 Notificación que, dado que el investigado se hallará en todo caso, asistido de letrado, podrá efectuarse a través de este. Ortega Lorente, José Manuel, Camarena Grau, Salvador, Hernández García, Javier y Gimeno Jubero, Miguel Ángel, "Bloque 1. La fase intermedia…", cit., pp. 36-37. Señalaba Muñoz Cuesta, sin embargo, que tal notificación debería ser personal o en el domicilio o persona designada por el investigado si este no se encontraba personado en las actuaciones y asistido de letrado, pero esta posibilidad no tiene hoy cabida. Muñoz Cuesta, Javier, "La fase intermedia. El juicio de acusación. La rebeldía de coacusados", Estudios jurídicos. Ministerio Fiscal, núm. 1, 2000, p. 274.

defensión material, establece la necesidad de que se produzca un menoscabo efectivo de las posibilidades de defensa. Considera, además, que la LECrim no exige la notificación personal del auto de procedimiento abreviado, toda vez que el art. 182 únicamente la requiere para las comunicaciones que supongan la necesaria comparecencia del encausado o cuando así se disponga expresamente, lo que no sucede con esta resolución, que puede seguir el régimen general de notificación a través de procurador (o a través de letrado, en los términos del art. 768 LECrim). Pues bien, se establece en la sentencia citada que, una vez designada la nueva representación y defensa del recurrente, y al margen de que el Ministerio Fiscal ya hubiese evacuado su escrito de acusación, la defensa debió recurrir el auto de procedimiento abreviado. Considera (según la idea que subyace a la resolución) que debe aplicarse el régimen general por el que el plazo para interponer el recurso para la parte comenzó a correr a partir de la notificación que le fue efectuada, dado, además, que los recursos que podía interponer (reforma y apelación) carecen de efectos suspensivos y no hubieran afectado a la posibilidad de evacuar escrito de acusación por quienes sí habían sido notificados, como fue el caso del Ministerio Fiscal. Concluye que tuvo la oportunidad de recurrir la no apertura del juicio oral frente a otro encausado y no lo hizo y que pudo disfrutar de un ejercicio pleno de su derecho de defensa tanto en su escrito defensa como en el acto del juicio oral.

En definitiva, por lo que atañe a la notificación del auto de procedimiento abreviado, se entiende suficiente la realizada al letrado o al procurador, sin que el hecho de que sea tardía impida el ejercicio del derecho al recurso desde el momento en el que se efectúa, lo que resulta imprescindible para fundamentar posteriormente toda suerte de indefensión material.

Pero no sólo es preciso garantizar su correcta notificación, sino que el auto de procedimiento abreviado —como el de apertura del juicio oral— debe entenderse comprendido entre las resoluciones esenciales que deben ser traducidas cuando el encausado no conoce el castellano, al margen de que no sea precisa su notificación personal. En efecto, aunque el art. 123 LECrim y el art. 3.1 d) de la Directiva no explicitan las resoluciones que deben ser traducidas, la STC 41/2022, de 21 de marzo, declaró que deben considerarse esenciales todas las resoluciones que ponen fin a las diferentes fases procedimentales. Entendiendo que el auto de transformación clausura la instrucción al tiempo que abre la fase intermedia y delimita el futuro objeto procesal, considero que es forzoso considerar que cumple con tal criterio y, en consecuencia, debe ser traducida. No obstante, nuevamente es necesario tener presente que, si no se realiza la traducción de la resolución, es preciso justificar que ello ha provocado indefensión material, lo que únicamente sucede cuando el encausado no conozca el idioma en el que se estén desarrollando las actuaciones y no haya conocido su contenido a través de su letrado o su representante procesal.

1.4. Imparcialidad y juicio de acusación

El juicio de acusación afecta a dos cuestiones íntimamente relacionadas entre sí pero que no deben confundirse: la preservación de la imparcialidad del órgano de enjuiciamiento (sobre la que fue especialmente incisiva la STC 186/1990, por cuanto fue el objeto central de la cuestión de inconstitucionalidad a la que daba respuesta)[178] y el derecho de defensa del acusado, frente al que —como se ha señalado— sólo se puede abrir juicio oral por hechos de los que tenga cabal y puntual

---

[178] "La principal característica del nuevo proceso penal abreviado, desde la óptica de nuestra doctrina sobre el "Juez imparcial", estriba en haber residenciado la fase intermedia en el Juzgado de Instrucción y no en el de enjuiciamiento, con lo que la imparcialidad del órgano decisor queda plenamente garantizada" (STC 186/1990, de 15 de noviembre).

conocimiento y que hayan traspasado tal juicio de acusación, de modo que se encuentre en verdadera disposición de ejercitar una defensa eficaz.

Y en cuanto a la imparcialidad, debe destacarse ahora que nuestro sistema procesal está orientado a garantizar la libertad de criterio del órgano de enjuiciamiento al encomendar el inicio del juicio de acusación (auto de procedimiento abreviado y auto de apertura del juicio oral) al instructor (arts. 779.1.4ª y 783 LECrim) y vetar expresamente su intervención en la instrucción al órgano decisor (art. 219.11ª LOPJ). Pero, con ser esencial la imparcialidad del órgano de enjuiciamiento, también lo es la del que debe decidir si procede la continuación de las actuaciones o el sobreseimiento, pues de ello depende que tal decisión se acuerde con plena objetividad, y lo cierto es que el instructor carece de la equidistancia que sería deseable para tomar esta decisión, dado que ha desarrollado las actuaciones investigadoras previas. Ello, es evidente, permite dudar de la utilidad de un trámite (el auto de procedimiento abreviado, pero también —y fundamentalmente— el auto de apertura del juicio oral) que debería cumplir la función de combatir acusaciones infundadas o mal articuladas pero que, las más de las veces, se limita a confirmar el criterio alcanzado previamente por el propio instructor. De atribuirse tal función a un tercer órgano judicial que evaluara eficazmente tanto el resultado de las diligencias de investigación como la adecuación de los escritos de acusación a tal resultado se incrementarían notablemente los supuestos de sobreseimiento como consecuencia del eficaz ejercicio del juicio de acusación. No se trata de garantizar que únicamente lleguen a juicio oral las causas que deban acabar en condena; la finalidad del juicio de acusación es bastante más modesta, pero no por ello estéril: evitar juicios innecesarios basados en acusaciones carentes de fundamento jurídico o fáctico, con lo que ello comporta de evitar los efectos estigmatizantes de la pena de banquillo y costes económicos de un enjuiciamiento que se anticipa infructuoso[179]. El ejemplo de los países que han optado por un sistema de investigación atribuido al Ministerio Público revela la oportunidad de atribuir la competencia a un órgano distinto al que lleva a cabo el control sobre la investigación, de tal modo que, además de la figura del juez de garantías y del juez o tribunal de enjuiciamiento, han creado la del juez de la audiencia preliminar o fase intermedia, encargado de llevar a cabo el control sobre la acusación resultante de la investigación desarrollada por el Ministerio Público. Así lo establecieron también los anteproyectos de LECrim de 2011 y 2020 y el Borrador de Código Procesal Penal de 2013, que garantizaban de este modo que las decisiones relativas a la fundamentación de la acusación fueran adoptadas por un órgano que no hubiera tomado contacto previo con la investigación.

Se trata esta de una medida que no precisa —aunque, sin duda, sería deseable— una reforma integral de la LECrim. Bastaría con unificar los modos de terminación de la instrucción en los distintos procedimientos (en especial, en el ordinario y en el abreviado, y con algunas especialidades, en los juicios rápidos) y atribuir la competencia para acordar el auto de apertura del juicio oral a un juez o magistrado que hasta tal momento haya sido ajeno al procedimiento y que no participe después en el enjuiciamiento. Pero mientras no se lleve a cabo la reforma funcional y procedimental que este planteamiento requiere, sería conveniente asumir —mejor dicho, extender— ciertas prácticas que, si bien no se prevén en la LECrim, tienen perfecta cabida entre las facultades atribuidas al instructor. Como he mencionado anteriormente, es aconsejable dar traslado de todas las actuaciones a las partes personadas en las diligencias previas en términos análogos a los previstos en el art. 627 LECrim en relación con el auto de conclusión del sumario

---

179 STS 211/2020, de 21 de mayo.

emplazándolas a pronunciarse sobre la oportunidad de acordar el sobreseimiento (y, en su caso, la causa para acordarlo), la continuación de las diligencias previas o la transformación de las mismas en procedimiento abreviado. Un trámite que puede ser especialmente útil en los casos en los que las partes no han solicitado el sobreseimiento con anterioridad ni han interesado la práctica de nuevas diligencias de investigación, lo que podría redundar en un menor número de recursos de reforma y apelación.

2. DELIMITACIÓN SUBJETIVA DE LA FUTURA ACUSACIÓN

2.1. Identificación de las personas investigadas

2.1.1. Personas físicas

Como se ha señalado en diversas ocasiones a lo largo de estas páginas, la necesaria delimitación de los hechos punibles y de quienes aparecen como responsables en el auto de procedimiento abreviado tiene por principal finalidad la evitación de acusaciones sorpresivas, por cuanto: (i) sólo podrá dirigirse este auto frente a quien haya podido ser oído en instrucción en relación con los hechos punibles y (ii) sólo podrá dirigirse escrito de acusación frente a quien haya sido designado como responsable penal en el auto transformador.

Por ello es preciso comenzar destacando que ambas condiciones se encuentran íntimamente relacionadas, por cuanto el auto de transformación de las diligencias previas en procedimiento abreviado (o, en el caso del procedimiento ordinario, el auto de procesamiento) sólo puede hacer referencia a la persona o las personas cuya responsabilidad emerja de la investigación desarrollada, pues sólo ellas han podido defenderse en la fase instructora. Más concretamente, el auto sólo puede atribuir los hechos punibles a quienes, apareciendo como posibles responsables en la instrucción, han alcanzado en ella la condición de investigados y han sido informados de los derechos inherentes a la misma.[180]

Un primer problema que suele suscitarse en la práctica es la omisión de toda referencia a alguno o algunos de los investigados en la causa sin una resolución expresa de sobreseimiento respecto de ellos. Una situación que, sin duda, impide que las acusaciones se dirijan frente a quienes no sean mencionados en el auto y hace preciso que, en vía de recurso, se esclarezca si se trata de una simple omisión o, por el contrario, si se trata de un supuesto en el que debe acordarse el sobreseimiento. Aclaración que el propio instructor puede realizar en el auto por el que se resuelva el recurso de reforma o, de llegar a ejercitarse y estimarse el recurso de apelación, la audiencia provincial puede exigirle. Si lo que se estimase en vía de recurso fuera la necesidad de incluir a investigados que fueron omitidos en el auto de procedimiento abreviado, será preciso que, antes de dictar el nuevo auto ampliando la imputación formal a otros investigados, se tenga constancia de que fueron citados a la comparecencia del art. 775 LECrim y, en el caso de que no haya sido así, se les cite a ella a fin de garantizar que son debidamente informados de la imputación y que, si lo desean, puedan hacer las manifestaciones que estimen convenientes para su defensa[181].

---

180 Entre otros muchos, Almagro Nosete, José (con Moreno Catena, Víctor, Cortés Domínguez, Valentín y Gimeno Sendra, Vicente), *El nuevo proceso penal,* cit., p. 197. Más recientemente, también lo destaca el Tribunal Supremo en la sentencia 869/2022, de 4 de noviembre.

181 Armengot Vilaplana, Alicia, “Llamadme imputado, investigado o encausado, como queráis; pero respetad mis garantías”, *Diario La Ley,* núm. 8776, Junio de 2016, pp. 11 y 12.

En relación con este tema, se ha planteado la posibilidad de incorporar a nuevos investigados sin revocar el auto de procedimiento abreviado, atendiendo al resultado de diligencias complementarias practicadas al amparo del art. 780.2 LECrim, lo que permitiría su preceptiva declaración ante el instructor[182]. Sin embargo, en mi opinión, se trata de una práctica claramente lesiva del contenido esencial del derecho de defensa. La falta de intervención de los investigados en la instrucción supone una evidente quiebra de su derecho a conocer el contenido de las actuaciones y a intervenir en ellas con pleno respeto del principio de contradicción. Considero por ello que la incorporación tardía al procedimiento de un nuevo encausado sólo puede verificarse con anterioridad al auto transformador, vigente la fase de investigación y la posibilidad de llevar a cabo todas las diligencias que la defensa de los nuevos encausados estime necesarias. Admitir esa posibilidad una vez acordada la incoación del procedimiento abreviado supondría desbordar de formar descarada los estrechos márgenes del art. 780.2 LECrim, que autoriza exclusivamente la práctica de las diligencias que sean necesarias para la tipificación de los hechos y no cualquier otra de la que surja una nueva imputación, lo que chocaría frontalmente con el derecho de la defensa de proponer nuevas diligencias[183] como consecuencia del principio de igualdad de armas y de contradicción. Es por ello que, en casos como el señalado, entiendo que la manera correcta de operar pasa por (i) recurrir el auto de procedimiento abreviado para interesar que se extienda la imputación a otros sujetos que fue-

---

182 Navarro Massip, Jorge, "El procedimiento abreviado y las garantías en la denominada fase intermedia en relación con el auto de apertura de juicio oral", *Revista Aranzadi Doctrinal*, núm. 11, marzo de 2010, p. 5.

183 Lo que, a juicio de Navarro Massip, contravendría el derecho a un proceso con todas las garantías. Navarro Massip, Jorge, "El procedimiento abreviado y las garantías…", cit., p. 5 .

ron investigados pero no incluidos expresamente en dicha resolución o (ii) siendo firme el auto, interesar la incoación de nuevas diligencias de investigación respecto de terceros que, a la vista del resultado de las diligencias complementarias practicadas, hayan podido participar en los hechos delictivos[184]. Y es que, como ha destacado De Oña Navarro, aunque el Tribunal Constitucional avaló en 2001 las imputaciones surgidas en virtud de la práctica de diligencias complementarias cuando no se produjera una situación de indefensión (STC 118/2001, de 21 de mayo), la reforma de 2002 —y la exigencia informativa que impone el art. 775 LECrim y el derecho de los nuevos encausados a participar con plena contradicción en la fase de investigación—[185] llevan a decantarse por la respuesta negativa al ser más respetuosa con el derecho de defensa.

Y si resulta patente la gravedad de la lesión al derecho de defensa de quien fue investigado desde la fase de instrucción y es incluido como encausado en el auto sin haber sido informado previamente en los términos del art. 775 LECrim, con mayor motivo se cercena el derecho de defensa de quien no ha

---

184 Ortega Lorente, José Manuel, Camarena Grau, Salvador, Hernández García, Javier y Gimeno Jubero, Miguel Ángel, "Bloque 1. La fase intermedia...", cit., pp. 33-34. Betrán Pardo, Ana Isabel, "Algunas cuestiones procesales...", cit., p. 5. Los autores consideran viable en este caso una acumulación de causas si el enjuiciamiento separado pudiera poner en riesgo la continencia de la causa. Aunque comparto esta opinión, considero que la acumulación debe ser excepcional, por cuanto puede suponer una complejidad excesiva y con ella se corre el riesgo de que los nuevos encausados no alcancen a tomar pleno conocimiento de todo lo actuado en la instrucción desarrollada antes de su imputación. A ello se suman, además, las dificultades procedimentales propias la acumulación de causas que se encuentran en fase intermedia.

185 De Oña Navarro, Juan Manuel, "El derecho de defensa en la fase de instrucción del proceso penal en la doctrina del Tribunal Constitucional", *Cuadernos de Derecho Judicial*, XV, 2003, p. 44.

tomado conocimiento de la instrucción sino hasta un momento todavía más tardío. En este segundo caso, el nuevo encausado se encuentra plenamente impedido para el ejercicio de sus opciones defensivas, puesto que es imposible que, sin revocar el auto de procedimiento abreviado, pueda articular una estrategia de defensa eficaz, toda vez que la LECrim no habilita una reapertura de la instrucción, sino la realización de concretas y determinadas actuaciones solicitadas exclusivamente por las acusaciones. En estos casos, como he señalado, sólo cabría el enjuiciamiento por separado siempre que con ello no se rompiera la continencia de la causa, situación en la que habría que valorar, siempre con carácter excepcional, la acumulación de procesos. Y es que, similares consideraciones a las expuestas obligan a ser cautelosos con la posibilidad de acumular causas en este momento procesal si se quiere evitar lo que gráficamente se ha denominado "elefantiasis procesal"[186], objetivo que motivó en 2015 la reforma de la conexidad para limitarla a los casos en los que fuera estrictamente necesario el enjuiciamiento conjunto[187]. Así sucede, por ejemplo, en los casos de delitos continuados (art. 17.3 LECrim)[188] y en los supuestos de conexidad objetivo-subjetiva (art. 17.2 LECrim), si bien, pues-

---

186 Exposición de motivos de la Ley 41/2015, de 5 de octubre, de modificación de la Ley de Enjuiciamiento Criminal para la agilización de la justicia penal y el fortalecimiento de las garantías procesales.

187 También el art. 762.6.ª LECrim, una de las escasas normas de la ley procesal que se refieren a este tema, promueve la formación de piezas separadas con el fin de simplificar el procedimiento.

188 "Estaremos en presencia de dicha construcción punitiva denominada delito continuado, cuando concurra una *pluralidad* de acciones u omisiones que dentro de un mismo plan preconcebido del autor, o aprovechando la misma ocasión, infrinjan el mismo o similar precepto penal, naturalmente siempre que se perpetren dentro de una proximidad temporal y actuando el autor con un dolo unitario, y obviamente siempre que se trate de varios delitos no juzgados con anterioridad, ni fragmentados por la acción del Estado en su

to que es preciso constatar que los encausados hayan podido ejercitar eficazmente su derecho de defensa durante la instrucción, la acumulación en estos casos de causas que se sustancian por separado debe realizarse siempre de manera excepcional y con tiempo suficiente para que todos los investigados hayan tenido cabal conocimiento de los hechos y del desarrollo de la investigación antes de que se dicte el auto de incoación de procedimiento abreviado[189]. Por ello, si bien alguna resolución del Tribunal Supremo —aislada y lejana— ha autorizado la acumulación hasta el auto de apertura del juicio oral[190], cuando tal acumulación suponga (como así será en la mayoría de los casos) la incorporación de nuevos hechos que conformen concursos penales o una continuidad delictiva, no deberá tener lugar una vez clausurada la fase de investigación[191].

---

función de persecución delictiva" (STS (Pleno) 670/2018, de 19 de diciembre).

189 Cuando, a pesar de que los hechos integren un supuesto de continuidad delictiva pero no sea posible la acumulación por el estado en el que se encuentren los procedimientos o porque se desaconseje por los retrasos y complejidades a los que pudiera dar lugar, el Tribunal Supremo ha previsto que no se supere entre todas las condenas impuestas la pena máxima prevista para la totalidad de las conductas (SSTS 896/2011, de 6 de julio y 217/2020, de 22 de mayo).

190 STS 1320/1998, de 5 de noviembre.

191 Así lo declara, por ejemplo, el ATS de 24 de noviembre de 2011, por cuanto en una de las causas que se pretendía acumular se había acordado la apertura del juicio oral; también los AATS de 19 de septiembre de 2013 y de 11 de abril de 2018, que fijan claramente como límite temporal a la acumulación de autos el de la imputación mediante el auto de procedimiento abreviado. Más recientemente, en el mismo sentido y más extensamente, véase la STS 941/2023, de 20 de diciembre.

2.1.2. Personas jurídicas

En cuanto a la responsabilidad penal de las personas jurídicas, la LECrim no establece disposición específica al respecto, por lo que debe entenderse que el contenido del auto de transformación de las diligencias previas en procedimiento abreviado no difiere del que debe contener el auto que tiene por objeto identificar a la persona física investigada. No obstante, las particularidades de este tipo de responsabilidad penal exigen hacer dos apreciaciones aclaratorias que no deben pasarse por alto.

La primera es la relativa a los supuestos en los que la persona jurídica encausada es una sociedad unipersonal y se encuentra también investigado su representante legal. El Tribunal Supremo ha declarado que, en tales casos, no cabe declarar la responsabilidad penal de la persona jurídica si se produce una confusión de personalidades entre esta y su representante. La STS 264/2022, de 18 de marzo[192] así lo estableció, y apuntó como indicadores que evidencian tal confusión a la inexistencia de una organización diferenciada de la voluntad del único socio (que, además, sea administrador), a la confusión de patrimonios de la persona física y de la persona jurídica, a la realización del hecho por parte del propio administrador y al uso instrumental de la persona jurídica para la comisión del hecho delictivo. En estos casos, no puede castigarse al administrador y a la persona jurídica sin incurrir en la infracción del principio *non bis in idem.* Ello se proyecta, lógicamente, sobre el momento en el que el instructor debe dictar el auto de procedimiento abreviado, toda vez que, si tales indicadores apuntan sin lugar a dudas a tal confusión de personalidades, únicamente deberá dictarse auto de procedimiento abreviado frente a la persona

---

[192] Con criterio que reitera en las SSTS 747/2022, de 27 de julio, 321/2023, de 9 de mayo o 298/2024, de 8 de abril.

física, pero no así frente a la persona jurídica, que quedará exenta de responsabilidad por serle atribuida en exclusiva a su administrador[193]. En este caso, lo procedente será dictar un auto de archivo respecto de la persona jurídica. Sin embargo, cuando tal confusión no se encuentre perfectamente acreditada a partir de las diligencias de investigación practicadas, será necesario permitir a las partes formular sus pretensiones y abrir juicio oral para que puedan discutir y aportar las pruebas necesarias sobre tales circunstancias, por lo que no podrá resolverse hasta la sentencia la responsabilidad que, en su caso, quepa atribuir a la persona jurídica.

Es preciso tener en cuenta también que, tratándose de cualquier otro tipo de sociedades distintas de la unipersonal y dirigiéndose la acción penal conjuntamente frente al administrador o administradores y frente a la persona jurídica, la ausencia de citación a esta para ser informada de la acusación en virtud del art. 775 LECrim no impide que la persona jurídica pueda ser incluida en el auto de procedimiento abreviado si los administradores fueron informados de la totalidad de los hechos objeto de investigación, incluidos los que afecten a la sociedad, siempre, claro está, que no se produzca un conflicto de intereses entre los investigados personas físicas y la persona

---

193 En el caso de los delitos contra los derechos de los trabajadores, el art. 318 CP dispone que "cuando los hechos previstos en los artículos de este título se atribuyeran a personas jurídicas, se impondrá la pena señalada a los administradores o encargados del servicio que hayan sido responsables de los mismos y a quienes, conociéndolos y pudiendo remediarlo, no hubieran adoptado medidas para ello. En estos supuestos la autoridad judicial podrá decretar, además, alguna o algunas de las medidas previstas en el artículo 129 de este Código". Considero que, como consecuencia de ello, el auto de incoación de procedimiento abreviado debe dirigirse tanto frente a la persona jurídica como frente a los administradores, aunque la pena únicamente se imponga, en su caso, a estos últimos.

jurídica. En tal caso, estaríamos ante una irregularidad procesal que no causaría indefensión. Ahora bien, si el instructor (o la audiencia provincial correspondiente, en vía de recurso), apreciase la existencia de un posible conflicto de intereses, será preceptivo que la persona especialmente designada para representar a la persona jurídica haya sido debidamente informada de los hechos que a esta se le imputen para que pueda acordarse la continuación del procedimiento frente a ella.

La segunda cuestión que es preciso destacar en relación con la identificación de la persona jurídica como responsable penal en el auto de transformación de las diligencias previas en procedimiento abreviado es la situación que se suscita cuando la persona jurídica se ve afectada por un proceso de fusión, absorción o escisión. En estos casos, no se produce una extinción de la responsabilidad penal de la sociedad, sino que esta pasa, en los términos del art. 130.2 CP, a la nueva persona jurídica resultante, por lo que el auto de transformación de las diligencias previas en abreviado deberá reflejar tal eventualidad. Asimismo, el instructor deberá asegurarse de que la persona jurídica resultante de las operaciones de fusión, escisión o absorción se encuentra debidamente informada de los hechos que se le imputan.

Por lo que respecta a la disolución de la persona jurídica, el art. 130.2 CP también se refiere a ella para destacar que la disolución aparente o encubierta no extingue su responsabilidad penal. Se confunde claramente en el precepto la disolución de la sociedad con la extinción de la persona jurídica, que sólo se produce, de acuerdo con las normas mercantiles, una vez se ha liquidado el patrimonio social y se cancela la inscripción registral[194]. No obstante, como han señalado Alfaro y Quinte-

---

194 Se ha creado más confusión que claridad con la redacción del precepto, pues la extinción de la responsabilidad penal de la persona jurídica a efectos mercantiles únicamente se produce con la cance-

ro, dado que el art. 130.2 CP se pronuncia en negativo ("no extingue la responsabilidad penal la disolución encubierta o meramente aparente de la persona jurídica"), cabe entender que lo único que estipula es que la mera apariencia de disolución- sin que exista verdadera vocación de liquidación del patrimonio- no extingue la responsabilidad penal, pero sin que ello suponga que la disolución efectiva implique tal extinción de responsabilidad[195]. Considero, en cualquier caso, que si no es posible determinar si se ha llevado a cabo la liquidación hasta su completa extinción, deberá acordarse la continuación del procedimiento para que tal extremo sea objeto de prueba y discusión en el acto de juicio oral. Por el contrario, en el caso de que se acredite fehacientemente que la sociedad ha sido efectivamente extinguida, lo procedente será un auto de archivo declarando la extinción de la responsabilidad penal (a semejanza de lo que sucede cuando se produce el fallecimiento del encausado en fase de investigación en atención a lo dispuesto en el art. 130.1 CP), sin perjuicio de las responsabilidades civiles que se pudieran exigir a las cuotas resultantes de la liquidación efectuada y atribuidas a cada socio.

---

lación de los asientos en el registro público correspondiente. Confusión que alcanza también a la descripción de las penas que se le pueden imponer, por cuanto en el art. 33.7 b) CP se alude también a la pena de disolución de la sociedad como situación que supone la pérdida definitiva de su personalidad jurídica, lo que choca frontalmente con lo regulado en la legislación societaria (art. 371.2 de la Ley de Sociedades de Capital), en virtud de la cual la sociedad mantiene su personalidad jurídica durante el periodo de liquidación.

195 Quintero, Gonzalo y Alfaro, Jesús, "Disolución de sociedades y extinción de la responsabilidad penal de las personas jurídicas", *El almacén del Derecho,* 1 de mayo de 2021, disponible en https://almacendederecho.org/disolucion-de-sociedades-y-extincion-de-la-responsabilidad-penal-de-las-personas-juridicas

2.2. Identificación de los responsables civiles

2.2.1. El responsable civil directo o subsidiario

Una de las cuestiones que cabe plantearse en relación con la delimitación de la legitimación pasiva en el auto de procedimiento abreviado es la relativa a si resulta necesaria la inclusión del responsable civil directo —cuando no coincide con el investigado— o subsidiario para permitir que posteriormente pueda dirigirse la correspondiente acción civil frente a él en los escritos de acusación. En los supuestos en los que se produce identidad subjetiva entre el encausado y el responsable civil no se plantea problema alguno, puesto que su identificación se realizará en la fase de instrucción, salvo que se produzca una expresa reserva de acciones o la renuncia a la responsabilidad civil[196]. En tales casos no es preciso que la designación se realice a instancia de parte, puesto que se prevé la determinación de la fianza de oficio en el art. 589 LECrim, sin perjuicio de que la acusación particular o el Ministerio Fiscal interesen la adopción de medidas cautelares de naturaleza civil y con ello provoquen la apertura temprana de la pieza separada a la que alude el art. 590 LECrim. Ello permite la intervención del encausado para ejercitar su derecho de defensa respecto de las medidas patrimoniales acordadas. Sin embargo, cuando la acción civil se va a dirigir (también o en exclusiva) frente a un tercero, es cuando surge la duda sobre el momento en el que este debe tener conocimiento de la pretensión y, por tanto, sobre el momento apto para su llamada al procedimiento.

---

196 Aunque la posibilidad de revocar la renuncia a la responsabilidad civil prevista en el art. 112 CP podría llevar a cuestionar el momento hasta el cual puede producirse esa revocación y, por tanto, el momento preclusivo para exigir la responsabilidad civil al encausado o a un tercero.

Aunque los responsables civiles pueden quedar identificados desde el comienzo de las actuaciones de investigación y, en tal caso, será precisa la apertura de la correspondiente pieza de responsabilidad civil con las medidas cautelares patrimoniales que, en su caso, deban adoptarse, ello no sucede así en la mayoría de procedimientos, por lo que surge la duda acerca de si es preceptivo o no que aparezcan designados en el auto de procedimiento abreviado.

La cuestión no ha sido abordada con unanimidad. La jurisprudencia menor se ha pronunciado en diversos sentidos. Por ejemplo, la SAP de Cuenca 184/2020, de 25 de febrero, considera que el hecho de que la LECrim sólo exija expresamente su inclusión en los escritos de acusación permite concluir que no es exigible que el auto transformador de diligencias previas en procedimiento abreviado designe a los responsables civiles (y, por tanto, tampoco es necesario que hayan tenido intervención alguna durante la fase de instrucción). Sin embargo, el AJP núm. 2 de León de 15 de abril de 2021 (núm. de recurso 367/2019) concluye la necesidad de que se designen en el auto de transformación y acuerda, ante tal omisión, que se dicte nuevo auto en el que se incluya a las compañías aseguradoras como responsables civiles, tal y como solicitaban los letrados de los acusados. Si bien esta resolución no declara la nulidad de actuaciones —en un giro difícilmente acomodable en el procedimiento abreviado— acuerda la suspensión del acto de juicio a los efectos de hacer una instrucción complementaria a cargo del juez instructor y del consiguiente dictado de un nuevo auto de transformación, de los nuevos escritos de acusación y defensa, así como de un nuevo auto de apertura de juicio oral que incluya a las compañías de seguros como responsables civiles.

Tampoco la doctrina procesal ha ofrecido respuestas unánimes. Por ejemplo, Escobar Jiménez entiende que el art. 779.1.4ª LECrim no exige su inclusión en el auto de procedimiento abreviado, pero considera que es conveniente que el responsable civil sea incluido y, en todo caso, oído en la fase de instrucción[197].

En mi opinión, considerar que es necesario designar al responsable civil en el auto de procedimiento abreviado podría suscitar importantes problemas prácticos. El principal es el derivado del hecho de que no se recurra en reforma o apelación frente al auto de transformación que no designa al responsable civil (o que se desestimen los recursos), lo que impediría que pudiera llegar a dirigirse la acción civil frente a él.

De hecho, la posición que ostenta en el proceso penal el responsable civil directo o subsidiario es sustancialmente distinta de la que ocupa el encausado, lo que se proyecta también sobre este ámbito y nos da algunas claves acerca de cómo articular su intervención como parte y el momento en el que debe ser llamado[198].

En términos generales, suele entenderse que el responsable civil es una parte contingente en la fase de instrucción. No sólo puede no ser llamado al procedimiento, sino que incluso podría privársele de tal intervención si pretendiese personarse sin haber sido emplazado a ello, puesto que los únicos que cuentan con la condición de parte necesaria son el investigado y el Ministerio Fiscal. Sólo en el caso de que se acuerden medidas cautelares patrimoniales, el tercero responsable civil podrá intervenir durante la investigación para oponerse a las que le afecten.

En el sumario, el art. 615 LECrim es claro al establecer que, de existir un responsable civil, el juez, a instancia del actor civil, le exigirá fianza, pero no parece que el precepto exija su intervención con anterioridad a los escritos de calificación provisional como un presupuesto para que pueda concretarse

---

197 Escobar Jiménez, Rafael, "Aspectos de la fase intermedia...", cit., p. 6.

198 Sobre el diferenciado estatuto procesal de acusado y responsable civil es sumamente clarificadora la STS 647/2021, de 19 de julio.

posteriormente la pretensión civil, por lo que debe concluirse que el juicio de acusación y, por tanto, el control de su fundamentación, no alcanza al tercero responsable[199]. La STS 110/2004, de 30 de enero, sin embargo, parece apuntar en otra dirección. El recurrente en casación impugnaba la decisión del tribunal de instancia de no dar trámite a su petición de responsabilidad civil subsidiaria dirigida frente al Estado, y motivó su queja casacional en el hecho de que, aunque tal petición se había incluido en el escrito de calificación provisional, la identificación del Estado como posible responsable no se había efectuado durante la fase sumarial, designación que parece desprenderse de lo dispuesto en los arts. 615 y 623 LECrim. La Sala desestimó el motivo al considerar que, si bien el momento para ejercitar la acción civil es el escrito de calificación, el perjudicado tenía la carga de identificar al responsable civil antes del auto de conclusión del sumario y omitió dicha identificación: "aun siendo cierto que la demanda como tal se concreta en sus términos cuando dice el recurrente [en el escrito de calificación provisional], la existencia de la pretensión como tal y el señalamiento del destinatario de la misma debe producirse antes"[200]. Esta resolución, refleja, sin embargo, una posición

---

199 Así lo considera Ortells Ramos, para quien la solicitud de medidas cautelares sobre los bienes de los designados como terceros civilmente responsables es más propia de la instrucción, pero nada obsta —más allá de la inconveniencia de tramitar el incidente de los arts. 615 y ss. LECrim por su consiguiente efecto suspensivo— que pueda demorarse hasta los escritos de acusación. Ortells Ramos, Manuel, "Problemas de contenido…", cit., p. 7207.

200 Y continúa la sentencia: "Por lo demás, no cabe afirmar que la forma de decidir de la sala haya deparado indefensión, pues como ha(n) resuelto el Tribunal Constitucional (por todas, STC 211/2000, de 18 de septiembre), no cabe (sic) posible argumentar sobre la base de esta cuando la situación que supuestamente la produjo tuvo su origen en el modo de operar de quien luego la denuncia" (STS 110/2004, de 30 de enero).

claramente minoritaria y aislada, por cuanto la Sala Segunda sostiene hoy, prácticamente sin fisuras, que no es hasta los escritos de calificación provisional o acusación cuando debe designarse a los responsables civiles, sin necesidad de que estos sean identificación en instrucción.[201] En la STS 647/2021, de 19 de julio, fundamental respecto de esta cuestión, se esgrime que el juicio de acusación se orienta exclusivamente al control de la pretensión penal, lo que se explica por el carácter estigmatizante de esta, del que carece la pretensión dirigida al posible responsable civil. Sin embargo, no parece que este sea el único argumento sobre el que se sustenta esta posición, dado que el estigma no proviene exclusivamente de la pretensión acusatoria. Es bastante fácil imaginar el efecto estigmatizante que la pretensión civil ejercitada en un proceso penal puede producir, por ejemplo, para una persona jurídica, que puede ver seriamente dañada su imagen pública. No es ese, a mi juicio, un argumento de suficiente peso. Más bien parece que la razón de excluir la acción civil del juicio de acusación radica, fundamentalmente, en la naturaleza pública del *ius puniendi* y en la presencia indiscutible de un claro interés en su correcto ejercicio como medio de autolimitación del Estado, una idea ajena a la pretensión civil, que debe desarrollarse de acuerdo con parámetros análogos a los previstos por la LEC. Entre ellos, destaca la ausencia de ese control judicial sobre su formulación, dado que en el ámbito civil queda concretada en la demanda, sin posibilidad apenas —como regla general— de modificación posterior, salvo por lo que respecta al control, de oficio o a instancia de parte, sobre los presupuestos procesales.

---

201 Por ejemplo, en la sentencia de 31 de julio de 2006, el Tribunal Supremo rechazó la necesidad de que el responsable civil interviniese durante la instrucción y fuera designado como tal antes de los escritos de acusación (en el mismo sentido se pronunció en la STS 117/2010, de 18 de febrero).

La posición mayoritaria del Tribunal Supremo sobre esta cuestión parece venir avalada por la propia LECrim. En el procedimiento ordinario, el art. 650 LECrim es claro al exigir que, siempre que se ejercite la acción civil, es preciso que se exprese la cantidad reclamada o la cosa que deba ser restituida, las personas que aparezcan como responsables de los daños y los hechos en virtud de los cuales se hubiera contraído tal responsabilidad (esto es, si se trata de responsables directos o subsidiarios y, en su caso, el título del que derive su obligación de responder). Correlativamente, el art. 652 LECrim prevé que la causa sea comunicada a los terceros civilmente responsables a los efectos de que puedan formular sus correspondientes escritos de calificación. En un sentido similar se pronuncia el art. 781 LECrim al regular el contenido de los escritos de acusación en el procedimiento abreviado, mientras que el art. 784.1 LECrim se refiere a la necesidad de dar traslado de las actuaciones a terceros civilmente responsables a los efectos de que formulen sus escritos de defensa frente a las "acusaciones" ejercitadas contra ellos. Al margen de la defectuosa técnica procesal (por cuanto el precepto debiera aludir a las pretensiones civiles dirigidas frente a los designados como posibles responsables), no parecen surgir dudas acerca de la necesidad de que estos se encuentren individualizados en el escrito de acusación o, en su caso, en el formulado por el actor civil y en el posterior auto de apertura del juicio oral, que también se les debe notificar[202]. Sin embargo, como algunos autores han destacado, si no se encuentran incluidos en el auto de apertura de juicio oral pero se les da traslado de las actuaciones y no resultan privados del efectivo ejercicio del derecho de defensa frente a la pretensión civil, tal irregularidad, meramente involuntaria, no tendría consecuencias procesales[203]. Téngase en cuenta que el

---

202 STS 298/2021, de 8 de abril.

203 Ortega Lorente, José Manuel, Camarena Grau, Salvador, Hernández García, Javier y Gimeno Jubero, Miguel Ángel, "Bloque 2. La

auto de apertura del juicio oral garantiza el derecho de defensa frente a la pretensión acusatoria, pero su función de control jurisdiccional no alcanza a la pretensión civil (salvo por lo que respecta a la fijación de la fianza).

De ahí que, en el caso del procedimiento abreviado, su inclusión en el escrito de acusación debiera provocar, a su vez y en línea de principios, su inclusión en el auto de apertura de juicio oral, y ello aunque el responsable civil no hubiera sido incorporado previamente al auto de procedimiento abreviado[204]. Ello despliega consecuencias, además, en orden a determinar el día *a quo* para el devengo de intereses moratorios de los arts. 1108 y ss del Código Civil (sin perjuicio de que, en caso de deducirse querella y cuantificarse la indemnización exigida, pueda anticiparse a ella[205] —o al trámite de ofrecimiento de acciones[206]— el inicio del cómputo). Una indeterminación que no afecta a los intereses procesales exigibles al amparo del artículo 576 LEC, por cuanto estos sólo se devengan a partir de la notificación de la sentencia.

Una mención específica requiere el ejercicio de la pretensión frente al responsable civil subsidiario en los escritos de calificación o acusación cuando se trata de una persona jurídica de la que el acusado es administrador único o administrador de hecho que reúne, a su vez, la condición de sujeto pasivo del proceso penal. El Tribunal Constitucional ha declarado que, en estos casos, no haber ostentado la condición de parte procesal carece de relevancia constitucional y, por tanto, no da lugar a declarar la nulidad que, en cualquier otro caso, sería preceptiva. Y ello sobre la base de su consolidada doctrina sobre la indefen-

---

fase intermedia...", cit., p. 6.

[204] AAP Valladolid (4ª) 435/2020, de 12 de noviembre. También la STS 647/2021, de 19 de julio.

[205] STS 1130/2004, de 14 de octubre.

[206] STS 298/2003, de 14 de marzo.

sión material o de índole constitucional exigida para declarar la nulidad de actuaciones. En efecto, si la mercantil que finalmente adquiere la condición de responsable civil subsidiaria en la sentencia es conocedora de la existencia del procedimiento (no podría no serlo si su administrador está siendo acusado en la misma causa), difícilmente cabría alegar indefensión, puesto que la persona jurídica pudo haberse personado y no lo hizo. Así lo estableció con claridad la STC 128/2005, de 23 de mayo: "una errónea o defectuosa constitución de la relación jurídica procesal puede causar indefensión contraria a la tutela judicial efectiva (...), de tal modo que sólo si aquélla se establece en la forma debida se hace viable el respeto al derecho de defensa de los que son o pueden ser parte en el proceso y, especialmente, la ineludible observancia del principio de contradicción sobre el que se basa el derecho a ser oído (...). Ahora bien, también hemos subrayado que no toda incorrección o irregularidad en la conformación de la relación jurídica procesal alcanza relevancia constitucional, pues para que sea posible apreciar indefensión vulneradora del art. 24.1 CE es en todo caso necesario que la situación en que esta haya podido producirse no se haya generado por una actitud voluntariamente consentida por el supuestamente afectado o atribuible a su propio desinterés, pasividad, malicia o falta de la necesaria diligencia (...), aducirse la concurrencia de indefensión material, incluso en el caso de un proceso seguido inaudita parte, cuando de las actuaciones se colija que el denunciante no ha desplegado la diligencia apropiada en la defensa de sus derechos porque la ausencia del proceso a la que se liga dicha indefensión ha sido resultado de la pasividad, desinterés, negligencia, error técnico o impericia de las partes o profesionales que les representen o defiendan (...). Así pues, si bien es cierto que los errores de los órganos judiciales no deben repercutir negativamente en la esfera del ciudadano, también lo es que a este le es exigible una mínima diligencia, de forma que los posibles efectos dañosos resultantes de una actuación incorrecta de aquéllos carecen de relevancia desde la perspectiva del amparo constitucional cuando el error sea asimismo achacable a la negligencia de la parte (...), bien porque se ha situado al margen del litigio por razón de una actitud pasiva con el objetivo de obtener una ventaja de esa marginación, o bien cuando se acredite que tenía un conocimiento extraprocesal de la existencia del proceso al que no fue llamado personalmente".

No parece que pueda concluirse que esta doctrina del Tribunal Constitucional es una invitación a que los tribunales ordinarios queden liberados de llamar al responsable civil subsidiario al procedimiento, situación que la sentencia califica como manifiestamente irregular. Ahora bien, como viene siendo habitual, cuando el Tribunal Constitucional aborda sus consecuencias jurídicas, se remite a la necesidad de acreditar una situación de indefensión material que, según ha declarado, puede no suscitarse si se tiene cabal conocimiento de las actuaciones y, a pesar de ello, el administrador (personado en tales casos como acusado) no ha intentado la personación de la persona jurídica como responsable civil subsidiaria.

En definitiva, la diferente naturaleza de la responsabilidad imputada al tercero y al encausado parece estar en el origen del diverso tratamiento procesal que reciben. Mientras que el investigado tiene derecho a conocer la imputación desde su nacimiento, el responsable civil (cuando es un tercero) carece de ese estatuto reforzado, por cuanto basta que su condición le sea conferida directamente en los escritos de acusación, lo que le posibilita formular alegaciones y proponer pruebas en relación con esa pretensión indemnizatoria[207]. Esta manera tan restrictiva de entender las posibilidades de defensa del tercero civilmente responsable —reducidas al conocimiento de la pretensión civil al recibir traslado de los escritos de calificación o acusación—parte, a su vez, de las limitadas posibilidades de

---

207 AAP Valladolid (4ª) 435/2020, de 12 de noviembre.

actuación procesal con las que, según jurisprudencia consolidada del Tribunal Supremo, cuenta el responsable civil, enfocadas exclusivamente a la pretensión indemnizatoria[208], razón por la que se confiere un estatus homólogo al del demandado en el proceso civil y, por tanto, regido por el principio dispositivo[209].

Ello supone que el escrito de acusación actúa a modo de escrito de iniciación del procedimiento para el responsable civil. Este dato parece responder a una lógica muy concreta: si la instrucción tiene la finalidad de dilucidar la existencia de indicios de responsabilidad penal y el responsable civil carece de la posibilidad de desarrollar actuaciones defensivas que excedan de los límites de su propia responsabilidad (y, por tanto, no puede atacar el hecho delictivo mismo ni la autoría del investigado), no resulta necesaria su intervención procesal durante la fase de investigación.

Incluso puede darse el caso de que, acordado el sobreseimiento libre respecto de alguno de los encausados, se le exija responsabilidad civil cuando el hecho existe pero no es constitutivo de delito[210], o que se pronuncie sentencia absolutoria

---

208 STS de 19 de mayo de 2020.

209 Ya lo sostenía Gimeno Sendra, Vicente (con Moreno Catena, Víctor, Almagro Nosete, José y Cortés Domínguez, Valentín), *El nuevo proceso...*, cit., p. 125. Es, además, el tratamiento que el Anteproyecto de LECrim de 2020 proporciona abiertamente a la acción civil, como también lo viene haciendo el Tribunal Supremo, que considera que debe regirse por los principios procesales de la LEC (también por sus normas, añadiría, respecto de las cuestiones no expresamente resueltas por la LECrim). Sobre ello, véase Juan-Sánchez, Ricardo, "El estatuto de la víctima y las partes civiles en el Anteproyecto de LECrim de 2020", en Jiménez Conde, Fernando y Fuentes Soriano, Olga (Dir.), *Reflexiones en torno al Anteproyecto de Ley de Enjuiciamiento Criminal de 2020*, Tirant lo Blanch, Valencia, 2022, pp. 266 a 268.

210 STS 864/2021, de 12 de noviembre.

por aplicación de la excusa del art. 268 CP acompañada de un pronunciamiento indemnizatorio derivado de la existencia declarada de unos hechos que, sin ser punibles, pueden engendrar responsabilidad civil[211].

En este punto, me parece interesante tomar en consideración la experiencia jurídica comparada. No cabe duda de que *l'udienza preliminare* italiana es una fórmula procesal en la que el legislador español se ha inspirado al esbozar un nuevo sistema acusatorio en los anteproyectos de reforma de la LECrim que se han sucedido en los últimos años. Y por lo que respecta en particular a la entrada del responsable civil, el *Codice di Procedura Penale* (cpp) de 1988, en su art. 83, la sitúa precisamente en ese momento, a partir del cual los designados como responsables van a poder ejercitar su defensa contradictoria a la vista de las actuaciones desarrolladas en la investigación por el Ministerio Público bajo el control del juez de la investigación preliminar[212]. De hecho, el propio precepto establece la

---

211 Véanse al respecto la STS 928/2021, de 26 de noviembre y las que en ella se citan. En esta resolución, además, se destaca la posibilidad de acordar el sobreseimiento en la fase intermedia con base en el motivo 3º del art. 637 LECrim cuando quedan perfectamente identificados los presupuestos de la excusa absolutoria, si bien en ese caso, aunque el Tribunal Supremo no lo expresa, debe sobreentenderse que si el procedimiento no continúa para dilucidar la responsabilidad penal de otros encausados o del mismo acusado respecto de otros hechos, no podrá determinarse la responsabilidad civil.

212 Debe tenerse en cuenta que, en el sistema italiano, el *Pubblico Ministero* sólo puede ejercitar la acción civil en defensa de los intereses de perjudicados con discapacidad o menores de edad y únicamente cuando concurran razones de urgencia (art. 75.4 cpp) y de forma temporal, hasta tanto la acción se ejercite por quien tiene la representación, de modo que la personación del posible responsable requiere como presupuesto, en términos generales, la constitución previa de parte civil, si bien la corte constitucional ha interpretado el precepto en el sentido de que debe entenderse compresivo de la

nulidad de la citación al responsable civil cuando omita información sustancial que limite el adecuado ejercicio del derecho de defensa tanto en la audiencia preliminar como en el propio acto de juicio (83.5, en relación con el art. 178.1.c) cpp). Su intervención plena, por tanto, se garantiza desde el momento mismo de la audiencia preliminar, en el que podrá cuestionar el propio sostenimiento de la acusación que fundamenta el título de su propia responsabilidad y solicitar el sobreseimiento. El cpp italiano adelanta, por tanto, el debate contradictorio a la audiencia preliminar, dando entrada en él, en condiciones de igualdad, a las partes civiles[213].

Por último, debe tenerse en cuenta que, si no puede identificarse al responsable civil o se reservan las acciones para su ejercicio en un proceso civil posterior, el plazo de prescripción es de cinco años desde la reforma operada por la Ley 42/2015, de 5 de octubre, de reforma de la Ley 1/2000, de 7 de enero, de Enjuiciamiento Civil, que modificó el plazo general residual de prescripción de las acciones personales del art. 1964 CC. Así mismo, y dado que el plazo de prescripción de la acción civil y de la acción penal pueden no coincidir en muchos casos[214],

---

posible llamada a un compañía aseguradora a cuenta del propio encausado (sentencia 9-16 aprile 1998, n. 112 (G.U. 1ª s.s. 22/4/1998, n. 16) y, más recientemente, en la sentencia 25 maggio - 24 giugno 2022, n. 159 (G.U. 1ª s.s. 29/6/2022, n. 26). El art. 85 cpp prevé la posibilidad de que el propio responsable civil se persone en el procedimiento a petición propia, si bien condicionado al mantenimiento de la acción civil en los términos señalados.

213 Garofoli, Vincenzo, "Considerazioni introduttive…", cit., p. 2.

214 Se han sucedido los debates doctrinales en torno a la naturaleza procesal o sustantiva de la prescripción penal, de los que se desprende una evidente voluntad de distanciar el régimen de la prescripción penal respecto de la civil para justificar con ello que en el orden penal no se trata exclusivamente de una excepción procesal en manos de los litigantes, sino una verdadera cuestión de orden público que permite que sea apreciada de oficio. De tales debates

cabe la posibilidad de que, si se ejercita la acción penal transcurridos cinco años desde la comisión del hecho, la acción civil ya esté prescrita y no quepa formular reclamación alguna. Por ello, es preciso distinguir dos supuestos que merecen un tratamiento distinto: (i) que la responsabilidad civil dimane del hecho típico —en cuyo caso, el proceso penal tiene preferencia sobre el civil e impide el inicio de este hasta tanto se resuelva aquel, por lo que el plazo de prescripción de la acción civil queda en suspenso hasta su finalización y esta última deberá ejercitarse en el plazo de cinco años— y (ii) que la responsabilidad civil no dimane de un hecho típico, pero su declaración dependa de un hecho con relevancia penal que incide en él, en cuyo caso nos encontramos ante un caso de prejudicialidad penal que deberá resolverse de conformidad con las normas de la LEC. En este caso, el ejercicio de la acción civil debe tener lugar antes de que se verifique el plazo de prescripción ordinario (el que corresponda según el tipo de acción de que se trate y no el de cinco años relativo a la acción dimanante del hecho con relevancia penal) y el procedimiento civil quedará

da cuenta Medina Cepero, Juan Ramón, "Algunas cuestiones sobre la prescripción en derecho penal", *Sentencias de TSJ, AP y otros tribunales*, núm. 20, 2003, pp. 8 y ss. Sin embargo, la posibilidad de que la prescripción penal pueda apreciarse de oficio y no sólo a instancia de parte y en cualquier momento procesal no debiera ser cuestión anudada a su condición de excepción procesal o material, sino a su carácter de presupuesto de orden público vinculado a cuestiones de seguridad jurídica. El propio autor lo destaca al hacerse eco de la posición actual del Tribunal Supremo (p. 26), con la que desde hace muchos años ha tratado de superar el encorsetamiento que inicialmente pareció provocar la ubicación de la prescripción en el trámite de artículos de previo pronunciamiento y en las cuestiones previas. De esta manera, hoy no cabe duda de que se trata de un presupuesto procesal que puede hacerse valer y examinarse en cualquier momento y, por tanto, fuera de los marcados por la LECrim para la depuración de defectos procesales.

en suspenso sólo a falta de dictar sentencia y hasta tanto se resuelva la pretensión penal y la resolución sea notificada al perjudicado[215].

---

[215] Es muy interesante el análisis de las diversas situaciones que se realiza en al STS (1ª) 112/2022, de 15 de febrero, que casa la sentencia por la que declara prescrita la acción civil en un caso perteneciente al segundo grupo de supuestos (reclamación a compañía aseguradora en relación con un riesgo cubierto por la póliza —robo de un vehículo— tras el archivo de las actuaciones penales). En el caso de autos es relevante que el archivo de las diligencias penales no le fue notificado al perjudicado (puesto que se limitó a interponer denuncia), de modo que sólo pudo tomar conocimiento de este una vez se personó en las actuaciones penales (que habían sido archivadas un año antes), por lo que únicamente a partir de ese momento podía computarse el plazo de prescripción de dos años estipulado en el art. 23 LCS. La resolución casacional cuenta con un voto particular que concluye que debió desestimarse el recurso, puesto que, al tratarse de un supuesto de prejudicialidad (hecho penal —el robo— determinante de la pretensión civil reparadora, pero no coincidente con ella —puesto que la pretensión civil dimanaba de una relación contractual —el contrato de seguro— y no del delito), el perjudicado por el delito debió entablar la acción civil al no causar las actuaciones penales la interrupción de la prescripción. Conectado con ello, debe tenerse en cuenta que la Sala Segunda considera, desde el Acuerdo del Pleno no Jurisdiccional de 30 de enero de 2007, que cuando la compañía aseguradora satisfaga cantidades al perjudicado por el hecho dañoso, puede reclamarlas al criminalmente responsable en el seno del proceso penal en su condición de actor civil y, por tanto, subrogándose en la posición del perjudicado. Por tanto, en estos supuestos no estamos ante un responsable civil propiamente, sino que la compañía que no repara voluntariamente el daño causado por el delito cometido por un tercero debe ser demandada en un procedimiento civil donde se dilucide su responsabilidad derivada del contrato de seguro (sin perjuicio de que ese procedimiento civil se vea afectado por una evidente causa de prejudicialidad que determinará su suspensión hasta tanto el proceso penal finalice mediante resolución firme).

2.2.2. El partícipe a título lucrativo

Algo similar a lo expuesto para el responsable civil directo y subsidiario sucede respecto del partícipe a título lucrativo, por cuanto su incorporación al proceso penal como parte pasiva no es precisa hasta los escritos de acusación. El Tribunal Supremo ha delimitado con claridad esta figura respecto de la del responsable civil subsidiario, si bien concluye que en ambos casos nos encontramos ante responsables civiles (aunque en virtud de diverso título) y, por tanto, otorga un régimen procesal idéntico en lo que a su intervención como parte se refiere. Particularmente destacable es la STS 467/2018, de 15 de octubre. De ella se extrae la idea de que la participación a título lucrativo es ajena al delito del que provienen los bienes. En consecuencia, la responsabilidad de quien disfruta de los tales bienes no deriva del delito (a diferencia de la responsabilidad civil subsidiaria), sino del principio contenido en el art. 1305 CC, en virtud del cual nadie puede beneficiarse de un enriquecimiento cuya causa sea ilícita. El origen de la responsabilidad es manifiestamente distinto, como también lo es la extensión de la misma, que en el caso del partícipe a título lucrativo es solidaria junto con el autor del hecho y queda limitada a los bienes disfrutados o a su valor, mientras que, en el caso del responsable civil subsidiario, además de ser una responsabilidad exigible únicamente en caso de incumplimiento por el responsable penal, es coincidente con la extensión declarada para este en la sentencia.

Pues bien, aunque el origen y la extensión de la responsabilidad civil asumida por el partícipe a título lucrativo difieren sustancialmente de las relativas al responsable subsidiario, el régimen procesal de intervención se acomoda al que jurisprudencialmente se ha estipulado para este último. Por ello, a diferencia de la condición de investigado, que en modo alguno puede conferirse con posterioridad a la instrucción, el partícipe a título lucrativo puede ser determinado —como cualquier otro responsable civil— en los escritos de conclusiones provisionales (art. 650 LECrim) o en los de acusación (art. 781 LECrim) y, en consecuencia, debe ser incluido también en el auto de apertura del juicio oral (art. 783 LECrim) a los efectos de declarar constituida la relación jurídico procesal con todos los intervinientes en su condición de parte. En definitiva, no es hasta el escrito de acusación (que, como nos recuerda la STS 467/2018, de 15 de octubre, es el equivalente funcional a la demanda en el orden civil) cuando resulta exigible su designación y, como en el resto de casos analizados, su intervención procesal deberá limitarse a la defensa de sus intereses y, por tanto, se verá reducida a la responsabilidad que se le pueda exigir.

Tratándose, además, de una acción civil de naturaleza personal la que se dirige frente al partícipe a título lucrativo, el plazo de prescripción es, como hemos visto, el de cinco años estipulado en el art. 1964 CC, tal y como nos recuerda la STS 467/2018, de 15 de octubre. Al respecto, resulta interesante mencionar que en dicha resolución, el Tribunal Supremo aborda con detalle esta materia y, en particular, el *dies a quo* para su interrupción, declarando que este coincide con el día de presentación del escrito de acusación si al responsable civil no se le ha exigido responsabilidad anteriormente en el procedimiento: "si los responsables civiles subsidiarios y partícipes a título lucrativo ven perjudicados sus intereses al ser factible que se dirija contra ellos la acción civil en los escritos de acusación, sin que previamente se les haya exigido responsabilidades en tal sentido, sin haber sido partes en el proceso ni en la instrucción, ni mencionados en el auto de transformación a procedimiento abreviado, art. 779.1-4º , por razones de equidad y justicia material, habrán que entender que no es la denuncia o la querella presentadas, ni el auto de incoación de las diligencias previas, los que interrumpan la prescripción de la acción civil por enriquecimiento injusto, acumulada en el proceso penal contra el partícipe a título lucrativo, sino la presentación del escrito de acusación -como equivalente funcional a la demanda civil— solicitando la condena en tal concepto". Interpretado lo anterior *a sensu contrario*, y aunque parezca algo obvio, puede concluirse que si se produce la identificación de los responsables civiles y partícipes a título lucrativo en un momento procesal anterior, posibilitando con ello su participación y defensa, tendría el mismo efecto interruptor de la prescripción de la acción que su identificación en el escrito de acusación.

2.2.3. El tercero afectado no responsable

El último supuesto que debe ser tomado en consideración, aunque se presenta en mucha menor medida que el relativo al responsable civil, es el que se refiere a la adquisición de la condición de parte de quien no asume responsabilidad alguna por los hechos delictivos (y, por tanto, frente a quien no se dirige pretensión acusatoria ni indemnizatoria) y, sin embargo, puede resultar afectado por el pronunciamiento relativo a la responsabilidad civil. Se trata del conocido como *tercero afectado no responsable*, una figura sin un claro sustento legal actualmente[216] pero que debió ser creada jurisprudencialmente para dar entrada en el proceso a los sujetos a quienes pueden alcanzar las consecuencias de la acción delictiva al haber participado en un negocio jurídico nulo de pleno Derecho o derivado del

---

216 Pero prevista con cierto detalle por el Anteproyecto de LECrim de 2020 para permitir la defensa de terceros en el proceso penal (y, entre ellos, la posibilidad de acreditar que su posible participación en los hechos fue de buena fe o interesar una indemnización por los daños ocasionados por las consecuencias que el delito pueda tener sobre la titularidad de sus bienes). Arnáiz Serrano, Amaya, "Aspectos generales del Anteproyecto de LECrim de 2020", en Jiménez Conde, Fernando y Fuentes Soriano, Olga (Dirs.), *Reflexiones en torno al Anteproyecto de Ley de Enjuiciamiento Criminal de 2020*, Tirant lo Blanch, Valencia, 2020, p. 54.

que deba considerarse nulo, lo que resulta particularmente importante en relación con el decomiso de bienes y ganancias derivadas del delito[217]. El supuesto es relativamente común en casos de insolvencias punibles o de delitos como el blanqueo de capitales, cuando un bien que puede estar sujeto a la responsabilidad derivada del hecho delictivo se transmite a terceros adquirentes de buena fe, ya sea por el propio acusado, ya sea por quien adquirió a su vez del acusado[218]. Sin duda, el derecho de audiencia y contradicción del tercero no responsable se pone en juego y plantea el interrogante relativo a si debe tener acceso al proceso en calidad de parte y, en caso afirmativo, cómo y cuándo se le debe proporcionar tal condición. Sobre esta cuestión se pronunció con detalle la STC 266/2015, de 14 de diciembre, que concluyó la necesidad de que el tercero sea convocado para disponer de la oportunidad de ser oído respecto de las pretensiones que las acusaciones o actores civiles pudieran ejercitar frente a él, como es el caso de la nulidad del negocio jurídico en el que haya participado con la persona acusada por el delito[219]. El problema ha quedado solucionado

---

217 El art. 137.2 del Anteproyecto de LECrim de 2020 define a los terceros afectados como aquellos que "no teniendo la condición de encausados, responsables civiles o perjudicados, ostenten la titularidad de los bienes que hayan de ser decomisados o destruidos o de un derecho real o de crédito que haya de verse irremediablemente perjudicado".

218 Las fronteras entre el tercero afectado no responsable, el partícipe a título lucrativo e incluso el autor del blanqueo de capitales o de un delito de receptación son bastante confusas, tal y como destaca Gascón Inchausti, Fernando, "Las nuevas herramientas procesales para articular la política criminal de decomiso total: la intervención en el proceso penal de terceros afectados por el decomiso y el proceso para el decomiso autónomo de los bienes y productos del delito", *Revista General de Derecho Procesal*, núm. 38, enero de 2016, pp. 11 a 13.

219 Así lo ha declarado también el TEDH en diversas resoluciones por las que declara que España ha vulnerado el art. 6.1 CEDH al no ga-

—en buena medida, pero no totalmente— por el Acuerdo del Pleno no jurisdiccional de la Sala segunda del Tribunal Supremo de 28 de febrero de 2018. Con este Acuerdo se zanja la discusión —aunque sería prematuro decir que definitivamente— sobre la protección del tercero no responsable afectado por el delito, al concluir que "al amparo del art. 34 LH el adquirente de buena fe que confiado en los datos registrales inscriba su derecho en el Registro de la Propiedad, gozará de protección incluso en supuestos donde la nulidad del título proviene de un ilícito penal". El Tribunal Supremo ha considerado que la buena fe no puede inferirse exclusivamente de la protección privilegiada que proporciona la inscripción registral, sino que debe valorarse a partir de las circunstancias concretas del acto de transmisión y de inscripción[220], lo que supone, como destacaba la STC 266/2015, de 14 de diciembre, que el tercero debe poder ser oído como parte civil en la causa penal a los efectos de determinar si es de buena fe y, en su caso, de garantizar su defensa frente a la adopción de cualquier medida (cautelar o definitiva) que pueda afectar a su derecho.

Este Acuerdo soluciona el problema de la llamada al tercero no responsable exclusivamente respecto de bienes susceptibles

---

rantizar el derecho de audiencia de los propietarios (adquirentes de buena fe) afectados por órdenes de demolición dictadas en el ámbito administrativo y confirmadas por los tribunales de lo contencioso-administrativo, lo que, sin duda, resulta de análoga aplicación a los supuestos que aquí se comentan. Por ser la más reciente, destaca especialmente la STEDH de 14 de junio de 2022 (Cruz García c. España), comentada en Sánchez Lamelas, Ana, "Las órdenes de derribo y el derecho de defensa de los terceros adquirentes de buena fe a la luz de la jurisprudencia del TEDH. Sentencias del TEDH de 14 de junio de 2022 (Asunto nº 43604/18, Cruz García c. España) y de 10 de enero de 2017 (Asunto nº 39433/2011, Aparicio Navarro c. España)", *Revista de Estudios Europeos*, núm. 82, 2023, pp. 262-284.

220 STS 759/2018, de 24 de mayo de 2019.

de inscripción registral. En estos casos, si la buena fe del tercero queda suficientemente acreditada en instrucción, no será preciso que sea llamado como parte porque no podrá acordarse la nulidad, pero si subsisten dudas sobre ello debe ser llamado y se le aplicará el régimen de intervención que prevén los arts. 803 ter a) y ss LECrim. Entiende Gascón Inchausti que debe operar la protección que ofrece el registro a los terceros de buena fe (como sería el caso del tercero acreedor hipotecario) y, por tanto, no debería afectarles la confiscación en la que se resuelve el decomiso[221], pero permanece intacta la necesidad de acreditar que su intervención fue de buena fe.

El segundo supuesto se refiere a los terceros adquirentes de bienes no susceptibles de inscripción, que carecen de protección alguna, lo que supone que, de no resultar exentos de responsabilidad en instrucción, deberán ser designados como responsables civiles en los escritos de acusación (salvo, claro está, que puedan asumir algún tipo de responsabilidad penal y deban, por tanto, ser incluidos en el auto de procedimiento abreviado previa adquisición de la condición de investigados e información de los hechos que se les atribuyan).

Sin duda, los terceros afectados (ya sean personas físicas o personas jurídicas) deben poder ser oídos en relación con las medidas que se acuerden en el procedimiento penal, lo que va a condicionar el régimen legal de su llamamiento como parte pasiva. Por ello, tanto la adopción de las medidas cautelares que afecten a los bienes de los que dispongan o sobre los que

---

[221] Gascón Inchausti, Fernando, "Las nuevas herramientas…", cit., p. 18. Siendo tercero de mala fe, el autor indica que cabría pensar en dos opciones: considerar que su derecho es decomisable, por haber contribuido a obstaculizar el decomiso (art. 127 quater CP) o considerar que el decomiso del bien supone la cancelación de la hipoteca en atención a lo dispuesto en el art. 803 ter a) 1 apartado b) LECrim.

tengan un derecho de uso o disfrute como el acuerdo del decomiso de estos deberán llevarse a cabo con escrupuloso respeto del derecho de audiencia, en los mismos términos que al responsable civil[222], dado que su régimen de intervención procesal debe ser el mismo que el de este[223].

De lo anterior se desprende que su citación al juicio oral -si no se precisa antes porque se acuerden medidas cautelares sobre sus bienes- es imprescindible[224], sin perjuicio de que su incomparecencia provoque su declaración de rebeldía (como parte civil) y la continuación del procedimiento (art. 803 ter d) LECrim). Esta llamada al proceso puede hacerse, como se

---

222 Gascón Inchausti, Fernando, "Las nuevas herramientas...", cit., p. 19, parágrafo 28. En el mismo sentido, Farto Pay, Tomás, "Terceros afectados por el decomiso y su intervención en el proceso penal", Bujosa Vadell, Lorenzo Mateo, *Derecho procesal. Retos y transformaciones*, Atelier, Barcelona, 2021, p. 185.

223 Es la solución por la que optó el Anteproyecto de LECrim de 2020 en su art. 138.1, que se remite al régimen del responsable civil, previsto en el art. 131.

224 Rodríguez-García, Nicolás y Orsi, Omar Gabriel, "La protección reforzada en España de los terceros afectados por el decomiso de bienes ilícitos", *Revista Brasileira de Direito Processual Penal*, vol. 6, núm. 2, mayo-agosto de 2020, pág. 558. Señalan los autores que los terceros afectados, una vez reúnan la condición de parte procesal, ostentan los mismos derechos que el resto de partes pasivas y, por tanto, también el derecho a no declarar contra sí mismo e incluso el derecho a la última palabra (p. 560). Sin embargo, dado que no se le exige responsabilidad penal alguna, no parece posible extenderle semejante estatuto, sino que el suyo debe acercarse más bien al del responsable civil (como, según se ha mencionado, establecía el Anteproyecto de 2020), ajeno a tales derechos (dejando a salvo, claro está, los supuestos en los que existan indicios de que ha podido actuar conjuntamente con las personas encausadas como responsables penales, casos en los que dejaría de ser tercero para adquirir la condición de investigado). Fuera de estos, su tratamiento y estatuto procesal no puede ser más beneficioso que el del responsable civil.

indica en el art. 803 ter a) 1 LECrim, de oficio o a instancia de parte, y nada impide que el tercero pueda solicitar su propia intervención procesal[225].

En definitiva, no se trata tanto del momento a partir del cual puede producirse la intervención del tercero no responsable afectado, sino de conocer el momento preclusivo de su intervención, por cuanto la falta de la debida contradicción determinará la nulidad de las actuaciones que afecten a los bienes del tercero. Y ese momento preclusivo, por analogía con el responsable civil, debe ser el escrito de acusación (si no se han acordado antes medidas cautelares sobre los bienes, en cuyo caso, su intervención deberá producirse en el momento de su adopción), de modo que el tercero pueda conocer todos los extremos de la pretensión que afecten a sus derechos y defenderse de ellos con plena contradicción. No obstante, debe recordarse que, dada su condición de parte civil, su defensa deberá circunscribirse exclusivamente a sus intereses, tal y como recuerdan los arts. 803 ter b) 1 y 803 ter c) LECrim.

En efecto, en modo alguno podría el tercero contribuir a la defensa del responsable penal, pero no impiden estos preceptos que pueda coadyuvar en la defensa de los derechos de otros sujetos, como el partícipe a título lucrativo o el responsable civil si sus intereses convergen sobre el mismo bien. Gascón Inchausti discute el limitado alcance de su intervención, que debería extenderse, en su opinión, a la responsabilidad penal del acusado, por cuanto de ella deriva el decomiso mismo. Sin embargo, aunque comparto plenamente su postura, lo cierto es que ese paso debiera estar precedido de una profunda revisión de la doctrina de la Sala Segunda sobre el limitado alcance del ejercicio del derecho de defensa por parte del responsable

---

225 Gascón Inchausti, Fernando, "Las nuevas herramientas...", cit., p. 19. Posición que se comparte, dado el carácter supletorio con el que debe entenderse aplicable la LEC.

civil, cuyo régimen ha influido, sin duda, en la redacción de tales preceptos y en esa estrecha línea de defensa que se abre para el tercero afectado no responsable[226].

2.2.4. La intervención de las compañías aseguradoras por las cantidades cubiertas por la póliza de un seguro obligatorio

Por último, sobre la designación de los posibles responsables civiles, es preciso tener en cuenta que, tal y como se prevé en el ámbito del procedimiento abreviado, en el particular caso de las responsabilidades civiles cubiertas por un seguro obligatorio, el art. 764.3 LECrim priva expresamente de la condición de parte a las compañías aseguradoras, sin perjuicio del derecho de defensa que pueden ejercitar en la correspondiente pieza de responsabilidad civil respecto de las cantidades que sean llamadas a afianzar[227]. Tal derecho de defensa se circunscribe a la obtención de copias de atestados e informes obrantes en la causa con el fin de poder hacer frente a tales obligaciones (por ejemplo, en los casos a los que se refiere el art. 765 LECrim) y oponerse a las resoluciones que las acuerden, pero sin que ello suponga conferirle la condición de parte[228]. Una muy limitada intervención en instrucción que el Anteproyecto de LECrim de 2020 mantuvo en su art. 132.1 alineándose de este modo con lo que es la postura mayoritaria en la jurisprudencia.

---

226 Y que mantiene el Anteproyecto de 2020 al limitar su intervención en instrucción a los supuestos de adopción de medidas cautelares patrimoniales que les afecten.

227 Sobre las limitadas facultades de las compañías en el proceso penal véase Pérez Daudí, Vicente, "Las posibilidades procesales de las compañías de seguros como responsable civil en el proceso penal", *Revista Vasca de Derecho Procesal y Arbitraje*, vol. 2, 2016.

228 Ortega Lorente, José Manuel, Camarena Grau, Salvador, Hernández García, Javier y Gimeno Jubero, Miguel Ángel, "Bloque 1. La fase intermedia…", cit., p. 30.

Sobre ello, debe tenerse en cuenta que si el contenido de la póliza de seguro no es conocido hasta el trámite de cuestiones previas (porque el encausado no haya aportado tal información o las averiguaciones realizadas no hayan permitido conocerlo), la acusación podría solicitar una suspensión del acto de juicio a los efectos de que la compañía aseguradora sea traída al proceso, y ello con base en la causa de suspensión prevista en el art. 746.6 LECrim. En tal caso, sería necesario articular un cauce para permitir que formule alegaciones y pueda proponer pruebas relativas al alcance de su responsabilidad, lo que habrá de tenerse en cuenta de cara a establecer un nuevo señalamiento de juicio[229].

3. DELIMITACIÓN FÁCTICA DE LA FUTURA ACUSACIÓN: LOS HECHOS PUNIBLES

3.1. La individualización de los hechos punibles como parte del proceso de cristalización progresiva del objeto procesal

Como se ha indicado en diversas ocasiones a lo largo de este trabajo, el auto transformador delimita el objeto procesal (objetiva y subjetivamente), tal y como lo hace el auto de procesamiento en el procedimiento ordinario, de manera que los escritos de acusación deben ceñirse al marco fáctico resultante de la labor de reconstrucción que realiza el instructor en dicho auto a partir de las diligencias desarrolladas en la fase de investigación. Es el segundo de los presupuestos (precedido de la delimitación del sujeto pasivo) sobre el que se asienta la

---

[229] Sobre el derecho a ser oído de las compañías de seguros en su condición de responsables civiles directos o subsidiarios véase la STS 298/2021, de 8 de abril, y las sentencias que en ella se citan.

función de control de la acusación que se lleva a cabo por el juez instructor, y sobre él cabe realizar algunas consideraciones que permitan entender adecuadamente el alcance de esta importante resolución.

La primera idea es que no es exigible en modo alguno una correspondencia simétrica entre la resolución judicial de transformación —o del auto de procesamiento— y los escritos de las acusaciones. Tal simetría supondría atribuir al instructor la facultad de anticipar la configuración de la acusación, lo que, sin duda, y como ya se ha destacado, excede de sus funciones. Garantizar el derecho de defensa es la principal razón que justifica la necesidad de articular un trámite procesal —que se resuelve en esta resolución—por el que el futuro acusado pueda conocer los contornos de la que, con mucha seguridad, será la acusación que se dirigirá frente a él[230], para lo que el art. 775 LECrim juega un rol definitivo: tal acusación no podrá versar sobre hechos sobre los que el encausado no haya tenido conocimiento durante la instrucción, de tal manera que el auto del art. 779.1.4ª LECrim deberá ajustarse a los hechos que deriven de las diligencias previas y de los que el investigado haya sido debidamente informado en los términos del citado artículo[231]. El art. 775 LECrim, que complementa el art. 779.1.4ª LECrim, cumple, por tanto, una doble función: de un lado, la de garantizar el derecho a la información del investigado y, por tanto, posibilitar la eficacia de su defensa en instrucción, asegurando su sometimiento al proceso, el conocimiento de su condición de investigado y el alcance los hechos que se le imputan[232]; de

---

230 STS 647/2021, de 19 de julio.

231 La información proporcionada al investigado no sólo ofrece un marco dentro del que ha de situarse el auto del art. 779.1.4ª LECrim, sino que determina también los límites de la actividad investigadora que puede desarrollarse en la instrucción.

232 Una comparecencia con análogos fines prevé el Anteproyecto de LECrim de 2020 en los arts. 557 y ss., que se analiza con detalle en

otro lado, cumple la función de delimitar objetiva y subjetivamente el objeto del proceso[233], a modo de actuación precursora del futuro auto de transformación de las diligencias previas en procedimiento abreviado. De ahí que este auto no construya, *per se*, la hipótesis acusatoria[234], sino que delimite *ex ante* la hipótesis que articularán, a partir de él, las acusaciones. Estas pueden introducir matices, precisiones o narraciones diferentes, pero se encuentran limitadas por el marco fijado por el auto de procedimiento abreviado, que delimita los contornos del objeto de acusación[235].

Fuentes Soriano, Olga, "La primera comparecencia de la persona investigada", en Jiménez Conde, Fernando y Fuentes Soriano, Olga (Dir.), *Reflexiones en torno al Anteproyecto de Ley de Enjuiciamiento Criminal*, Tirant lo Blanch, Valencia, 2022, pp. 325 y ss.

233 Hernández García, Javier, "El estatuto del imputado…", cit., p. 143.

234 En sentido contrario, Quintero Jiménez, Camilo Alberto, *Fase intermedia y control…*, cit., p. 261.

235 SSTS 277/2021, de 25 de marzo y 869/2022, de 4 de noviembre. Ambas resoluciones son un tanto ambiguas, porque después de declarar que el auto de transformación no es un acto judicial de imputación, destacan que las precisiones que las partes introducen en los escritos de acusación tienen por objeto permitir "conocer con más detalle el objeto de acusación", lo que debe entenderse, en mi opinión, en el sentido de considerar que el auto de procedimiento abreviado recoge una referencia genérica a los hechos punibles, que deben ser concretados por la acusación y pasados por el tamiz jurídico al decantarse por una o varias calificaciones jurídicas; en definitiva, que el auto forma parte del proceso de delimitación progresiva del objeto procesal, pero que no integra la acusación propiamente dicha, competencia exclusiva de las acusaciones. Por ello, las propias resoluciones destacan que el hecho de que la apertura del juicio oral precise de la petición de parte muestra que el auto transformador no es parte integrante de la acusación.

De este modo, la inclusión de hechos punibles en el auto de transformación[236] sobre los que el investigado no haya sido informado durante la instrucción, supone una quiebra del derecho de defensa, por cuanto tal inclusión abriría la puerta a la formulación de una acusación que, siendo coherente con tal auto, se encontraría extramuros de lo dispuesto por el art. 775 LECrim y, por tanto, le privaría del efectivo ejercicio del derecho de defensa. De ahí que deba concluirse que es el juego combinado de ambos preceptos (779.1.4ª y 775 LECrim) el que marca los contornos más claros de este primer momento delimitador del objeto procesal[237]. Una relación inescindible entre ambos que se originó con la Ley 38/2002, de 24 de octubre, que trasladó a la LECrim los postulados que sustentaron

---

236 Hechos punibles que, en palabras de Hernández García, cuenten con una "dimensión típica autónoma". Ortega Lorente, José Manuel, Camarena Grau, Salvador, Hernández García, Javier y Gimeno Jubero, Miguel Ángel, "Bloque 1. La fase intermedia...", cit., p. 20. De esta manera, la información requerida por el art. 775 LECrim y los límites a su posterior inclusión en el auto de transformación en procedimiento abreviado sólo afectaría a los hechos que pudieran integrar una imputación distinta (o más grave) a la que ha venido conformando el objeto procesal durante la instrucción y de la que el investigado fue debidamente ilustrado.

237 SSTS 32/2024, de 11 de enero y 146/2023, de 2 de marzo. En este sentido, desde una perspectiva muy crítica con la sentencia que analiza, se pronuncia también Navarro Massip, Jorge, "El auto de incoación de procedimiento abreviado: la determinación de los hechos punibles, una exigencia sin garantías. A propósito de la Sentencia del Tribunal Supremo (Sala de lo Penal, Sección1ª) núm. 251/2012 de 4 abril", *Revista Aranzadi doctrinal*, 2012, núm. 5, pp. 2 y 3. En efecto, aunque la Sala Segunda, en tal resolución, califica el auto de transformación de mero despropósito, por cuanto no refleja hecho alguno, desestima el motivo invocado al considerar que el conocimiento de los hechos se produjo con los escritos de acusación y el auto de apertura del juicio, por lo que no se produjo quiebra alguna del derecho de defensa.

la STC 186/1990, de 15 de noviembre[238]. Hasta entonces, la literalidad del art. 790.1 LECrim, que establecía el contenido original del auto transformador, llevó a considerar que no era preciso que incluyera los hechos punibles, dado que podía considerarse que estos se desprendían de lo actuado en la fase de instrucción[239]. Fue en esa misma reforma de 2002 —apuntalada definitivamente por las dos operadas en 2015— la que estableció expresamente en el art. 775 LECrim la necesidad de que el acusado fuera informado personalmente de los hechos punibles y, tratándose de modificaciones relevantes de los mismos, también mediante una exposición sucinta de tales hechos dirigida a su letrado. De ahí que pueda concluirse que la reforma de 2002 produjo una mutación sustancial en el contenido y, por tanto, en la finalidad del auto de incoación del procedimiento abreviado, toda vez que, frente a su anterior regulación en el art. 790 LECrim, que lo configuraba como una resolución de mero impulso procesal, vino a exigir la concreción de los hechos punibles, lo que supuso su consideración de resolución directamente dirigida a garantizar el derecho de defensa en línea con la lectura que el Tribunal Constitucional había hecho del precepto[240].

---

238 Vid. al respecto la STS 146/2023, de 2 de marzo.

239 Así lo confirma la STS 1/1998, de 12 de enero, que consideró suficiente garantía del derecho de defensa para el acusado el conocimiento de los hechos plasmados en los escritos de acusación, sin necesidad de que los mismos fueran reflejados en el auto transformador: "El conocimiento de la acusación se garantiza inicialmente mediante las conclusiones provisionales y, una vez finalizada la actividad probatoria en el acto del juicio oral, mediante las definitivas en las que, naturalmente, se pueden introducir las modificaciones fácticas y jurídicas demandadas por aquella actividad, siempre que se respete la identidad esencial de los hechos que han constituido el objeto del proceso".

240 Sobre la evolución normativa y jurisprudencial del auto de transformación de las diligencias previas en procedimiento abreviado

La exigencia del art. 775 LECrim no encierra un deber de indagación judicial más allá del deber informativo que complementa lo dispuesto en el art. 118 LECrim. Es decir, como ha destacado Hernández García, la necesaria instrucción judicial sobre los hechos investigados a la que alude tal precepto no implica, *per se,* que el instructor lleve a cabo también el interrogatorio del investigado en dicha comparecencia judicial[241], pero si hace coincidir ambos actos procesales (el informativo, garante del derecho de defensa, y el de naturaleza instructora, dirigido a obtener información), el art. 775 LECrim señala el derecho a la debida asistencia letrada, antes y después de tal interrogatorio. De esta manera —prosigue Hernández García—, el juez instructor tiene la obligación de proporcionarle al investigado la información precisa sobre los hechos que se le atribuyen (de ahí que pueda considerarse que esa comparecencia encierra un juicio de imputación), pero en modo alguno es exigible que tal momento procesal se torne en un acto investigador, puesto que el investigado debe poder ser oído en relación con los hechos objeto de la causa, pero ello no conlleva la necesidad de que tal comparecencia se configure, además de como juicio de imputación, como un interrogatorio judicial con fines incriminatorios, por cuanto la LECrim no lo exige[242].

---

puede verse Quintero Jiménez, Camilo Alberto, *Fase intermedia y control*...cit., pp. 33 y ss.

241 Tal y como sucede con la comparecencia para el traslado de cargos regulada en el art. 557.2 *in fine* del Anteproyecto de LECrim de 2020: "Finalmente, el fiscal preguntará a la persona investigada si desea prestar declaración en ese momento, procediéndose, en su caso, a la práctica de esta diligencia en la forma prevenida en el capítulo III del título I del libro III de esta ley". De acuerdo con este precepto, la finalidad principal de la comparecencia es el traslado de cargos, y la declaración del investigado queda a su elección.

242 Se trata, pues, de una comparecencia orientada a garantizar el derecho de defensa, y sólo cuando no se proporciona tal información (y no cuando se omite el interrogatorio judicial) se impide que pros-

En consecuencia, la disconformidad de alguna de las partes con los hechos (o con las personas designadas como responsables) deberá canalizarse mediante el correspondiente recurso de reforma y/o de apelación (art. 766 LECrim) a los efectos

---

pere la acusación. Sobre esta cuestión, con detalle, véase Ortega Lorente, José Manuel, Camarena Grau, Salvador, Hernández García, Javier y Gimeno Jubero, Miguel Ángel, "Bloque 1. La fase intermedia...", cit., pp. 17-18. Que el art. 775 LECrim prevea la toma de declaración al tiempo de la información de la imputación no supone que necesariamente deban coincidir ambas actuaciones, pero si la declaración del investigado se realiza en un momento posterior, lógicamente, se le deberá informar nuevamente de sus derechos. Hernández García, Javier, "El estatuto del imputado...", cit., p. 169. El vínculo de esta comparecencia con el derecho a ser informado de la imputación y con el derecho de defensa, es innegable, y encuentra su precedente en las sentencias del Tribunal Constitucional que advirtieron antes de la reforma del art. 775 por la Ley 38/2002, de 24 de octubre, de la necesidad de ser oído en la fase de instrucción como presupuesto de la acusación (SSTC 135/1989, de 19 de julio, 186/1990, de 15 de noviembre, 128/1993, de 19 de abril, 129/1993, de 19 de abril, 152/1993, de 3 de mayo y 273/1993, de 20 de septiembre, entre las más destacadas; más recientemente, se hacen eco de ellas las SSTS 126/2011, de 18 de julio y 277/2015, de 3 de junio). Concretamente, todas ellas inciden en la triple exigencia derivada de la relación entre el derecho de defensa y la necesaria participación del investigado antes de ser formalmente acusado: (i) nadie puede ser acusado sin haber sido declarado judicialmente imputado (hoy investigado); (ii) nadie puede ser acusado sin haber sido oído judicialmente como investigado en la fase de instrucción y (iii) no es admisible que se le tome declaración al investigado como testigo cuando de las actuaciones se desprende la existencia de indicios de criminalidad en su contra y ello suponga una efectiva privación del derecho de defensa, lo que no se produce si no es nuevamente oído con ocasión de cambios en la instrucción que no sean sustanciales (esto último, en particular, se destaca en la STS 277/2015, de 3 de junio).

de acomodar su contenido a lo que se estime resultado de las investigaciones[243].

Y si es el instructor quien entiende que se produce una asimetría sustancial entre los hechos incorporados al auto de procedimiento abreviado y los recogidos en la conclusión primera de los escritos de acusación, dispone de la oportunidad —como después se verá— que le confiere el art. 783 LECrim de efectuar un control sobre las acusaciones formuladas, de modo que puede acordar el sobreseimiento por las causas previstas en los arts. 637.2 y 641.2 LECrim respecto de aquellos hechos que entienda que exceden de los resultantes de la investigación o que son atípicos en la forma en la que se ha recogido en los escritos de acusación. Una facultad que, no obstante, es infrautilizada en la práctica y que, bien articulada, podría contribuir a evitar que llegaran a juicio oral causas penales basadas en acusaciones improcedentes[244]. Pero una facultad que, sin embargo, se le atribuye en exclusiva, pues como recuerda la STS 211/2020, de 21 de mayo, el tribunal de enjuiciamiento no puede indagar nuevamente sobre cuestiones que fueron

---

243 Navarro Massip, Jorge, "El procedimiento abreviado y las garantías...", cit., p. 2. Del mismo autor, "El auto de incoación...", cit., p. 6. Escobar Jiménez, Rafael, "Aspectos de la fase intermedia...", cit., p. 6.

244 "Es necesario siempre, junto a la existencia de esa acusación, una decisión de un órgano judicial que estime la existencia de indicios suficientes para entrar en el juicio oral. Sin esa decisión de un órgano judicial (juicio de acusación), no se puede entrar en el juicio oral, con lo que se intenta evitar el sometimiento a acusaciones injustificadas. Y el sistema es saludable y plausible (...). Siempre es un órgano judicial quien decide si existe base o no para entrar en el juicio: no basta la existencia de una acusación". Del Moral García, A., "Procedimiento abreviado...", cit., p. 189. Sin embargo, hay quien ha cuestionado esta facultad por suponer un juicio de fondo sobre la imputación que el instructor realiza con total desvinculación de las acusaciones formuladas. Es el caso de Ortego Pérez, Francisco, "Reflexiones...", cit., p. 14.

resueltas y desestimadas en el recurso de apelación frente al auto de transformación (en el caso de autos, la insuficiencia de indicios), aunque de ello no cabe concluir —como veremos en el capítulo siguiente— que no le sea posible examinar motivos para estimar que el escrito de acusación se basa en un relato de hechos manifiestamente deficiente que sólo puede conducir a la absolución.

Retomando las ideas manifestadas al inicio de este apartado, y a modo de recapitulación, es preciso poner de relieve que el relato de hechos sostenido por las acusaciones no requiere una acomodación milimétrica a los hechos punibles del auto de transformación o del auto de procesamiento, sino que estos marcan los límites de los hechos y las personas que pueden ser objeto de imputación, pero sin impedir que las acusaciones puedan excluir de sus escritos alguno de los hechos reflejados en el auto de transformación o de sobreseimiento o puedan finalmente no sostener la acusación frente a alguna o algunas de las personas acusadas. Y si ello es así es porque, aunque marca los límites de la acusación, ni el auto de procedimiento abreviado ni el auto de procesamiento preconstituyen los términos concretos de la acusación[245]. No cabe duda de que debe existir

---

245 STS 825/2021, de 28 de octubre: "no puede pretenderse una exacta correlación entre el auto de procesamiento y el escrito de calificaciones provisionales de la acusación, porque ni tan siquiera este es el definitivo que será la base de la sentencia, sino, como aquí ha ocurrido, lo es con el escrito de calificación definitiva que también recoge la petición de condena por este delito del art.189.1 a) CP por el que se le condena. El auto de procesamiento representa la resolución por lo que el Juez de instrucción formaliza la inculpación y delimita objetiva y subjetivamente el proceso. Lo hace a través de una decisión motivada que determina la legitimación pasiva, al convertirse en un requisito previo de la acusación, hasta el punto de que nadie puede ser acusado sin haber sido previamente procesado (STS 78/2016, de 10 de febrero). Ni el auto de procesamiento, ni el de transformación, tienen la finalidad de definir inflexiblemente el

identidad en cuanto a los hechos que pueden llegar a ser objeto de acusación (límites objetivos) y en cuanto a las personas que pueden llegar a ser acusadas (límites subjetivos). Y si bien estos últimos resultan ser infranqueables, no sucede lo mismo —o no en los mismos términos— con los límites objetivos, sobre los que hay cierta flexibilidad, puesto que el Tribunal Supremo autoriza que se realicen algunas modulaciones, aclaraciones o complementos que los distingan de los incluidos en el auto transformador o en el auto de procesamiento. Como ya se ha señalado, la función del auto no es la de acusar, sino la de establecer el marco dentro del cual pueda ejercitarse la acción penal sin que se produzca infracción del derecho de defensa. Es la razón por la que es habitual que el auto de procedimiento abreviado o el de procesamiento reflejen hechos genéricos que son completados y matizados por los escritos de acusación, lo que resulta perfectamente admisible siempre que se trate de aspectos secundarios y no supongan el sostenimiento de una nueva o distinta pretensión penal que no pueda subsumirse —sin forzadas o torcidas lecturas— en el relato de hechos del auto[246]. Y lo mismo sucede, como también se verá, con la co-

---

objeto del proceso -constituido por las pretensiones de la acusación y defensa- sino conferir al acusado ciertos derechos a partir de la determinación de su legitimación pasiva (SSTS de 23 de febrero de 2004 y 18 de octubre de 2005). Pero la sentencia se conecta en mor del acusatorio con el escrito de calificación definitiva, no con el provisional, y tampoco con el dictado del auto de procesamiento. Por ello, no existe una subordinación indefectible del auto de procesamiento a la modificación de las conclusiones provisionales al elevarlas a definitivas, ya que por medio se cruza el escrito de calificación provisional y la modificación de este escrito al elevarlo a definitivas una vez practicada la prueba en el juicio oral, con las posibilidades que tiene la defensa, en su caso, de instar la suspensión o proponer prueba al respecto".

246 STS 133/2018, de 20 de marzo. En el mismo sentido, STS 153/2021, de 19 de febrero.

rrelación exigible (esta vez inversa) entre los hechos punibles descritos en los escritos de acusación y los reflejados en la sentencia, sin que la inclusión de hechos secundarios o "corroboradores" de los hechos punibles suponga una extralimitación del tribunal que vulnere el principio acusatorio o el derecho defensa si tales hechos emergen del debate contradictorio que ha tenido lugar en el juicio oral y no alteran sustancialmente la pretensión penal. Se trata, pues, de un difícil equilibrio de identidades fácticas que, en la medida que pone en riesgo el derecho de defensa y, en este último caso, el principio acusatorio, debe ser cuidadosamente examinado caso a caso.

Dado que no es exigible la adecuación milimétrica de los escritos de acusación al auto de transformación, las acusaciones pueden incluir hechos que, sin formar parte estrictamente del objeto procesal, contribuyan a acreditar, matizar o modular los esenciales que sí lo conforman, en la medida en que supongan una mayor concreción respecto de los incluidos en el auto transformador. Una adecuación, por tanto, que debe ajustarse, como gráficamente ha señalado la Sala Segunda, a una técnica "impresionista", sin que pueda exigirse una identidad *naïf*[247]; se exige una cierta congruencia, pero "no un seguidis-

---

247 STS 724/2020, de 2 de febrero de 2021. En ello profundiza la STS 277/2021, de 25 de marzo: "El auto delimita, por tanto, un marco de referencia con una función esencialmente pragmática en garantía de que la persona inculpada no pueda verse acusada de forma sorpresiva por hechos punibles que no fueron objeto de previa imputación y respecto de los que, por ello, no pudo defenderse en fase previa. Pero, insistimos, no tiene como función institucional ni la de fijar los términos normativos de la acusación ni tampoco de los concretos extremos del relato fáctico sobre los que se asiente la pretensión acusatoria. Será, por tanto, a partir de la fase preparatoria, con la irrupción del principio acusatorio, cuando las partes que ostentan la legitimación activa asumen la responsabilidad de formular acusación provisional respetando el marco de *referencia delimitado en la fase previa. Lo que resulta del todo compatible con la incorporación de*

mo absoluto" ni una "vinculación fuerte o rígida"[248]. O, como gráficamente se indica en la STS 76/2016, de 19 de febrero, no cabe identificar *vinculación* objetiva con *identidad* objetiva o incondicional, sino que tal vinculación consiste en una correlación entre los aspectos fácticos centrales[249] incluidos en la resolución judicial y los asumidos en el escrito de acusación. En definitiva, las discrepancias que se produzcan entre el auto de transformación de las diligencias previas en procedimiento abreviado o el auto de procesamiento, los escritos de acusación o de calificación provisional, el auto de apertura del juicio oral y los escritos de calificación definitivos pueden ser fuente de indefensión, pero no siempre la causan. Para concluir que tales discrepancias cercenan el derecho del acusado a defenderse de los hechos que se le atribuyen y por los que puede ser condenado es preciso atender al conocimiento que el encausado haya podido tener de la evolución y el contenido de la pretensión acusatoria[250].

De ahí que sea posible, por ejemplo, detallar en los escritos de acusación los hechos de los que se desprende la con-

---

precisiones, formulas narrativas o estructuras secuenciales diferentes que, sin superar el alcance comunicativo del marco fijado en el auto de prosecución, permitan conocer con más detalle el objeto de acusación. *La delimitación del objeto inculpatorio contenida en el auto* del *artículo 779.1. 4º LECrim permitirá la prosecución del proceso por los trámites preparatorios del juicio oral. Pero, insistimos, dicha delimitación fáctica y normativa no servirá para ordenar la apertura del juicio oral si las acusaciones, mediante los correspondientes escritos de calificación, no precisan cada uno de los hechos justiciables que consideran deben ser objeto de acusación, concretando su relevancia normativa*". En idéntico sentido, véase también la STS 825/2021, de 28 de octubre.

248 STS 146/2023, de 2 de marzo.

249 "Presupuestos fácticos nucleares" en la STS 724/2022, de 14 de julio.

250 STS 594/2013, de 4 de julio, que califica tales discrepancias como mera "potencial fuente de indefensión para la parte acusada".

creta participación del acusado en una organización delictiva cuando el auto transformador se ha limitado a reflejar sucintamente esta participación o integración, sin mencionar el grado de participación, dado que se trata de una valoración jurídica de los hechos[251]. O que la acusación aprecie una circunstancia agravante no prevista específicamente en el auto o la concurrencia de un tipo penal más grave del que haya podido anunciarse en este, siempre que tales decisiones acusatorias no impliquen la introducción de hechos de los que el investigado no haya sido informado, bien en la comparecencia del art. 775 LECrim o análoga (como es el caso de la prevista en el art. 25 LOTJ), bien en el auto transformador o análogo. No podría ser de otro modo, por cuanto el objeto de prueba será siempre más amplio que el objeto procesal, en tanto aquel se encuentra integrado por hechos que exceden de este pero que deben ser sometidos a contradicción en el acto del juicio. Y no sólo por eso, sino también (y fundamentalmente) porque el juicio de admisibilidad de la prueba que debe realizarse a partir de la que sea propuesta en los escritos de acusación y defensa únicamente puede realizarse en atención a los hechos que, excediendo de los que conforman el objeto procesal, integran las hipótesis de cargo y de descargo, es decir, en atención a los que permiten entender en su integridad ambas descripciones fácticas.

Particularmente expresiva de esta idea es la STS 211/2020, de 21 de mayo, que desarrolla con detalle cómo se produce en cada modalidad procedimental la clásica "cristalización progresiva" del objeto procesal y en qué modo ello condiciona

[251] La condena del acusado como autor mediato no supone infracción alguna del principio acusatorio cuando los hechos determinantes de tal grado de participación han sido individualizados en el auto de transformación, puesto que únicamente se trata de una valoración jurídica (STS 798/2017, de 11 de diciembre).

el contenido del escrito de acusación. Destaca la resolución, además, el *leitmotiv* de la coherencia y adecuación de este a las resoluciones judiciales que se analizan, que no es otro que garantizar el ejercicio efectivo del derecho de defensa, apuntando de nuevo a la inescindible relación entre el auto transformador y la declaración informada del investigado exigida por el art. 775 LECrim, hasta el punto de declarar que no es preciso que el auto refleje los indicios de cargo si el investigado ha sido debidamente informado de los mismos, resaltando con ello una vez más la necesidad de hacer una lectura conjunta del acto informativo del art. 775 LECrim y de la resolución del art. 779.1.4ª LECrim.

En el mismo sentido, con idéntico énfasis en esa idea de la formación gradual del objeto del proceso, se pronuncia la STS 41/2021, de 21 de enero: "No es lo mismo el grado de precisión que debe exigirse en el arranque del proceso investigador con el que debe reclamarse al momento en que se formula acusación. Pues en una secuencia como en otra pueden darse condiciones informativas diferentes e identificarse fines defensivos también diferenciados. Ello justifica, por ejemplo, que si con motivo de la investigación instructora se identificaran hechos presuntos conexos o circunstancias agravatorias diferentes de las que inicialmente fueron objeto de imputación en la primera comparecencia del artículo 775 LECrim el juez de instrucción venga obligado a actualizar la información inculpatoria (…). Lo que explica, también, la referencia que del artículo 775 se contiene en el artículo 779, ambos, LECrim, en el sentido que el objeto de inculpación que se delimita en la decisión de cierre de la fase instructora y que servirá de base a la acusación no podrá incluir más hechos justiciables que los que fueron objeto de previa y precisa imputación. Y, explica, finalmente, que solo por la vía de las conclusiones definitivas en los términos y con el alcance previsto en el artículo 788 LECrim puedan apreciarse en sentencia calificaciones novedosas o circunstancias agravatorias no tomadas en cuenta en las conclusiones provisionales".

Sobre el particular, resulta muy interesante también la STS 326/2013, de 1 de abril, que desestima el recurso de casación en un supuesto en el que se omitieron hechos relevantes en el auto de procedimiento abreviado (la posesión de cocaína) pero la defensa tuvo conocimiento de ellos tanto en sede instructora como mediante el escrito de acusación. Concluye la Sala en este caso que, de haberse impugnado tal auto, debiera haber motivado la retroacción de actuaciones para la inclusión de esos hechos en el auto transformador, pero dado que tuvo conocimiento de los hechos y pudo defenderse de ellos debidamente, no se produce indefensión y, por tanto, el planteamiento de la irregularidad del auto por tal motivo en sede casacional resulta extemporáneo.

El juego combinado del auto transformador con la preceptiva declaración informada del art. 775 LECrim ha permitido que la jurisprudencia haya relativizado las exigencias de acomodación de los escritos de calificación al auto de transformación (o al auto de procesamiento), en la medida en que se ha considerado que la concreta ausencia de un hecho en tal resolución no causa indefensión cuando el acusado ha tenido conocimiento de este durante la fase instructora y la acusación lo recoge en el posterior escrito de calificación[252]. En otras palabras, no cabe entender que la acusación se extralimita en el ejercicio de la acción penal o que desborda los límites del auto de procedimiento abreviado cuando se acusa por hechos no explicitados en tal resolución, siempre que los mismos hayan sido objeto de investigación y hayan sido debidamente cono-

---

[252] Se hacen eco de este punto, por ejemplo, las SSTS de 12 de junio de 1990, 20 de mayo de 1991, 30 de junio de 1992, 25/2005, de 25 de enero, 1070/2004, de 24 de septiembre o, más recientemente, la STS 1016/2022, de 18 de enero y la STS 29/2025, de 22 de enero.

cidos por el acusado. De este modo, no puede sostenerse que en estos casos se acuse por hechos sobreseídos implícitamente al no ser descritos en el auto de procedimiento abreviado o de procesamiento, pues el acusado fue informado de ellos en instrucción y eso le ha permitido ejercitar eficazmente su defensa[253]. En cualquier caso, no parece que sea lo deseable que se generalice la práctica de remitir a la defensa a una lectura conjunta del auto de procedimiento abreviado con toda la información proporcionada en instrucción, toda vez que se convierte en una suerte de motivación por remisión que, especialmente en causas complejas, puede dificultar gravemente la identificación de los hechos punibles.

Un análisis detallado de esta cuestión pone de manifiesto que son notables los esfuerzos del Tribunal Supremo por definir las relaciones entre la resolución de acomodación al procedimiento abreviado y los escritos de acusación, pero su efecto es limitado, por cuanto no permiten eludir el examen de las particulares circunstancias de cada caso. Sólo analizando el contenido fáctico y jurídico de las acusaciones formuladas es posible evaluar el grado de cercanía e identidad con los hechos delimitados judicialmente en el auto de transformación. No hay otra manera de hacerlo. Quizás una clarificación normativa de cómo deben entenderse los "hechos punibles" en sentido estricto podría ayudar a reducir los márgenes de penumbra, pero nos movemos en el terreno de lo fáctico, y son consustanciales a él la indeterminación y el casuismo.

3.2. La ¿innecesaria? calificación jurídica de los hechos punibles

La posición tradicional del Tribunal Supremo sobre la función del auto transformador como resolución que delimita el

---

[253] STS 869/2022, de 4 de noviembre.

objeto procesal se circunscribe a exigir la descripción de los hechos punibles y la identificación de sus posibles autores, por cuanto atribuye exclusivamente a las partes acusadoras la facultad de concretar la calificación jurídica que merezcan las conductas objeto de enjuiciamiento. No cabe duda de que la Sala Segunda parte de una interpretación estrictamente literal del art. 779.1.4ª LECrim, que se limita a exigir una descripción de los hechos. Ello resulta coherente con la atribución en exclusiva a las acusaciones de la función de ejercitar la acción penal, ya que son únicamente los hechos punibles —en tanto de ellos debe desprenderse la existencia de un ilícito penal—, los que vinculan a las acusaciones y delimitan el contorno de la futura acusación. Tal manera de entender la finalidad del auto de control previo de la acusación supone negarle la función de acotar las calificaciones jurídicas que pueden sostener las acusaciones, atribuyéndole en exclusiva la de delimitar los hechos con relevancia penal, esto es, los que son esenciales, en su dimensión histórico-jurídica, para formular la pretensión[254]. Y si ello es así, cabe concluir que el instructor únicamente debe efectuar un juicio de tipicidad genérico de los hechos para comprobar (i) que reciben respuesta en alguno (o varios) de los preceptos del Código Penal y (ii) que deben ser objeto de enjuiciamiento a través del procedimiento abreviado. En efecto, la única referencia normativa que necesariamente debe incluir en el auto transformador es la que, más o menos explícitamente, le conduce a considerar que los hechos punibles caen en el ámbito de actuación del art. 757 LECrim y, por tanto, que con independencia de la calificación jurídica que finalmente reciban, ni deben ser objeto de enjuiciamiento por delito leve ni son susceptibles de ser castigados con pena superior a los

---

254 STS 688/2022, de 7 de julio: “el auto de transformación no delimita los delitos que pueden ser objeto de enjuiciamiento”.

nueve años de prisión[255]. A ello apunta la STS 788/2022, de 7 julio, que también incluye, junto con el procedimiento adecuado, la competencia para el enjuiciamiento como supuesto en el que adquiere relevancia que los hechos punibles se acompañen de una calificación jurídica. No se trata tanto de que el auto califique los hechos, sino de que el instructor valore las posibles calificaciones jurídicas para determinar la adecuación del procedimiento, lo que completará en el auto de apertura del juicio oral con la determinación del órgano competente para el enjuiciamiento a la vista de las calificaciones jurídicas contenidas en los escritos de acusación.

En definitiva, el Tribunal Supremo considera que no es preciso hacer constar calificación jurídica alguna en el auto y, si se incluye, carece de todo efecto vinculante, porque son los hechos punibles los que permiten la acomodación al marco punitivo genérico del procedimiento abreviado (o del ordinario, tratándose del auto de procesamiento) dentro del que pueden tener cabida las variadas calificaciones por las que se decante la acusación.

Sin embargo, aunque no es una cuestión que se haya debatido de forma muy extensa en la doctrina, algunos autores la han criticado abiertamente y con sólidos argumentos. Es el caso de Asencio Mellado, que considera preceptivo que el auto califique los hechos, y ello aunque tal calificación no sea vinculante para las acusaciones: "como hecho punible, típico, es evidente que debe ser calificado jurídicamente, aunque esa calificación no vincule a las partes acusadoras, pues solo es delito lo que es típico y los delitos, los títulos de imputación, son modificables, pero solo en el marco de su identidad procesal. Que el auto no

---

255 Ortega Lorente, José Manuel, Camarena Grau, Salvador, Hernández García, Javier y Gimeno Jubero, Miguel Ángel, "Bloque 1. La fase intermedia...", cit., p. 21.

califique los hechos lleva al imposible de determinar el hecho punible, a revertir el auto en su naturaleza misma (...)"[256].

También Hernández García considera preciso que en un proceso penal respetuoso con el derecho de defensa se extienda la información a la que se refiere el art. 775 LECrim a los aspectos normativos de la imputación y, por tanto, a la calificación jurídica[257]. Y también Navarro Massip se manifiesta partidario de entender que el auto del art. 779.1.4ª LECrim debiera incluir una subsunción típica que favoreciera el debate contradictorio, aunque concluye que no puede entenderse exigida por el precepto[258].

Comparto plenamente la posición de estos autores, por cuanto los hechos incluidos en el auto deben ser típicos ("el hecho punible solo puede ser un hecho típico"), y ello supone que el instructor ha tenido que efectuar una calificación —sin duda, provisional— que evita mencionar en el auto[259]. De ahí que Almagro Nosete, al comentar el entonces nuevo procedimiento abreviado, se refiriese a esta atribución implícita en el juicio de acusación, como "deliberación interna" del instructor en la que realiza una "calificación indiciaria", pues su única función es la de establecer la naturaleza penal de la infracción, la posible responsabilidad de los encausados y, a partir de ello,

---

256 Asencio Mellado, José María, "El auto del art. 779.1-4 de la Ley de Enjuiciamiento Criminal", cit., p. 146. La misma idea se encuentra en *Principio acusatorio y derecho de defensa en el proceso penal,* cit., p. 96, del mismo autor.

257 Hernández García, Javier, "El estatuto del imputado...", cit., pp. 147 a 150.

258 Navarro Massip, Jorge, "El auto de incoación...", p. 7.

259 Asencio Mellado, José María, "El auto del art. 779.1-4 de la Ley de Enjuiciamiento Criminal...", cit., p. 154.

la competencia del órgano jurisdiccional al que corresponderá el conocimiento de los hechos[260].

En efecto, si analizamos la prescripción del art. 779.1.4ª LECrim desde la perspectiva de su función de delimitación del objeto procesal, fácilmente se entiende que las acusaciones deben atenerse a los hechos que en él se describen (con las modulaciones que hemos visto). Son los hechos punibles —con independencia del *nomen iuris* que puedan recibir ahora— los que van a marcar los límites de la acusación[261]. Pero no sucede lo mismo si se analiza el auto de procedimiento abreviado desde la perspectiva de su función como garantía del derecho de defensa. Es desde este enfoque cuando cobra importancia la necesidad de calificar los hechos al margen de que tal calificación carezca de efecto vinculante para las acusaciones. Se trata, pues, de dos planos que se encuentran relacionados, pero también operan de manera independiente. Ni los hechos no incluidos en el auto de transformación ni las calificaciones de los que en él se describan van a tener efecto vinculante alguno para las acusaciones ni para el tribunal sentenciador. Cuestión distinta es el efecto positivo que supone para el derecho de defensa el hecho de que el instructor incluya, a título informativo, posibles calificaciones jurídicas de los hechos. No cabe duda de que se trata de calificaciones provisionales y aproximadas que pueden no ser acogidas por las acusaciones, pero cumplen una finalidad informativa muy valiosa para el encausado, además de la relativa a la declaración de que se trata de

---

260 Almagro Nosete, José (con Moreno Catena, Víctor, Cortés Domínguez, Valentín y Gimeno Sendra, Vicente), *El nuevo proceso...*, cit., pp. 195-196.

261 "El contenido delimitador que tiene el auto de transformación para las acusaciones, se circunscribe a los hechos allí reflejados y a las personas imputadas, no a la calificación jurídica que haya efectuado el Instructor, a la que no queda vinculada la acusación" (STS 559/2014, de 8 de julio).

hechos recogidos en el Código Penal y a la confirmación de la adecuación del procedimiento abreviado frente a otros cauces procedimentales (y otros tribunales, como los militares) para el enjuiciamiento de tales hechos.

Esta doble función del auto exige, por tanto, abordarlo desde ese doble plano. Desde su función delimitadora, ninguna relevancia tiene la ausencia de calificación judicial de los hechos, por cuanto la misma carece de efectos vinculantes y, en consecuencia, tampoco merma las posibilidades de las partes acusadoras de impugnarlo, toda vez que, siendo hechos que puedan ser subsumidos en una o en varias normas del Código Penal, cuentan con un amplio margen —el que les ofrezca la descripción que efectúe el instructor— para calificarlos de la manera que entiendan más adecuada. Pero desde el plano de su función de garantía jurisdiccional, el análisis es sustancialmente distinto, por cuanto la información al encausado de las posibles calificaciones que pudieran recibir los hechos favorece el ejercicio del derecho al recurso en lo que se refiere al carácter punible de los hechos y a la existencia de suficientes indicios de criminalidad. Difícilmente puede atacar la defensa la base indiciaria del auto si no conoce las posibles calificaciones en las que el instructor considera subsumidos los hechos y, aunque no es necesario que se concreten todas las posibles, sí debe permitir que pueda cuestionarse su tipicidad y la suficiencia de los indicios que los respaldan (por ejemplo, si los hechos pudieran ser constitutivos de un delito de robo, hurto o, alternativamente, de realización arbitraria del propio derecho).

Desde ese punto de vista, considero que el instructor efectúa un juicio de suficiencia de los indicios y un juicio de tipicidad que no puede dejar de plasmar en el auto y que no se agota con la mención genérica relativa a que los hechos sean punibles y pueden ser objeto de enjuiciamiento a través del procedimiento abreviado. Aunque en este momento carezca de efectos vinculantes calificar los hechos como posible delito de apropiación indebida o de administración desleal, la inclusión de tales calificaciones en el auto transformador permite a la defensa un examen más atinado de la tipicidad y de los indicios existentes respecto de los elementos de los posibles delitos por los que podría formularse la acusación, al margen de que, llegado el momento, deba defenderse de las calificaciones que finalmente se sostengan por las acusaciones que, en caso de diferir de las señaladas en el auto, logren traspasar el filtro del auto de apertura del juicio oral.

Debe destacarse también en apoyo de esta tesis que, en el caso de los delitos atribuidos a personas jurídicas es sumamente relevante la inclusión de la calificación jurídica en el auto transformador de previas en abreviado, toda vez que es necesario determinar si los hechos son constitutivos de alguna de las conductas que son susceptibles de ser atribuidas a personas jurídicas. Por ello, tal y como se desprende de la SAP Cádiz (4ª) 73/2018, de 19 de marzo[262] y de la SAP Madrid (30ª)

---

262 "Viene por la Acusación Particular a formular una pretensión penal contra la persona jurídica de "Administraciones Ortega S.L." al amparo del art. 31 bis CP en su redacción conforme a la reforma introducida por la Ley 5/10 vigente al momento de los hechos, imputando a dicha entidad corporativa un delito de estafa. Ciertamente conforme al texto de la Ley 5/10 se encontraba previsto al momento de comisión de los hechos (2012-2013), la comisión del delito de estafa en relación con las personas jurídicas conforme al art. 251 bis, no hallándose previsto sin embargo la responsabilidad corporativa en relación con un delito de apropiación indebida y, como hemos expuesto, los hechos que se consideran acreditados son incardinables en un delito de apropiación indebida, lo que excluye la opción de un delito de estafa, y, como vino a señalar la S.T.S. 2/9/15 y 29/2/16, en relación con la responsabilidad penal de las personas jurídicas, sin perjuicio de que se trate de una responsabilidad penal autónoma en cuanto que no caben fórmulas de responsabilidad objetiva (debe acreditarse los hechos y la participación en los hechos de la entidad imputada), "el hecho sobre el que ha de hacerse descansar la imputación no podría prescindir del delito referencia atribuido a la persona física".

104/2018, de 20 de febrero[263], si los hechos no fueran punibles de acuerdo con tales calificaciones, debe evitarse la pena de banquillo a la persona jurídica y acordar el sobreseimiento libre en lugar del auto de transformación o el auto de apertura del juicio oral, sin perjuicio del derecho a recurrir tal decisión del que disponen las acusaciones[264]. Un motivo más que apoya la idea de que también el auto de transformación dictado frente a personas físicas debe incluir la mención de las posibles calificaciones jurídicas que podrían recibir de los hechos.

Recientemente, además, y de forma tajante, el Pleno del Tribunal Constitucional se ha pronunciado sobre esta cuestión. En la sentencia núm. 25/2022, de 23 de febrero, que resuelve el recurso de amparo interpuesto frente a varias sentencias del Tribunal Superior de Justicia que condenaron al acusado por un delito de desobediencia, declara lo siguiente: "el art. 779.1.4 LECrim exige la determinación de unos hechos como «punibles», lo que implica, necesariamente, la subsunción de la conducta en algún tipo penal, por elementales exigencias de motivación de la resolución judicial. Además, a través del procedimiento abreviado solo pueden perseguirse las figuras delictivas contempladas en el art. 757 LECrim, en función del tipo y cuantía de la pena imponible, que viene descrita, precisamente, en el precepto penal correspondiente. Por lo tanto, la calificación jurídica de los hechos parece, en todo caso, necesaria". "Elementales exigencias de motivación" que,

---

263 En este caso, la fiscalía no acusaba y la acusación particular calificó los hechos atribuidos tanto a la persona física como a la persona jurídica como un delito de apropiación indebida. Puesto que tal delito no se encontraba previsto entre los recogidos en el art. 31 bis CP, la Audiencia Provincial de Madrid absolvió a la persona jurídica.

264 Y sin perjuicio también, claro está, de la responsabilidad civil subsidiaria que deba asumir por los actos de sus empleados, dado que la ausencia de responsabilidad penal de la persona jurídica no excluye la de carácter meramente civil que le pudiera corresponder.

a renglón seguido, el Tribunal distingue con claridad del efecto vinculante para las acusaciones, del que señala que carece. Tratándose de una sentencia del Pleno, esta afirmación no puede entenderse fruto de un desliz o un pronunciamiento *obiter dicta*, toda vez que aborda extensamente el contenido esencial del auto de incoación de procedimiento abreviado y concluye que la inclusión de calificaciones jurídicas en tal resolución no pone en cuestión la debida imparcialidad del instructor.

También el Tribunal Europeo de Derechos Humanos, en su sentencia de 5 de marzo de 2024 (*Leka c. Albania*), recordando su doctrina sobre el derecho a ser informado de la acusación, se ha pronunciado sobre el derecho del encausado a conocer la calificación jurídica que el tribunal pueda acoger como manifestación directa de su derecho de defensa: "el Tribunal ha declarado, en particular, que el artículo 6.3 del Convenio reconoce al acusado el derecho a ser informado no sólo de las razones de la acusación, es decir, de los actos que se le imputan y en los que se basa la acusación, sino también de la calificación jurídica dada a dichos actos. En materia penal, el suministro de información completa y detallada sobre los cargos y, en consecuencia, la calificación jurídica que el tribunal pueda adoptar, es un requisito previo esencial para garantizar la equidad del proceso". Y si bien esta declaración no implica necesariamente que el auto de procedimiento abreviado deba incorporar la calificación de los hechos punibles (dado que el caso que resuelve la citada sentencia se refiere a un cambio de calificación jurídica de los hechos efectuado por el órgano de apelación), desde luego proporciona unas claves importantes acerca de cómo la calificación jurídica incide sobre el derecho de defensa que deben ser tenidas en cuenta.

4. LA MOTIVACIÓN DE LA RESOLUCIÓN DE CONTROL

La motivación que, como vimos, alcanza al auto de sobreseimiento, debe extenderse igualmente al auto de transformación de las diligencias previas en procedimiento abreviado, aunque en muchas ocasiones se eluda o se traduzca en una vaga remisión a lo actuado. En efecto, no es extraño que la resolución por la que se acuerda continuar el procedimiento se reduzca a una genérica descripción de los hechos punibles y de las personas a las que se les atribuyen, cuando debería expresar también —como sucede con su equivalente funcional, el auto de procesamiento— los concretos indicios de criminalidad que la sustentan y que son resultado de la investigación desarrollada. Que se trate de un auto —lo que comporta una ineludible motivación—, de un lado, y, de otro, que sea particularmente trascendente para garantizar la efectividad del derecho al recurso que puedan interponer las partes, son razones que no permiten llegar a una conclusión distinta. Los "razonamientos" a los que alude el art. 248 LOPJ al requerir la motivación de todo auto no pueden entenderse limitados a una exposición de hechos y personas encausadas totalmente desconectada de los hallazgos que el instructor considere relevantes para alcanzar tal resolución. Y especialmente cuando, como señala el AAP Murcia (2ª) 233/2024, de 12 de marzo —haciéndose eco de resoluciones del Tribunal Constitucional y del Tribunal Supremo sobre la precisa motivación del auto de procesamiento y del auto de transformación en procedimiento abreviado[265]—, la resolución del art. 779.1.4ª LECrim hace verdaderamente difícil que llegue a acordarse posteriormente el sobreseimiento total o parcial de la causa, por lo que el órgano de apelación debe encontrarse en condiciones de efectuar un

---

[265] Entre ellas, véanse las SSTC 191/1989, de 16 de noviembre; 94/2001, de 2 de abril ; 21/2005, de 1 de febrero y 176/06, de 5 de junio y la STS 239/2014, de 1 de abril.

exhaustivo control de las razones que avalan tal resolución[266] o, como ha señalado también el Tribunal Supremo, el auto "debe garantizar el derecho de la persona inculpada a conocer de qué y por qué, en su caso, puede ser acusada, y desde luego, el derecho a ejercer el recurso devolutivo que permita al órgano de apelación controlar, en términos materiales, la racionalidad inculpatoria que lo sustenta"[267], lo que no puede más que suponer su necesaria motivación, incluyendo, además, las posibles calificaciones jurídicas de los hechos para que el investigado pueda ejercitar su derecho al recurso sin límite alguno[268].

A ello debe añadirse un inciso importante que, aunque ya ha sido mencionado, requiere ser destacado ahora: la omisión de indicios de criminalidad en el auto transformador o en el auto de procesamiento es una práctica que no produce indefensión si estos han sido conocidos por el encausado, pero es manifiestamente cuestionable, puesto que únicamente cuando todos los indicios se hacen constar en la citada resolución se preserva la efectividad del derecho al recurso, que únicamente se ejercita frente a dicho auto, y no frente al contenido del acto procesal informativo previsto en el art. 775 LECrim. Es cierto que la jurisprudencia ha aceptado que la determinación de los hechos punibles pueda realizarse en ciertas ocasiones por remisión a lo actuado durante la instrucción o al contenido de la

266 Sobre el amplio alcance del recurso de apelación frente al auto véase la STS 1192/2024, de 27 de enero de 2025, que destaca que, de este modo, se compensa en parte la imposibilidad de recurrir la apertura del juicio oral.

267 STS 277/2021, de 25 de marzo.

268 Asencio Mellado critica extensamente la práctica de eludir en apelación el examen de los indicios que sustentan el auto de procedimiento abreviado, poniendo de manifiesto que con ello se reducen los márgenes del recurso de forma injustificada. Asencio Mellado, José María, "El auto del art. 779.1-4 de la Ley de Enjuiciamiento Criminal", cit., pp. 175 y ss.

información proporcionada en el acto de imputación celebrado al amparo del art. 775 LECrim, siempre que con ello no se quiebre el derecho a conocerlos que protege el art. 779.1.4ª en relación con el art. 775 LECrim[269]. No obstante, esta manera de actuar —que, sin duda, debería ser excepcional y limitada a dinámicas comisivas sencillas, dado que puede dificultar enormemente el control de la regularidad del auto en vía de recurso— resulta inaceptable en supuestos en los que existen varios investigados cuya implicación incluye fórmulas de coparticipación o su integración en complejas estructuras criminales[270]. En estos casos, la individualización fáctica resulta difícil, pero también por ello ineludible en el auto de transformación, pues sólo de ese modo se garantiza su conocimiento por parte de todos los encausados. Lo mismo sucede cuando hay varios investigados y se han incorporado a las diligencias previas de forma escalonada, lo que podría producir confusión acerca de los hechos que se le imputan a cada uno de ellos. Por tal motivo, en términos generales —pero especialmente en estos casos— es preferible evitar la motivación fáctica por remisión.

Un supuesto totalmente distinto a los anteriores es el recurso del instructor a un auto "de modelo", es decir, en el que se alude a los hechos de manera sumamente genérica. Fórmulas del tipo

---

269 Ortega Lorente, José Manuel, Camarena Grau, Salvador, Hernández García, Javier y Gimeno Jubero, Miguel Ángel, "Bloque 1. La fase intermedia…", cit., 22.

270 En este sentido, Ortega Lorente, José Manuel, Camarena Grau, Salvador, Hernández García, Javier y Gimeno Jubero, Miguel Ángel, "Bloque 1. La fase intermedia…", cit., p. 22. Ha sido avalada, sin embargo, por el Tribunal Supremo en resoluciones por las que estima, como hemos visto, que queda salvaguardado el derecho de defensa cuando el auto transformador no contiene los hechos pero se remite a la querella y a las actuaciones desarrolladas en la instrucción de las que el acusado tenga cabal conocimiento (STS 803/2021, de 20 de octubre).

"siendo los hechos atribuidos al investigado susceptibles de ser calificados como", "siendo susceptibles de ser enjuiciados por los trámites del procedimiento abreviado" o expresiones análogas sin mención de los concretos hechos que han sido objeto de investigación, impiden que el auto cumpla su cometido como parte del juicio de acusación y como instrumento de información al encausado. En tales casos, cuando los hechos sean tan sumamente genéricos que no puedan incardinarse en ningún tipo penal o que sean hechos naturales, históricos, que no reúnen los caracteres de delito (sin relevancia jurídica), no estaríamos ante verdaderos "hechos punibles", lo que aboca a las partes a recurrir el auto para interesar una mayor concreción de los mismos (a las acusadoras) o para interesar el sobreseimiento libre por su falta de tipicidad (a las acusadas).

5. LA PRÁCTICA DE DILIGENCIAS COMPLEMENTARIAS PARA LA TIPIFICACIÓN DE LOS HECHOS PUNIBLES

Dictado el auto de transformación de las diligencias previas en procedimiento abreviado y, por tanto, entendiendo el instructor que existen indicios de criminalidad, únicamente cabe la posibilidad de acordar, a instancia de las acusaciones —y de forma preceptiva si lo interesa el Ministerio Fiscal— diligencias complementarias, orientadas exclusivamente a recabar información necesaria para la tipificación de los hechos en los escritos de acusación, tal y como establece el art. 780.2 LECrim. El precepto ordena al instructor acordar tales diligencias cuando las interese el Ministerio Fiscal, mientras que parece contar con mayor margen de decisión cuando las interesen el resto de las acusaciones, dado que en tal caso, su práctica se anuncia como potestativa. La lectura jurisprudencial del art. 780.2 LECrim es bastante flexible, puesto que se considera que basta que las solicite el Ministerio Fiscal para que sea necesario acordarlas, muy probablemente como consecuencia del obligado ejercicio de la acción penal para él[271]. No obstante, no hay que olvidar que su petición debe expresar la imposibilidad de formular escrito de acusación por falta de elementos esenciales para la tipificación de los hechos, lo que abona la necesidad de que tal petición deba fundarse en la falta de información suficiente sobre alguno de los concretos elementos típicos, de modo que no hacerlo podría dar lugar a su desestimación y, en su caso, al correspondiente recurso de reforma y subsidiario de apelación, toda vez que tal posibilidad no se excluye expresamente[272]. La posibilidad de instar diligencias complementarias una vez dictado el auto de procedimiento abreviado no puede convertirse en un cauce extraordinario para que las acusacio-

---

271 La obligatoriedad para el Ministerio Fiscal de ejercitar la acción penal explica el diferente trato que el art. 780 LEC proporciona a la acusación pública y al resto de acusaciones personadas a juicio de Almagro Nosete, José (con Moreno Catena, Víctor, Cortés Domínguez, Valentín y Gimeno Sendra, Vicente), *El nuevo proceso penal...*, cit., p. 196. También lo ha destacado Armenta Deu, Teresa, *El nuevo proceso abreviado...*cit., p. 106.

272 El juez debe comprobar "que, en efecto, la pretensión de diligencias complementarias responde, primero, al presupuesto de la excepcionalidad y, segundo, limita su objetivo a recabar elementos fácticos esenciales, sin cuya práctica no puede realizarse el juicio de tipicidad sobre el que se sustenta la acusación -por ejemplo, si los objetos sustraídos tienen un valor superior a 400 euros, siempre que la prueba pericial resulte indispensable para llegar a dicha conclusión normativa provisional-. No procederán, por tanto, dichas diligencias si se utilizan para decantar o precisar mejor algunos extremos de la futura acusación -por ejemplo, la pretensión de responsabilidad civil- o la extensión del efecto imputación a terceros no llamados como tales durante la fase instructora". Ortega Lorente, José Manuel, Camarena Grau, Salvador, Hernández García, Javier y Gimeno Jubero, Miguel Ángel, "Bloque 1. La fase intermedia...", cit., p. 40. En sentido muy similar, Carretero Sánchez, Adolfo, "La regulación de las diligencias complementarias...", cit., pp. 3 y 4 y Betrán Pardo, Ana Isabel, "Algunas cuestiones procesales...", pp. 7 y 8.

nes interesen la práctica de nuevas diligencias de investigación que no tengan la estricta finalidad de concretar la tipicidad del hecho, pues estas otras diligencias sólo pueden solicitarse ejercitando los recursos de reforma y/o apelación frente al auto de procedimiento abreviado, dado que la instrucción ya se encuentra finalizada[273]. Y aunque hay quien ha estimado que tales diligencias pueden versar, en general, sobre la determinación de hechos jurídicamente relevantes[274], considero que una lectura tan amplia pervierte el normal funcionamiento de la fase intermedia al permitir a las acusaciones (nunca a los actores civiles, dado que tal posibilidad no se encuentra prevista y sus facultades defensivas no se extienden a la pretensión penal) interesar diligencias denegadas o que no fueron solicitadas, ni durante la instrucción ni por la vía de los recursos frente al auto de procedimiento abreviado[275]. En tales casos, se podría dar la paradoja, además, de que diligencias que fueron denegadas en instrucción podrían ser admitidas como diligencias complementarias si son solicitadas por el Ministerio Fiscal

---

273 Ortega Lorente, José Manuel, Camarena Grau, Salvador, Hernández García, Javier y Gimeno Jubero, Miguel Ángel, "Bloque 1. La fase intermedia...", cit., p. 39. La STS 862/2009, de 23 de julio, distingue además con nitidez entre la solicitud de diligencias complementarias (tras el dictado del auto de prosecución, cuya autorización es excepcional) y la solicitud de nuevas diligencias de investigación, que se formula en vía de recurso y que requiere la revocación del citado auto.

274 Escobar Jiménez, Rafael, "Aspectos de la fase intermedia...", cit., p. 3.

275 Quizás también por ello Castillejo Manzanares haga una lectura minimalista de las diligencias que pueden acordarse al amparo del art. 780, reduciéndolas a las que versen sobre los elementos objetivos del tipo penal por el que se pretenda formular acusación (Castillejo Manzanares, Raquel, "Hacia un nuevo proceso...", cit., p. 267) y a las que sean absolutamente indispensables (Castillejo Manzanares, Raquel, *Hacia un nuevo proceso penal. Cambios necesarios*, La Ley, 2010, pp. 95-96).

sin que el instructor pudiera hacer valoración alguna sobre su necesidad.

Se ha planteado como criterio de decisión acerca de la oportunidad de practicar diligencias complementarias que se atienda a la concurrencia de varias acusaciones y a la posición de cada una de ellas respecto del auto de procedimiento abreviado. De acuerdo con este criterio, si el Ministerio Fiscal interesa la práctica de tales diligencias cuando las demás acusaciones han solicitado la apertura del juicio oral y, por tanto, han formulado acusación, el instructor las acordará cuando estime que son precisas para concretar la tipicidad de los hechos, mientras que, siendo el Ministerio Fiscal quien haya solicitado la apertura de juicio oral y calificado los hechos y las demás acusaciones quienes interesan la práctica de diligencias complementarias, se podría denegar tal petición al estimar que si el Ministerio Fiscal ha podido calificar los hechos, el resto de acusación también puede hacerlo[276]. Comparto esta posición, si bien creo que no se puede impedir la práctica de diligencias complementarias instadas por la acusación particular o popular cuando sus escritos de acusación se extiendan a hechos no coincidentes con los reflejados por el Ministerio Fiscal, siempre, claro está, que se justifique que tales diligencias son necesarias para determinar su tipicidad.

Ello no significa, frente a lo que pudiera pensarse, que la instrucción se oriente exclusivamente a reunir la información de cargo que permita dictar el auto de transformación en procedimiento abreviado o resolución similar. Por el contrario, deben practicarse las diligencias que, tanto de cargo como de descargo, permitan alcanzar una decisión fundada sobre la pertinencia de acordar la continuación del procedimiento o el sobreseimiento, pero sin que sea necesario que resulten agotadas todas las

---

276 Ortega Lorente, José Manuel, Camarena Grau, Salvador, Hernández García, Javier y Gimeno Jubero, Miguel Ángel, "Bloque 1. La fase intermedia...", cit., p. 40.

vías de investigación. Únicamente con la cautela de no excluir la práctica de todas aquellas que puedan —y deban— celebrarse y que contribuyan a tomar la decisión más atinada posible sobre la pertinencia del futuro enjuiciamiento; es decir, el instructor debe proveer al procedimiento de suficiente sustento indiciario para decidir razonadamente. De ahí que cualquiera de las partes personadas pueda solicitar su práctica a lo largo de la instrucción (art. 311 LECrim) y deban cuestionarse las investigaciones dirigidas prácticamente de manera exclusiva a la búsqueda de indicios de cargo y a rechazar, casi sistemáticamente, las diligencias instadas por la defensa. Pero, dictado el auto de transformación y, por tanto, concluida la fase de investigación, cualquier petición en tal sentido (a excepción de las relativas a las diligencias extraordinarias que contempla el art. 780 LECrim) deba reservarse —salvo en los casos excepcionales que se han analizado en el capítulo segundo— para los correspondientes escritos de acusación y defensa. Del mismo modo, en el procedimiento ordinario, aunque en respuesta a una lógica diversa a la que preside este momento procesal en el abreviado, una vez dictado el auto de conclusión del sumario, y aunque no se limita la posibilidad de que las partes insten ante la audiencia provincial su revocación para la práctica de nuevas diligencias, lo cierto es que sólo las que sean imprescindibles van a llevarse a cabo, mientras que las que no hayan tenido lugar o no tengan tal carácter habrán de proponerse como medios de prueba en los correspondientes escritos de calificación provisional.

El carácter excepcional de estas diligencias queda fuera de toda duda, de manera que su utilización para fines distintos de los previstos supondría un claro perjuicio para el encausado que la STS 159/2015, de 18 de marzo, entiende que podría traducirse en una lesión de su derecho a un proceso sin dilaciones indebidas: "La Sala no puede incluir en el concepto de normalidad procesal la constatación de que, tras incoar el Juez de instrucción procedimiento abreviado -auto de 12 de septiembre de 2007-, el Fiscal llegó a encadenar 6 peticiones sucesivas de diligencias de investigación que —desde el año 2008 hasta el año 2013- conllevaron una inaceptable ralentización del procedimiento. En efecto, como destaca el propio Fiscal del Tribunal Supremo, el Ministerio Fiscal solicitó, casi un año después de la incoación del procedimiento abreviado por el Juez, nuevas diligencias con fecha 24 octubre 2008. Transcurrido ese término se le dio nuevo trasladó y volvió a pedir renovadas diligencias en las fechas 10 noviembre 2009, 1 de julio de 2010, 21 de diciembre de 2011, 5 de octubre de 2012 y 4 de marzo de 2013. Es aquí donde radica la quiebra del derecho a un proceso sin dilaciones y es aquí donde, a la vista del contenido del art. 780.2 de la LECrim, se generó una desviación respecto de los principios que legitiman el proceso penal y el ejercicio de la función jurisdiccional (…). Este precepto no puede ver alterada su funcionalidad, encaminada a la preparación del juicio oral, y pasar a convertirse en un expediente que permita al Fiscal instar una petición encadenada de diligencias cuya práctica se prolongue durante más de un lustro (…) Sea como fuere, lo verdaderamente importante es que la posición del Fiscal en el proceso penal, de modo singular en la fase de investigación, no se asemeje a la de un órgano distante, que sigue las vicisitudes del sumario por una suerte de *control remoto*, que le habilita para, durante más de cinco años y después de 6 traslados distintos, ir instando diligencias hasta completar una investigación que habría podido culminar con una mayor proximidad a la causa. De haberse producido esta, habría evitado, a buen seguro, la necesidad de abrir paréntesis temporales tan contrarios a un elemental principio de celeridad"[277].

Tales actuaciones, de haberse sobrepasado los plazos estipulados en el art. 324 LECrim, ni siquiera podrían llegar a practicarse con los fines de tipificación de los hechos punibles que

---

277 Analiza esta sentencia Betrán Pardo, Ana Isabel, "Algunas cuestiones procesales…", cit., pp. 8 y 9.

prevé el art. 780.2 LECrim[278], especialmente si fueron solicitadas y no acordadas y, por tanto, se pretende con ello burlar la expiración del plazo de instrucción, por cuanto ello supondría un evidente fraude de ley. No obstante, dado que tal plazo no alcanza a la adopción de diligencias complementarias (sino que se detiene en la conclusión del sumario o, en el abreviado, en el sobreseimiento o en el auto de procedimiento abreviado)[279], cabe la posibilidad de acordarlas si se justifica su necesidad y no fueron solicitadas y denegadas durante la instrucción[280].

---

278 Las diligencias acordadas y practicadas intempestivamente (esto es, una vez finalizado el plazo de instrucción) no permiten fundar el juicio de acusación, pero nada impide —así lo avala la Sala Segunda— que puedan introducirse en juicio oral y fundar una sentencia de condena, dado que no adolecen de defecto constitucional alguno (STS 872/2023, de 23 de noviembre y STS 176/2023, de 13 de marzo, entre otras).

279 Posición que se sostiene también en la Circular 1/2021, de 8 de abril, de la Fiscalía General del Estado, sobre los plazos de la investigación judicial del art. 324 de la Ley de Enjuiciamiento Criminal, que se basa en el hecho de que la nueva redacción dada al precepto por la reforma de 2020 omite toda referencia a las diligencias complementarias.

280 Echandía Esteban, Arantzazu y Ortega Calderón, Juan Luis, "Reflexiones entre fiscales sobre diligencias y plazos de instrucción (1ª Parte): Vencimiento del plazo y diligencias admisibles", *Diario La Ley*, núm. 10171, 16 de noviembre de 2022, p. 8. El trabajo da cuenta de la interpretación sumamente amplia que la Sala Segunda viene haciendo en los últimos años de la posibilidad de acordar diligencias complementarias, en el sentido contrario al que aquí se plantea y muy posiblemente como reacción frente a los límites temporales que el art. 324 LECrim impone a la instrucción e, indirectamente, a los fiscales.

Capítulo IV

El control judicial de la acusación ex post

I. INTRODUCCIÓN

Para que pueda legítimamente ejercitarse la acción penal y, en consecuencia, abrirse el juicio oral, es preciso que se supere el juicio de acusación, que se articula en tres exigencias fundamentales[281]: que el encausado haya sido debidamente informado de la existencia del proceso; que haya tenido ocasión de declarar sobre los hechos objeto de acusación y que haya podido oponerse eficazmente a la apertura del juicio oral.

Y por lo que respecta a la idea de la cristalización progresiva del objeto procesal, esencial también para abordar el tema que ahora nos ocupa, el Tribunal Supremo la ha completado con una exigencia que bien podría denominarse de *no retorno*: si el escrito de acusación supera el filtro del juicio de acusación (desdoblado, en el procedimiento abreviado, en el auto del 779.1.4ª LECrim y el auto de apertura del juicio oral del art. 783 LECrim), no existe ya más control sobre la calificación jurídica empleada por la acusación que el que corresponde al órgano enjuiciador en la sentencia. La viabilidad de la pretensión acusatoria habrá de evaluarse ya en esa última resolución judicial que pone fin a la instancia, sin que sea posible discutir antes acerca de su nulidad o validez[282].

---

281 STS 124/2022, de 11 de febrero.

282 STS 124/2022, de 11 de febrero.

Ambas ideas dan cuenta de la relevancia del auto de apertura del juicio oral como parte central del control judicial que puede efectuarse sobre la pretensión acusatoria, y a él se dedican las siguientes páginas.

2. EL CONTROL DE LOS ESCRITOS DE ACUSACIÓN MEDIANTE EL AUTO DE APERTURA DEL JUICIO ORAL

2.1. Cuestiones generales sobre el auto de apertura del juicio oral

Acordada la continuación del procedimiento y formulada acusación, el auto de apertura del juicio oral supone, en el procedimiento abreviado, el principal filtro judicial a los escritos de acusación[283], de modo que sólo debe abrirse juicio contra quien reciba una imputación formal, seria y fundada a juicio del instructor, debiendo acordarse, en cualquier otro caso, el sobreseimiento total o parcial de las actuaciones. Está llamado a cumplir, pues, una función de garantía jurisdiccional, y, como sucede con el auto de apertura del procedimiento abreviado, no forma parte de la acusación. Sobre ello fue muy clara la STC 186/1990, de 15 de noviembre, que lo abordó en negativo, desde la decisión de sobreseimiento que procede acordar cuando no pueda decretarse la apertura del juicio oral: "este juicio acerca de la improcedencia de abrir el juicio oral -en definitiva de la improcedencia de la acusación formulada-, de existir, es un juicio negativo en virtud del cual el Juez cumple funciones de garantía jurisdiccional, no de acusación"[284].

---

[283] Por todos, véase Moreno Catena, Víctor, "La fase intermedia...", cit., p. 1940.

[284] De la misma opinión se mostró al analizar la sentencia Armenta Deu, Teresa, *Principio acusatorio,* cit., p. 116. También lo destaca Castillejo Manzanares, Raquel, "Hacia un nuevo proceso...", cit., p. 262.

En efecto, como ya se destacó respecto del auto de transformación de las diligencias previas en procedimiento abreviado, el auto de apertura de juicio oral efectúa un control de racionalidad —esta vez *a posteriori*— sobre la acusación formulada en los escritos correspondientes, que son los que conforman el objeto procesal[285]. Frente a lo que sucede en otros órdenes jurisdiccionales, el ejercicio del derecho de acción en el ámbito penal requiere no sólo de un juicio de admisibilidad, sino también de un juicio de fundamentación en relación con el objeto procesal deducido, y esa es la función que se atribuye al auto de apertura de juicio oral (juicio positivo de acusación) y, alternativamente, al auto de sobreseimiento (juicio negativo de acusación)[286]. No cabe en ningún caso, como señalaba con firmeza Gimeno Sendra, que el órgano judicial encargado de efectuar el control sobre la acusación formulada inste a las acusaciones a subsanar defectos en los escritos de acusación como tercera alternativa, puesto que no se encuentra prevista legalmente. De ahí que, de no proceder a la apertura del juicio oral por tales defectos, únicamente podrá acordar el sobreseimiento[287].

No obstante, como ya se ha adelantado, la configuración actual de la fase intermedia y su atribución funcional al instructor de la causa (o al órgano enjuiciador en el procedimiento ordinario) reduce la eficacia de ese filtro a un ligero control, casi puramente formal, del ejercicio de la pretensión punitiva, por cuanto el órgano jurisdiccional está obligado —salvo en los limi-

---

285 STS 239/2014, de 1 de abril. También Muñoz Cuesta, Javier, "La fase intermedia…", cit. p. 285, Muñoz Marín, Ángel, "Auto de apertura del juicio oral", *CEFLegal: Revista práctica de derecho. Comentarios y casos prácticos,* núm. 22, 2002, pp. 1-2 y Ortega Lorente, José Manuel, Camarena Grau, Salvador, Hernández García, Javier y Gimeno Jubero, Miguel Ángel, "Bloque 2. La fase intermedia…", cit., p. 17.

286 Moreno Catena, Víctor, "La fase intermedia", cit., pág. 1940.

287 Gimeno Sendra, Vicente, "Posibilidad de subsanación…", cit., p. 4.

tadísimos casos en los que dispondrá el sobreseimiento por atipicidad del hecho o inexistencia de indicios de criminalidad—a dictar tal resolución cuando las acusaciones lo soliciten[288]. Un efecto muy limitado que encuentra su razón de ser en el diseño institucional y funcional sobre el que descansa nuestro sistema procesal y que bien requeriría una revisión que permitiera que ese control fuera más efectivo. Un sistema optimizado donde el sobreseimiento provisional sea una respuesta factible a acusaciones infundadas o muy deficientemente sustentadas supone un fuerte estímulo para que las acusaciones hagan valer todas sus pruebas con anterioridad al juicio oral, de modo que el trámite de cuestiones previas sólo se utilice para las que hayan surgido realmente con posterioridad a los escritos de acusación. Se reforzaría también así el derecho de defensa del acusado.

De todos los procedimientos previstos en la LECrim, como tiene declarado el Tribunal Constitucional, el abreviado es el único en el que la fase intermedia cumple esta función de filtro[289], toda vez que supone una preparación del futuro juicio que se encuentra ausente en la fase intermedia del procedimiento ordinario, dirigida a la terminación de la instrucción. En el caso del procedimiento ordinario, el auto de apertura precede a los escritos de calificación provisional y, en estos casos, no es más que una apreciación jurisdiccional provisional acerca de los hechos que van a ser enjuiciados y, por tanto, salvo en el caso de que se acuerde el sobreseimiento respecto de algunos de ellos por ser atípicos, no supone filtro alguno ni vincula a las partes acusadoras en cuanto a las calificaciones

---

288 Muñoz Cuesta, Javier, "El auto de apertura del juicio oral: la calificación de los hechos que hace el juez instructor no vincula al órgano sentenciador. Comentario a la STS de 21 de enero de 2003", *Repertorio de jurisprudencia Aranzadi*, núm. 4, 2003, p. 2. También Khalaf Reda, Abdalla, "El control judicial...", cit., pp. 70-71 y 72-73.

289 Por todas, véanse las SSTC 186/1990, de 15 de noviembre y 54/1991, de 11 de marzo.

jurídicas que pudiera contener[290]. Algo muy similar sucede en los juicios rápidos, donde la apertura del juicio oral precede a la formulación de las acusaciones. La celeridad que preside la fase investigadora y el tránsito de esta a la fase de juicio supone que las partes serán oídas en la comparecencia a la que se refiere el art. 798 LEC, pero la posibilidad de alegar lo que consideren sobre la continuación de las actuaciones o el sobreseimiento que se les ofrece sólo permite una aproximación a lo que serán los futuros escritos de acusación, que pueden variar y extenderse a hechos que excedan de los que han sido objeto de las diligencias urgentes[291]. Plantea, además, un particular problema el hecho de que la decisión del juez de guardia en la comparecencia del art. 798 LECrim no suceda necesariamente a la petición de las acusaciones de continuar el procedimiento, sino que resulte totalmente independiente del contenido de sus alegaciones. Sólo le vincula la petición de sobreseimiento formulada una vez acordada la continuación del procedimiento como juicio rápido y antes de disponer la apertura del juicio oral (art. 800 LECrim). El régimen parece inspirarse en el previsto en los arts. 779.1.4ª y 783 LECrim pero, al celebrarse de manera concentrada, pierde el fundamento que lo sustenta en el procedimiento abreviado, dado que en los juicios rápidos la decisión de abrir juicio oral es anterior a los escritos de acusación. La ineficacia de la solicitud de sobreseimiento que las

---

290 Así lo tiene taxativamente declarado el Tribunal Supremo para toda suerte de procedimientos: la calificación jurídica de los hechos que pueda contenerse en el auto de apertura del juicio oral no es vinculante para las acusaciones ni para el órgano de enjuiciamiento, salvo en lo concerniente al procedimiento adecuado y al órgano competente para el enjuiciamiento, toda vez que no forma parte de la acusación. Por todas, véase la STS 429/2017, de 14 de junio.

291 Sobre la eficacia limitada de esa comparecencia y, en particular, sobre la continuación del procedimiento, pero con aplicación general sobre la totalidad de la comparecencia, véase Fuentes Soriano, Olga, *La investigación por el fiscal…*, cit., pp. 176-177.

partes pueden formular antes de que el juez de guardia acuerde alguna de las decisiones previstas en el art. 798 LECrim, lleva a Fuentes Soriano a entender necesario unificar ambos momentos y establecer que las partes acusadoras únicamente puedan interesar el sobreseimiento cuando se haya dispuesto la continuación del procedimiento y antes de acordar la apertura del juicio oral[292]. Destaca también que se trata de una facultad que desdibuja los contornos del proceso acusatorio, toda vez que el instructor actúa sin sometimiento alguno al criterio de las acusaciones al valorar la suficiencia de las diligencias practicadas para impulsar el procedimiento hacia la fase de juicio oral (aunque esto sucede en similares términos en el procedimiento abreviado al dictar el auto transformador)[293]. A ello se suma, además, el hecho de que el auto por el que se acuerda continuar la tramitación del procedimiento como juicio rápido es irrecurrible. Todo ello, confiere al instructor unas facultades desconectadas de la función de control jurisdiccional de la acusación[294].

En el caso del procedimiento abreviado, una vez acordada la continuación del procedimiento y evacuados los escritos de acusación, el ejercicio de las facultades de control que el art. 783.1 LECrim le atribuye al instructor arroja una escasísima eficacia práctica. En efecto, con carácter general, se acuerda la apertura de juicio oral cuando así lo solicitan las acusaciones, lo que supone el desaprovechamiento de la posibilidad de efectuar un examen efectivo del fundamento de la acusación ejercitada y, en su caso, de acordar el sobreseimiento de la cau-

---

292 Fuentes Soriano, Olga, *La investigación por el fiscal…*, cit., p. 194.

293 Fuentes Soriano, Olga, *La investigación por el fiscal…*, cit., pp. 180 a 184. Idéntica situación se produce, y así lo destaca la autora, al acordar la continuación por los trámites del procedimiento abreviado (p. 117).

294 Fuentes Soriano, Olga, *La investigación por el fiscal…*, cit., p. 186.

sa. Y es precisamente cuando el instructor acuerda el sobreseimiento al que le habilita el art. 783.1 LECrim respecto de algunos hechos o respecto de alguno de los encausados cuando cobra máximo sentido su intervención en esta fase procesal, ya que su decisión vincula al órgano enjuiciador al cerrar la posibilidad de celebrar el juicio oral[295]. Como ya se ha indicado, la decisión de sobreseer las actuaciones —ya sea de oficio, ya sea a petición de alguna de las partes— requiere una cuidada motivación que sortee una innecesaria lesión del derecho a la tutela judicial efectiva de quienes ejercen la acción penal[296]. De este modo, será preciso que el discurso motivador integre la referencia a los hechos conocidos durante la instrucción a partir de los que quepa excluir su atipicidad o la insuficiencia de los indicios para sostener una acusación viable frente al encausado. La STS 880/2002, de 14 de mayo, es clara al considerar que el art. 790.6º LECrim (en su redacción vigente entre 1998 y 2003 y que actualmente se corresponde con el contenido del art. 783.1 LECrim) sólo exige la motivación de la decisión judicial por la que se acuerda el sobreseimiento a pesar de la petición de alguna de las partes acusadoras de apertura del juicio oral. No cabe duda de que el tratamiento normativo es más estricto respecto del sobreseimiento —frente al que cabe recurso[297]— que respecto de la apertura del juicio oral. Mientras el primero debe estar motivado (dado que es susceptible de recurso), del auto de apertura del juicio oral sólo se exige

---

295 Una función delimitadora del objeto procesal de carácter negativo o excluyente. En este sentido se pronuncia, por ejemplo, Fernández-Gallardo Fernández-Gallardo, Javier Ángel, "Cuestiones derivadas del auto de apertura del juicio oral en el procedimiento abreviado", *Anales de Derecho*, núm. 32, 2014, pp. 7-8.

296 Ortega Lorente, José Manuel, Camarena Grau, Salvador, Hernández García, Javier y Gimeno Jubero, Miguel Ángel, "Bloque 1. La fase intermedia…", cit., p. 24.

297 STS 239/2014, de 1 de abril.

la exposición de los hechos punibles a efectos de garantizar el derecho del encausado a ser informado de la acusación dada la irrecurribilidad de esta resolución, y ello a pesar de que, revistiendo la forma de auto, debiera encontrarse motivada al margen de la posibilidad de ejercitar o no recurso.

No cabe duda de que la atribución de competencia para efectuar este control a un órgano u otro tiene una importante influencia en su eficacia. En el caso del procedimiento ordinario, como es sabido, el instructor no puede acordar el sobreseimiento, puesto que se trata de una competencia exclusiva de la audiencia provincial, que debe acordar la apertura del juicio oral salvo que aprecie la concurrencia de la causa de sobreseimiento prevista en el art. 637.2º LECrim. Se trata de una decisión que atañe a la misma sección de la audiencia provincial que posteriormente va a conocer del acto de juicio y, en consecuencia, va a dictar sentencia, si bien, dado que únicamente puede acordar el sobreseimiento por atipicidad de los hechos, sus facultades de decisión son francamente limitadas. En mi opinión, el juicio de tipicidad que puede efectuar la audiencia provincial exige tener un contacto directo y estrecho con actos de investigación. Al margen de que sean extraños los casos en los que acuerda el sobreseimiento en este momento —precisamente para evitar una contaminación proveniente del material instructor—, y a excepción de todos los casos en los que el sumario ha finalizado sin procesamiento, se trata de una decisión sensible que requiere un nuevo pronóstico de viabilidad de la pretensión, sin duda mucho más limitado (por cuanto se concreta en un juicio de tipicidad) pero comprometedor, como sucede con el que se realiza en el auto de procesamiento[298].

---

[298] Y ello aunque el auto de apertura del juicio oral no sea asimilable al auto de procesamiento, dado que sólo este último cuenta con naturaleza inculpatoria. Castillejo Manzanares, Raquel, "Hacia un nuevo proceso…", cit., p. 255.

Tampoco es dudosa la merma de la debida imparcialidad que supone dictar el auto de apertura del juicio oral en el procedimiento abreviado y posteriormente formar parte del órgano al que se encomienda el enjuiciamiento por lo que tal resolución tiene de filtro de la acusación y, por tanto, de examen de las actuaciones. Particularmente expresiva de esta idea es la STC 310/2000, de 18 de diciembre: "ha de estimarse la vulneración del derecho al Juez imparcial, pues la intervención del Juez con carácter previo al enjuiciamiento de los hechos, al dictar el auto de apertura del juicio oral, hizo quebrar su neutralidad, al ser necesario a tal efecto apreciar la existencia de indicios racionales de criminalidad (...). De otra parte, al igual que en el caso que dio lugar a la STC 170/1993, en el auto de apertura del juicio oral se decretaba además la libertad provisional de los recurrentes con la obligación apud acta del art. 530 LECrim, lo que supone también la apreciación de la concurrencia de indicios de criminalidad. Por consiguiente, resulta difícil sostener no sólo la inexistencia de un juicio previo, provisional o indiciario, sobre la culpabilidad de los acusados, sino también la apariencia de imparcialidad de la Sala enjuiciadora, visto que uno de sus componentes, el presidente, hubo de realizar, antes del enjuiciamiento definitivo, una valoración de los hechos y de los indicios de responsabilidad criminal de los acusados".

En sentido idéntico se pronunció antes el Tribunal Constitucional en la sentencia 11/1989, de 24 de enero. En ellas se declara vulnerado el derecho a un juez imparcial, basándose, a su vez, en la doctrina sentada por la STC 145/1988, de 12 de julio, que analizó los motivos que podrían justificar la estimación de una causa de recusación de quien ha intervenido en la causa como instructor. Montero Aroca, desde una posición minoritaria, se aparta de estas ideas y concluye que el dictado del auto de apertura del juicio oral no supone contaminación alguna porque no implica la realización de actividad instructora previa ni un contacto directo con las actuaciones[299]. Sin embargo, considero que la afectación de la imparcialidad de quien acuerda en el procedimiento ordinario la apertura del juicio oral y posteriormente integra el órgano de enjuiciamiento sólo puede examinarse caso a caso, aunque, al menos *a priori*, difícilmente puede cuestionarse que se trata de una función que pone al órgano jurisdiccional en una situación comprometida, no sólo desde el punto de vista de su imparcialidad objetiva, sino también desde la perspectiva de la debida apariencia de imparcialidad.

2.2. La omisión de hechos o personas acusadas en el auto de apertura del juicio oral

Una cuestión que debe ser precisada es la relativa al contenido del juicio negativo de acusación que se desarrolla en este momento procesal. El art. 783 LECrim establece la posibilidad de acordar el sobreseimiento cuando los hechos descritos en los escritos de acusación no revistan los caracteres de delito –en cuyo caso procede el sobreseimiento libre (637.1 LECrim)– o cuando no existan indicios racionales de criminalidad contra el acusado (art. 641.2 LECrim), en cuyo caso lo procedente será un sobreseimiento provisional. No cabe entender acordado el sobreseimiento cuando el instructor simplemente omita hechos que hayan sido objeto de acusación o personas que hayan sido acusadas. En estos casos, el órgano de enjuiciamiento deberá atender a las conclusiones provisionales contenidas en los escritos de acusación, sin que las omisiones en las que pueda incurrir el auto deban tomarse en consideración para delimitar el objeto procesal, por lo que no cabe entenderlas como un sobreseimiento encubierto.

---

[299] Montero Aroca, J., "El juez que instruye no juzga…", cit., apdo. VII.1 *in fine*.

Por esa razón, es interesante que el instructor haga constar en el auto de apertura de juicio oral una mención específica a la improcedencia de causa alguna de sobreseimiento parcial al ser los hechos típicos y existir indicios de criminalidad. Así lo hace el ATS de 25 de mayo de 2021, que abre juicio oral en causa especial y declara expresamente que "queda excluida la procedencia de un sobreseimiento en este momento", eliminando de este modo todo atisbo de ambigüedad. En muy similar sentido se pronuncian el ATS de 19 de abril de 2022 ("se excluye en este momento el sobreseimiento de la causa") y el ATS de 9 de julio de 2024, que, tras calificar provisionalmente los hechos y estimar la existencia de indicios, que estaban descritos en el auto transformador, declara igualmente que "resulta así descartada la procedencia de un sobreseimiento en este momento". Cualquiera de estas fórmulas aporta claridad al auto de apertura y facilita que cualquier omisión involuntaria pueda solventarse interesando el complemento de la resolución, mientras que la omisión de hechos o encausados que suponga un sobreseimiento encubierto, únicamente podrá atacarse solicitando la nulidad del auto mediante el incidente extraordinario de nulidad o en trámite de cuestiones previas.

2.3. La calificación jurídica de los hechos en el auto de apertura del juicio oral

La STS 95/2003, de 21 de enero, fue muy clara al destacar que el auto de apertura del juicio oral no está llamado a calificar los hechos objeto de enjuiciamiento, sino sólo a acordar tal apertura y, en su caso, el sobreseimiento respecto de los hechos que no sean constitutivos de delito. De este modo, con independencia de la calificación que se haga constar en el auto (y que no es vinculante), si no se produce un sobreseimiento expreso respecto de alguno de los hechos incorporados a los escritos de acusación, el órgano de enjuiciamiento se encuentra obligado a pronunciarse sobre ellos[300]. En efecto, el art. 783 LECrim únicamente permite acordar la apertura del juicio oral o el sobreseimiento (que deberá ser expreso e ir acompañado de las razones que lo avalan), por lo que sólo estas dos opciones dan cumplimiento a la función de control sobre la acusación (y, en especial, la de sobreseimiento, que cumple esa misión de delimitación negativa)[301].

Tiene todo el sentido que no sea preciso que el auto de apertura del juicio oral incluya calificación jurídica alguna (frente a lo que sucedía con el auto de procedimiento abreviado), toda vez que, evacuados los escritos de acusación, su finalidad se dirige, no ya a informar al encausado de los hechos pu-

---

300 "Si el Juez de instrucción, en el auto por el que acuerda la apertura del juicio oral, omite, sin acordar expresamente el sobreseimiento, un delito por el que una de las partes acusadoras formuló acusación, ello no vincula al órgano de enjuiciamiento que deberá celebrar el juicio oral respecto de todos los hechos, con sus calificaciones, contenidos en los escritos de acusación. La parte acusada no podrá alegar indefensión ni vulneración del derecho a ser informado de la acusación, pues el art. 784 prevé que, abierto el juicio oral, se emplazará al imputado con entrega de copia de los escritos de acusación por lo que tendrá pleno conocimiento de la imputación contra él formulada, tanto en su contenido fáctico como jurídico. Si el instructor abre el juicio oral respecto de unos delitos y sobresee expresamente respecto de otros, las partes acusadoras podrán interponer los pertinentes recursos contra la parte del auto que acordó el sobreseimiento" (STS 513/2007, de 19 de junio). Por ejemplo, la STS 239/2014, de 1 de abril estimó el recurso de la acusación y casó la sentencia porque el órgano de enjuiciamiento omitió pronunciarse sobre el delito de falsedad en documento mercantil, incluido en el escrito de acusación y respecto del que el auto de apertura del juicio oral guardó silencio. Por esta razón, anuló la sentencia y ordenó que el tribunal se pronunciara sobre tales hechos punibles, toda vez que debió considerar que se abría juicio oral también por ellos.

301 Fernández-Gallardo Fernández-Gallardo, Javier Ángel, "Cuestiones derivadas del auto…", cit., pp. 7-8.

nibles (que ya conoce por los propios escritos de acusación), sino a valorar la sostenibilidad de la acusación desde un punto de vista jurídico y fáctico. El instructor debe limitarse ahora a efectuar un juicio de razonabilidad y solidez sobre la acusación formulada y, en consecuencia, sobre la procedencia de celebrar el juicio oral, de modo que, resultando tal juicio negativo, es preciso que acuerde expresamente el sobreseimiento (total o parcial)[302]. El mismo juicio negativo merecen los escritos de acusación que se limitan a formular pretensiones acusatorias genéricas con absoluta inconcreción, tal y como ya se vio respecto del auto de procedimiento abreviado, de modo que, si logran traspasan ese filtro, podrán ser impugnadas en trámite de cuestiones previas[303]. Sólo en estos casos cabe concluir que el auto de apertura del juicio oral configura el objeto procesal, pero lo hace en negativo ("eficacia configurativa negativa" del auto en palabras del Tribunal Supremo), esto es, excluyendo

---

302 STS 211/2020, de 21 de mayo. En el mismo sentido, SSTS 489/2018, de 23 de octubre y 869/2022, de 4 de noviembre. Lo que también se ha denominado "razonable probabilidad" de condena, alejada, pues, de la certeza de la culpabilidad que exige la condena. Castillejo Manzanares, Raquel, "Hacia un nuevo proceso…", p. 263.

303 Al respecto se pronuncia el ATS de 21 de julio de 2021, por el que se desestima un recurso de queja frente a la denegación de preparación del recurso de casación contra el auto que desestimó la nulidad de un auto de apertura de juicio oral que omitió todos los hechos relativos a un delito contra los derechos de los trabajadores, tal y como lo hizo previamente el auto de transformación de las diligencias previas en procedimiento abreviado. La Sala recuerda que el art. 783 LECrim veta toda posibilidad de recurso, y que debió recurrirse el auto transformador de las diligencias previas en procedimiento abreviado para interesar la incorporación de tales hechos. Esta exclusión del auto de procedimiento abreviado por tanto, impide al tribunal enjuiciador pronunciarse sobre ellos. Y, a la inversa, como se ha señalado, los hechos sobre los que no hay sobreseimiento expreso en el auto de apertura del juicio oral, requieren un pronunciamiento en la sentencia.

una parte del objeto procesal que ha sido perfilado en los previos escritos de acusación[304].

Es doctrina jurisprudencial asentada[305] la que determina que el auto de apertura de juicio oral —como sucede con el auto de procesamiento y el auto de transformación de las diligencias previas en procedimiento abreviado— no requiere la calificación de los hechos punibles y que, de incluirla, no resulta vinculante para el órgano de enjuiciamiento. Tal doctrina encuentra, además, sólido apoyo, en palabras de Muñoz Cuesta, en la posibilidad de que las partes modifiquen sus conclusiones provisionales a la finalización del juicio sin atender para ello a la calificación que se hubiera realizado en el auto de apertura del juicio oral, sino únicamente a la circunstancia de que los nuevos hechos hayan sido objeto de debate contradictorio en el juicio. Una calificación que, a mayor abundamiento, no es exigida por la LECrim[306].

---

304 Ortega Lorente, José Manuel, Camarena Grau, Salvador, Hernández García, Javier y Gimeno Jubero, Miguel Ángel, "Bloque 2. La fase intermedia…", cit., p. 18, que se hacen eco de esta idea expresada en la STS 655/2010, de 13 de julio.

305 Por todas, véanse las SSTS 292/2021, de 8 de abril y 488/2000 de 20 de marzo, a la que la anterior se remite.

306 Muñoz Cuesta, Javier, "El auto de apertura…", cit., p. 4. En el mismo sentido, Navarro Massip, Jorge "El procedimiento abreviado y las garantías…", cit., pp. 7 y 8.

2.4. La determinación del órgano competente para el enjuiciamiento

2.4.1. El carácter vinculante de designación del órgano competente realizada en el auto de apertura del juicio oral

El art. 783.2 párrafo segundo LECrim exige que el auto de apertura del juicio oral indique el órgano competente para el conocimiento y fallo de la causa. Ello no plantea problemas sustanciales cuando la competencia se determina por razón de la materia o de la especial condición de aforado del acusado, pero no sucede lo mismo cuando debe fijarse, como así acontece en la gran mayoría de supuestos, en atención a la pena que pueda llegar a imponerse. En estos casos, es preciso tomar en consideración algunas reglas acerca de los límites a los que debe sujetarse tal determinación, de modo que pueda prevenirse la nulidad de actuaciones que indefectiblemente sobrevendrá si la competencia se atribuye a un juzgado de lo penal cuando corresponde a la audiencia provincial.

En primer lugar, es preciso partir de la idea de que el auto de apertura del juicio oral es el adecuado para la determinación y fijación de la competencia (a partir de la pena en abstracto correspondiente a los hechos y al delito por el que se acusa)[307], de modo que determina el nacimiento de la *perpetuatio iurisdictionis*[308]. Ello supone que cualquier cambio posterior motivado por incidentes procesales o cambios en la calificación de las acusaciones que alteren la pena solicitada no afectará a

---

307 STS 159/2022, de 23 de febrero.

308 Sobre ello y la problemática práctica derivada de los criterios que el Tribunal Supremo había secundado previamente puede verse Giménez Ontañón, Vicente, "La competencia del Tribunal de enjuiciamiento en las causas con aforados queda fijada con la apertura del juicio oral", *Diario La Ley*, núm. 8499, Sección Tribuna, 12 de marzo de 2015.

la competencia objetiva del órgano enjuiciador, que ha quedado fijada en el propio auto[309], salvo variaciones sustanciales de los hechos posteriores al mismo que justifiquen un cambio en la pena solicitada y, con ello, en la competencia[310]. Por tales razones, la determinación de la competencia en el auto de apertura de juicio oral no puede ser objeto de enmienda por la audiencia provincial, que no puede declinar el conocimiento del asunto por considerar que la competencia le corresponde a la sección de lo penal del tribunal de instancia al entender que la pena que puede llegar a imponerse, con independencia de la pretensión formulada, es igual o inferior a cinco años. Es la razón por la que el Tribunal Supremo, flexibilizando el tenor literal del art. 52 LOPJ, dispone la recurribilidad del auto por el que la audiencia provincial se inhibe en favor del juzgado de lo (ahora sección de lo penal)[311]. Una posibilidad (la de cuestionar la competencia fijada en el auto de apertura del juicio oral) que, como vamos a ver, el Tribunal Supremo únicamente impide cuando con ello queda afectado el ejercicio de la pretensión penal en los términos expresados en los escritos de acusación, mientras que en el resto de casos permite que se discuta (incluso de oficio) en trámite de cuestiones previas[312].

Se trata de una cuestión sumamente compleja y con un alcance que supera los límites de la determinación competencial, por cuanto afecta de lleno a la acusación ejercitada si la pena solicitada sobrepasa la que pueda llegar a imponer la sec-

---

309 SSTS 1/2018, de 9 de enero, 402/2020, de 17 de julio, 40/2022, de 20 de enero, 444/2021, de 26 de mayo y 159/2022, de 23 de febrero.

310 STS 941/2023, de 20 de diciembre.

311 Véase la STS 611/2019, de 11 de diciembre, que recorre la jurisprudencia de los últimos años sobre este tema. En el mismo sentido, más reciente, véase la STS 161/2021, de 24 de febrero.

312 Así se desprende, entre otras, de la STS 743/2024, de 16 de julio, que estima el recurso frente al auto por el que la audiencia provincial declinó su competencia en favor del juzgado de lo penal.

ción de lo penal. Al respecto, resulta de sumo interés la STS 611/2019, de 11 de diciembre[313], que entiende improcedente dicho control por estarle atribuido al instructor a través del auto de apertura de juicio oral. Ello despliega dos consecuencias fundamentales: La primera y más directa, consistente en que la audiencia provincial no puede revisar la competencia atribuida por el instructor en el auto de apertura del juicio oral si considera que la pretensión punitiva queda dentro de los márgenes de la competencia del juzgado de lo penal (ahora, sección de lo penal), pues ello supondría, *de facto*, emitir un juicio jurídico y/o fáctico anticipado sobre la inviabilidad de alguna de las pretensiones aducidas por la acusación, esto es, un nuevo juicio de acusación que sólo compete al instructor y que resulta intangible por ser ya un pronunciamiento firme, dado que frente a la apertura de juicio oral no cabe recurso[314].

---

313 En el mismo sentido, véase la STS 591/2021, de 2 de julio, que destaca, además, cómo la defensa fue contra sus propios actos al impugnar inicialmente la competencia del juzgado de lo penal por tratarse de hechos calificados conforme al art. 250.1 CP y, una vez estimada la competencia de la audiencia provincial para conocer de la causa, interesa la exclusión de tal calificación y la consiguiente inhibición de la audiencia provincial a favor del juzgado de lo penal.

314 "La decisión sobre admisibilidad de la pretensión de enjuiciamiento, incluida en el auto de apertura de juicio oral por el Juzgado de instrucción, no es susceptible de reconsideración, ni por vía de recurso ni como cuestión previa por el órgano de enjuiciamiento (...). El contenido de la decisión sobre el objeto del proceso, fijado al abrir el juicio oral, sí que afecta ineludiblemente a la decisión sobre competencia. Eso sí, en el bien entendido de que, cuando se resuelva sobre esta, ha de partirse, como decisión inmutable, de la previa sobre la pretensión acusadora y no reconsiderando su admisión. No cabe dudar que, admitida la acusación con calificación del tipo agravado, la decisión sobre competencia no puede ser otra que la de atribuirla a la Audiencia y no al Juzgado de lo Penal, ya que el subtipo agravado prevé pena posible que excede de la competencia objetiva de este. Por ello tampoco podemos compartir la

Supondría, en palabras del Tribunal Supremo, "una prematura absolución por falta de competencia objetiva"[315] o un prematuro sobreseimiento que, *de facto*, cerraría las puertas a las alegaciones y al debate probatorio sobre las peticiones de las acusaciones[316]. Sólo cabe una excepción a ese control sobre la competencia atribuida por el auto de apertura del juicio oral y es la que responde a la detección por la audiencia provincial de errores materiales y calificaciones "indefendibles", esto es, sin sustento probatorio alguno o sin reflejo normativo[317]. La dificultad se encuentra en determinar cuándo se trata de burdos errores materiales de hecho o de calificaciones indefendibles que permitan a la audiencia provincial realizar un control de su propia competencia sin que ello supongo privar a las partes

---

decisión ante nosotros recurrida, en la medida que su fundamento parte precisamente de una reconsideración de la admisibilidad del juicio sobre el tipo imputado por la acusación" (STS 673/2023, de 17 de septiembre).

315 STS 611/2019, de 11 de diciembre.

316 STS 531/2022, de 27 de mayo.

317 SSTS 189/2020, de 20 de mayo, 402/2020, de 17 de julio, 247/2021, de 17 de marzo, 929/2021, de 30 de noviembre y 531/2022, de 27 de mayo. También en este sentido, Ortega Lorente, José Manuel, Camarena Grau, Salvador, Hernández García, Javier y Gimeno Jubero, Miguel Ángel, "Bloque 2. La fase intermedia...", cit., pp. 19-20: "los groseros errores de subsunción, la desnuda arbitrariedad no corregida por el juez de instrucción, no pueden arrastrar *prorrogatio juridictionis*, en los términos que se afirman con particular vehemencia por el Tribunal Supremo -vid. al respecto, y por todas, STS de 1 de junio de 2012- en violación del derecho al juez objetivamente competente predeterminado por la ley (...)". Y concluyen: "Cuesta aceptar que ante un error grosero de subsunción o ante una selección absolutamente arbitraria por las acusaciones de los tipos de acusación o cuándo exista disparidad de acusaciones con consecuencias competenciales diferentes la decisión inmotivada o llanamente errónea del juez de instrucción resulte incontrolable" (p. 23).

de la plena defensa de sus pretensiones en el acto del juicio oral. El Tribunal Supremo no profundiza más en esta cuestión, aunque sería deseable. Parece razonable que, en estos casos, y a los efectos de determinar si se trata de un mero error que haya podido pasar inadvertido al instructor o si la calificación jurídica o el relato de hechos integran adecuadamente la pretensión ejercitada, el tribunal pueda tener cierta iniciativa para subsanar una defectuosa atribución de competencia, especialmente cuando las acusaciones —en muchas ocasiones, la particular— sostienen agravaciones que manifiestamente carecen de fundamento fáctico, como suele suceder, por ejemplo, con la agravante de abuso de relaciones personales en los delitos de estafa o apropiación indebida[318]. Así parece desprenderse del art. 759.2ª LECrim, que limita la posibilidad de otros órganos jurisdiccionales de plantear cuestiones de competencia a las audiencias provinciales, pero no es la única opción. En trámite de cuestiones previas, se pueden plantear las dudas sobre la competencia del tribunal, dado que se trata de un presupuesto procesal y, por tanto, es indisponible. Así, en la vista que al efecto se celebre con carácter previo o al inicio del propio juicio oral, nada impide que se entable un debate contradictorio para que las partes puedan realizar alegaciones sobre la fundamentación de las acusaciones formuladas, de modo que, confirmada la manifiesta insostenibilidad de la pretensión por la existencia de errores manifiestos, el tribunal pueda inhibirse mediante auto en favor de la sección de lo penal del tribunal de instancia o, en caso contrario, confirmar su competencia y continuar con la celebración del juicio. No debe olvidarse que, caso de optar por la inhibición, y pese a lo dispuesto por el art. 52 LOPJ, el auto es recurrible, lo que garantiza el ulterior control de ese sobreseimiento de calificaciones que, si resulta

---

318 Ortega Lorente, José Manuel, Camarena Grau, Salvador, Hernández García, Javier y Gimeno Jubero, Miguel Ángel, “Bloque 2. La fase intermedia…”, cit., p. 20.

injustificado, cercenaría el derecho a la tutela judicial efectiva de las acusaciones[319].

Debe destacarse además que, alegada en trámite de cuestiones previas la falta de competencia del tribunal, frente a la misma cabe interponerse recurso de apelación y no directo de casación, por ser el que corresponde frente a la sentencia[320].

2.4.2. La alteración de la competencia objetiva al amparo del art. 788.6 LECrim

Por otro lado, resulta muy cuestionable la posibilidad conferida a las partes acusadoras de modificar las conclusiones definitivas con afectación de la competencia del tribunal en los términos en los que la prevé el art. 788.6 LECrim: "Cuando todas las acusaciones califiquen los hechos como delitos castigados con pena que exceda de la competencia del Juez de lo Penal, se declarará este incompetente para juzgar, dará por terminado el juicio y el Secretario judicial remitirá las actuaciones a la Audiencia competente"[321]. Lógicamente, debe existir la posibilidad de que pueda agravarse la calificación jurídica al punto de provocar la nulidad del juicio celebrado y la elevación de las actuaciones a la audiencia provincial para su enjuiciamiento según la nueva calificación, pero tal eventualidad debería reservarse a los casos en los que así se justifique en situaciones excepcionales que tengan lugar en el transcurso del juicio oral. Si los hechos ya se habían incluido en los escritos de acusación, permitir con carácter general una calificación agra-

---

319 STS 611/2019, de 11 de diciembre.

320 STS 366/2022, de 8 de abril.

321 Si la designación de la sección de lo penal del tribunal de instancia como competente lo ha sido con manifiesto error, no por ello quedará fijada la competencia, dado su carácter de presupuesto procesal (STS 40/2022, de 20 de enero).

vada en trámite de conclusiones definitivas y la consiguiente nulidad del juicio supone dejar en manos de las acusaciones el curso del procedimiento, que pueden decidir, según convenga a su estrategia procesal, si alteran la competencia del tribunal una vez que puedan anticipar que el resultado probatorio no les va a favorecer. Por ello, el art. 788.6 LECrim debería ser aplicado con cautela, dado que los amplios términos en los que se expresa permiten modificaciones caprichosas o interesadas de la competencia jurisdiccional que pueden estar amparadas en un ánimo dilatorio y sin que se establezca control judicial alguno sobre la viabilidad de la nueva calificación. Si sumamos, además, que la audiencia provincial, una vez recibida la causa —fruto de la atribución de competencia por el auto de apertura del juicio oral o por causa del incidente previsto en el art. 788.6 LECrim— no podría examinar su propia competencia, se concluye que las partes acusadoras cuentan con un ilimitado poder de decisión. Estas razones deberían bastar para extender el control de acusación a estos supuestos y permitir que el órgano de enjuiciamiento —el declarado inicialmente competente o el resultante de la modificación— pueda examinar la competencia a la luz de los hechos punibles y del fundamento que resulte de las pruebas que, en su caso, hayan sido practicadas (esto último, únicamente cuando tal control lo efectuase la sección de la penal del tribunal de instancia al resolver el incidente).

2.5. *La notificación del auto de apertura de juicio oral como garantía del derecho de defensa*

Mención especial requiere el modo en el que debe efectuarse la notificación del auto de apertura de juicio oral al ya formalmente acusado a los efectos de garantizar un efectivo conocimiento del contenido de una resolución tan trascendente para el ejercicio del derecho de defensa. De tal notificación depende el respeto sustancial a lo dispuesto en el art. 118 LE-

Crim y la garantía de una adecuada preparación de la defensa en el acto del juicio oral. No se trata de una mera formalidad, sino de la efectiva puesta en conocimiento de la imputación dirigida contra el acusado tras la clausura de la fase de instrucción que exige el precepto como presupuesto ineludible del derecho de defensa, lo que conduce a pensar que sólo la notificación personal permite entender alcanzada dicha finalidad. Sin embargo, la ambigüedad con la que se pronuncia el art. 784.1 LECrim —interpretado a la luz del art. 182 del mismo texto[322]— deja la puerta abierta a considerar que tal notificación puede realizarse a través de procurador o a través de letrado: "Abierto el juicio oral, el secretario judicial emplazará al encausado, con entrega de copia de los escritos de acusación, para que en el plazo de tres días comparezca en la causa con abogado que le defienda y procurador que le represente. Si no ejercitase su derecho a designar Procurador o a solicitar uno de oficio, el secretario judicial interesará, en todo caso, su nombramiento. Cumplido ese trámite, el secretario judicial dará traslado de las actuaciones originales, o mediante fotocopia, a los designados como acusados y terceros responsables en los escritos de acusación, para que en plazo común de diez días presenten escrito de defensa frente a las acusaciones formuladas". El precepto parece presuponer que la notificación se realizará de manera personal, porque exige que el acusado sea emplazado para que designe letrado y procurador. Sin embargo, su tenor literal no excluye que, si se encuentra asistido por abogado y procurador pero se halla en ignorado paradero, intentada la notificación en el domicilio proporcionado en su primera comparecencia judicial (art. 775.1 LECrim), ésta se pueda realizar a través de alguno de los profesionales que

---

322 Que estipula la posibilidad de efectuar las notificaciones a través de procurador salvo que expresamente se exija la notificación personal o se trate de citaciones que tengan por objeto la comparecencia personal de las partes.

le asistan. Siendo preferente la notificación personal, no se puede obviar que limitar la eficacia del traslado a esta modalidad de notificación supone, en muchos casos, la necesidad de dictar requisitoria y proceder a la detención del acusado para asegurar la fehaciente notificación[323], lo que puede resultar de todo punto desproporcionado cuando se encuentra ya asistido de letrado y puede que también representado por procurador, especialmente cuando se dan las condiciones para celebrar el juicio en ausencia. En efecto, el art. 784.4 LECrim (que debe interpretarse en relación con el art. 784.1 LECrim) reduce los supuestos en los que debe acordarse la requisitoria a aquellos en los que, estando el acusado en ignorado paradero, no ha designado domicilio en los términos del art. 775 LECrim o, habiéndolo hecho, la pena que se le pueda llegar a imponer exceda de los dos años si es privativa de libertad o de los seis si es de otra naturaleza (art. 786.1 LECrim). De ahí que se pueda concluir que, en estos casos, puesto que es preciso conocer la pena máxima solicitada, la declaración de rebeldía sólo puede realizarse en el procedimiento abreviado una vez que se han formulado los escritos de acusación. Y ello porque si la rebeldía se ha producido en instrucción y no se ha llegado a tomar declaración al investigado, no se habrá podido dictar auto de procedimiento abreviado contra él y, por tanto, tampoco el posterior auto de apertura del juicio oral[324]. En el caso del sumario, considero que la previsión del art. 842 LECrim debe entenderse en sentido estricto, esto es, que la declaración de rebeldía sólo puede producirse una vez dictado el auto de procesamiento, que ha debido ser notificado a los procesados. En

---

323 En este sentido, vid. Velasco Núñez, Eloy, "Notificación -y consecuencias derivadas de la manera de realizarla- del auto de apertura del juicio oral al acusado en el procedimiento abreviado", *Diario La Ley*, 1993, Tomo I, pp. 6-7.

324 Tellez Aguilera, Abel, "La rebeldía penal", *Anuario de Derecho Penal y Ciencias Penales*, Vol. LXXIV, 2021, p. 369.

realidad, la rebeldía se puede acordar en cualquier momento procesal, pero la suspensión de las actuaciones sólo debe producirse una vez concluido el sumario (o las diligencias previas), a excepción de los casos en los que el encausado no haya podido ser informado de la imputación en los términos del art. 775 LECrim. En estos casos, aunque el art. 840 LECrim no lo prevé, estimo que habrá de acordarse el archivo de la instrucción hasta que el encausado sea hallado (al igual que en el sumario, donde no puede declararse concluso el sumario sin notificar el auto de procesamiento o sin dar al procesado la posibilidad de ser oído). Sobre la posibilidad de ejercitar el derecho de defensa en situación de rebeldía se ha pronunciado el Tribunal Constitucional en diversas ocasiones[325]. En las primeras, en los años ochenta, el Tribunal parte del deber de sujeción del investigado al procedimiento y a la autoridad judicial, pero tal posición fue dejando paso a una casuística basada en el examen del respeto al principio de proporcionalidad en relación con la gravedad de las consecuencias que tiene para sus derechos fundamentales no situarse a disposición judicial. En el marco de esta posición más flexible, el Tribunal Supremo ha admitido el ejercicio del derecho de defensa del rebelde representado por procurador en el incidente de revocación de la libertad condicional y ha estimado desproporcionado privarle de la posibilidad de ejercitar el derecho a los recursos, doctrina que ha sido aplicada por la STC 24/2018, de 5 de marzo, que estima el amparo solicitado. De ello se extrae una idea importante: el art. 840 LECrim es aplicable tanto al sumario como a las diligencias previas, y en el caso particular del procedimiento abreviado, este debe quedar suspendido una vez se declare la rebeldía, puesto que no puede finalizar la fase de investigación hasta tanto el investigado sea informado perso-

---

[325] SSTC 87/1984, de 27 de julio 149/1986, de 26 de noviembre, 91/2000, de 30 de marzo, 198/2003, de 10 de noviembre, 132/2011, de 18 de julio y 24/2018, de 5 de marzo.

nalmente de la imputación que pesa sobre él. Pero al margen del archivo de las actuaciones al que aboca el art. 840 LECrim, el rebelde puede ejercitar el derecho de defensa sin necesidad de encontrarse a disposición judicial cuando no hacerlo pueda conllevar consecuencias graves.

En definitiva, la requisitoria a efectos de comparecencia se reduce a los casos en los que no se ha designado domicilio a efectos de notificaciones (lo que no debe extenderse a los casos en los que el acusado no sea hallado en el domicilio indicado) o cuando la pena a imponer impida la celebración del juicio en ausencia (y, por tanto, siempre que nos encontremos en el ámbito del procedimiento ordinario). De ahí que, en todos los demás supuestos (esto es, cuando hay domicilio designado y la pena no exceda de las previstas para la celebración del juicio en ausencia, intentada y fallida la notificación personal), debe entenderse correctamente notificado el auto y efectuado el traslado de los escritos de acusación a través del procurador o del letrado del acusado. A favor de la innecesaria notificación personal se ha pronunciado, por ejemplo, Manuel Ortells Ramos que, con criterio que se comparte plenamente, considera preciso anticipar la información sobre la posible celebración del juicio en ausencia al momento de la primera comparecencia ante el instructor (actualmente regulada en el art. 775 LECrim), si bien no resulta fácil hacerlo cuando no hay todavía una acusación formal contra el investigado y se desconoce la pena que pueda solicitarse, por lo que tal información sólo puede ser genérica[326]. Fernández-Gallardo llega también a la conclusión de considerar innecesaria la

326 Ortells Ramos, Manuel, "Problemas de contenido y delimitación…", cit., pp. 7217-7218.

notificación personal cuando la notificación en el domicilio ha resultado infructuosa[327].

En la jurisprudencia menor parece prevalecer también la opinión favorable a la suficiencia de la notificación a través de procurador. Por ejemplo, la sección tercera de la Audiencia Provincial de Barcelona, en el AAP 147/2021, de 22 de febrero, concluye que la notificación a través de procurador sería suficiente, dando así cumplida aplicación al acuerdo de las secciones penales de la Audiencia Provincial de Barcelona de 19 de octubre de 2012. También la Audiencia Provincial de Madrid adoptó similar acuerdo el 16 de octubre de 2012, si bien con dos exigencias adicionales que resultan importantes a efectos de procurar la máxima certeza posible sobre la recepción de la notificación: (i) si el acusado se encuentra representado por procurador, debe haber sido designado por él, no por iniciativa del tribunal (esto es, debe tratarse de procurador de confianza y no de oficio para asegurar que existe una adecuada comunicación entre ellos)[328] y (ii) si no ha designado procurador o este es designado de oficio, la notificación deberá realizarse en el domicilio o en la persona que designara para recibirla en su nombre, salvo que la pena que se le pueda llegar a imponer sea superior a dos años de prisión, en cuyo caso la notificación debe ser necesariamente personal.

No cabe duda de que es deseable garantizar que el encausado sea fehacientemente informado de la acusación. Pero cuando ha designado un domicilio a efectos de notificaciones y no ha sido posible hallarle en el mismo para notificarle el auto de apertura de juicio oral, está justificado asegurar la efectiva

---

327 Fernández-Gallardo Fernández-Gallardo, Javier Ángel, "Cuestiones derivadas del auto…", cit., pp. 32-33.

328 Son de esta opinión Ortega Lorente, José Manuel, Camarena Grau, Salvador, Hernández García, Javier y Gimeno Jubero, Miguel Ángel, "Bloque 2. La fase intermedia…", cit., p. 26.

notificación a través de su procurador o, en su caso, su letrado si este ha asumido también su representación de conformidad con el art. 768 LECrim. Y ello porque sólo si se produce una efectiva indefensión de naturaleza constitucional cabe entender que lo que podría suponer un defecto procedimental atribuible al órgano jurisdiccional deba causar la nulidad de lo actuado. Sobre ello y, en particular, sobre la trascendencia de la indefensión en relación con la falta de notificación del auto de apertura del juicio oral, se pronuncia la STS 245/2012, de 27 de marzo, que concluye que si el acusado ha podido presentar escrito de defensa (y así sucede cuando el auto se notifica a su letrado y a su representante procesal) y no logra justificar adecuadamente el alcance de la indefensión ocasionada, el efectivo menoscabo sufrido, la nulidad del auto deviene una consecuencia desproporcionada.

Frente a las dudas que suscita la notificación del auto de apertura del juicio oral al acusado persona física, el art. 119.1 a) y d) LECrim es claro al establecer cómo debe efectuarse la notificación a la persona jurídica encausada: siendo preceptiva la designación de abogado y procurador desde el momento en el que se imputa a la persona jurídica, la notificación de cualquier actuación, incluso en los casos en los que la LECrim exija que se efectúe de forma personal, se entenderá practicada con el procurador. No se requiere, por tanto, la comparecencia personal del representante de la persona jurídica (que puede incluso no haber sido designado) ni se establece límite penológico alguno del que inferir un trato diferenciado en el régimen de notificaciones, puesto que siempre será posible el juicio en ausencia de la persona jurídica, pues así resulta de lo dispuestos en el art. 786 bis LECrim.

2.6. La "irrecurribilidad" del auto de apertura del juicio oral

Como es bien sabido, no cabe interponer recurso frente al auto de apertura del juicio oral salvo por lo que respecta a la situación personal del encausado, pues así lo dispone el art. 783.3 LECrim. No obstante, la práctica judicial ha desbordado el sentido literal del precepto, ya que es habitual que no sea hasta este auto (frente a lo que se deduce de los arts. 764 y 619 LECrim) cuando se fije la fianza dirigida a que el acusado haga frente a las posibles responsabilidades pecuniarias derivas del hecho delictivo. Así lo prevé el apartado segundo del art. 783. Y dado que tal decisión, de tomarse mediante otro auto es susceptible de recurso (ya que el art. 766 no lo exceptúa y el 596 lo prevé expresamente para el auto que determina la suficiencia de la fianza), no puede más que concluirse, como así lo hace el Tribunal Supremo, que también por esta causa es recurrible el auto de apertura de juicio oral[329]. Por ejemplo, en la STS 629/2019, de 18 de diciembre, se tilda de "burocrática y rutinaria" la declaración de irrecurribilidad contenida en el art. 783 LECrim[330] y se aclaran algunas cuestiones que podrían ser dudosas a la vista del laconismo del precepto a partir de una interpretación muy estricta de su tenor literal, en virtud de la cual únicamente debe entenderse irrecurrible el pronunciamiento relativo a la continuación del procedimiento (apertura del juicio oral) respecto de los hechos que hayan sido objeto de acusación. De no admitirse tal recurso se estaría privando

---

329 En términos similares, pero aludiendo a otros argumentos, se manifiesta Navarro Massip, Jorge, "El procedimiento abreviado y las garantías…", pp. 9 y 10, si bien circunscribe la posibilidad de recurso a la fijación de la cuantía y no a la determinación de la persona civilmente responsable.

330 Consideraciones que deben extenderse también a la declaración de irrecurribilidad prevista en el art. 800.1 en el ámbito de los juicios rápidos.

a las partes de la posibilidad de impugnar la fijación de fianza, lo que podría considerarse una actuación abusiva amparada en una interpretación formalista del art. 783.3, ya que frente al auto que fija la fianza cabe apelación. Hay que recordar, además, que el art. 783.2 LECrim requiere que las medidas civiles sean instadas por las partes acusadoras, por lo que —aunque en la práctica tiende a obviarse— deben quedar debidamente justificados los presupuestos que fundamentan su adopción (*fumus boni iuris* y *periculum in mora*) y, por tanto, pueden discutirse en vía de recurso[331].

La STS 629/2019, de 18 de diciembre, es sumamente clara al destacar que son recurribles otros pronunciamientos que pueden introducirse en este auto —se entiende que propios de resoluciones que tienen sustantividad propia— pero que, por economía procesal, se incorporan al auto de apertura del juicio oral, como sucede con un sobreseimiento parcial, lo que tiene un doble efecto que es preciso tener en cuenta. Por un lado, la jurisprudencia exige ejercitar el recurso frente a los pronunciamientos que, incluidos en el auto de apertura del juicio oral, así lo admitan, por cuanto, en caso de no hacerlo, es inviable invocar posteriormente la existencia de indefensión material: "Si ha habido indefensión sería achacable a la parte al no impugnar en su momento esa decisión que tenía que conocer"[332]. Por otro lado, las partes acusadas cuentan con la seguridad de que la acusación se circunscribirá a los límites estrictos que marque el auto de apertura del juicio oral, dado que ese concreto pronunciamiento no admite recurso.

---

[331] Navarro Massip, Jorge, "El procedimiento abreviado y las garantías…", p. 10.

[332] STS 629/2019, de 18 de diciembre.

3. EL CONTROL JUDICIAL DE ACUSACIÓN Y EL EJERCICIO DE LA ACCIÓN POPULAR

El auto de apertura del juicio oral es una herramienta que puede ser muy eficaz frente a acusaciones infundadas, especialmente las que puedan provenir de un uso instrumental del proceso penal mediante el ejercicio de la acusación popular. La experiencia judicial ha evidenciado una pronunciada tendencia a realizar un uso desviado de la acción popular[333], lo que ha motivado que se hayan restringido los casos en los que se autoriza la prosecución del proceso únicamente a instancias de quienes la sostienen, y ello a pesar de que se trata de un instrumento que, bien utilizado, permite el control social del ejercicio del *ius puniendi*[334]. Pero, aunque la acusación popular se encuentra sometida a importantes restricciones por las que se exige que otras acusaciones —pública o particulares— se encuentren personadas para que pueda ser ejercitada, tales restricciones se suavizan cuando su intervención se realiza[335] en

---

333 Castillejo Manzanares, Raquel, “Hacia un nuevo…”, cit., pp. 244 y ss. También lo destaca Ortego Pérez, Francisco, “Juicio de acusación, sobreseimiento…”, cit., pp. 6 y ss.

334 Varela Castro, Luciano, “Consideraciones sobre la reforma del proceso penal”, *Diario La Ley*, Tomo 2, 1990, p. 10.

335 El pasado mes de enero, el PSOE registró en el Congreso la polémica Proposición de Ley Orgánica de garantía y protección de los derechos fundamentales frente al acoso derivado de acciones judiciales abusivas, con la que pretende prohibir el ejercicio de la acusación popular a partidos políticos, asociaciones, fundaciones y personas físicas vinculadas a ellos con medidas sumamente cuestionables que merecen un análisis crítico que excede, con mucho, el objetivo de este apartado. Si llega a ver la luz (de momento se encuentra paralizado) supondrá una extraordinaria limitación en cuanto a los sujetos que pueden ejercitar la acción popular y a su régimen de intervención procesal.

defensa de bienes jurídicos supraindividuales[336]. No cabe duda de que ello supone que, tratándose de bienes jurídicos de tal naturaleza no es posible la personación de una acusación particular, salvo que se trate de tipos penales pluriofensivos y uno de los bienes jurídicos afectados sea individual y otro u otros supraindividuales. Sólo en estos casos se puede acordar la apertura del juicio oral a instancias exclusivamente de la acusación popular[337]. Se trata de posibilidad que debe completarse con la doctrina del Tribunal Supremo relativa al ejercicio de la acusación popular y a la que ha venido a contribuir la STS 842/2021, de 4 de noviembre, que estima oportuno el ejercicio de la acusación popular, aun sin concurrir la particular, en un caso de

---

336 Razón que sustenta también el veto a la acusación popular relativo al ejercicio de toda suerte de acción civil, no sólo actualmente, sino también en los anteproyectos de LECrim. Sobre ello, véase Ormazábal Sánchez, Guillermo, "La fase intermedia en el Anteproyecto...", cit., p. 166.

337 STS 786/2023, de 24 de octubre. En la doctrina, véase Ortego Pérez, Francisco, "Reflexiones...", cit., p. 5. También lo destacan Ormazábal Sánchez, Guillermo, "La fase intermedia en el Anteproyecto...", p. 162 y Marrero Guanche, Diana, "El ejercicio de la acción penal para la persecución de delitos contra el medioambiente", en Asencio Mellado, José María y Fuentes Soriano, Olga (Dirs.), *El proceso como garantía,* Atelier, Barcelona, 2023, p. 117. Este tratamiento restrictivo de la acusación popular fue llevada al Anteproyecto de LECrim de 2020, que ordenaba al juez de la audiencia preliminar el sobreseimiento en los procedimientos por delitos contra bienes jurídicos individuales en los que sólo ejercitase la acción penal la acusación popular. Sobre ello véase Martín Pastor, José, "Las partes acusadoras en el Anteproyecto de LECrim de 2020", en Jiménez Conde, Fernando y Fuentes Soriano, Olga (Dirs.), *Reflexiones en torno al Anteproyecto de Ley de Enjuiciamiento Criminal de 2020,* Tirant lo Blanch, Valencia, 2022, p. 240.

prostitución y corrupción de menores, y ello al considerar que la infancia es un bien jurídico supraindividual y colectivo[338].

Un supuesto distinto es el previsto en el art. 109 bis.3 LECrim, que permite la personación de asociaciones y otras personas jurídicas a las que se atribuya la finalidad de defender los derechos de las víctimas en los casos en los que así lo autorice la propia víctima del delito. Sería deseable una mayor concreción del régimen de intervención de estas asociaciones y si se trata de un supuesto ordinario de acusación popular en el que, por existir víctima concreta, se exige particularmente su autorización o, por el contrario, se trata de uno de los supuestos de legitimación extraordinaria a los que se refiere el art. 10 párrafo 2º LEC . Más concretamente, de un supuesto de sustitución procesal, que permite la personación inicial o sobrevenida de tales asociaciones. Y en lo que atañe al control judicial sobre la acusación que pretendan ejercitar, serán de aplicación las reglas generales, puesto que la personación tardía únicamente se autoriza para víctimas y perjudicados.

Dado el uso en muchas ocasiones abusivo de la acción popular, la posibilidad de acordar el sobreseimiento resulta esencial en los casos en los que el ejercicio de la acción penal

---

338 Al respecto, puede verse Muerza Esparza, Julio, "La acusación popular y el interés del menor. STS núm. 842/2021 de 4 noviembre (RJ 2021, 4993)", *Actualidad Jurídica Aranzadi*, núm. 984, 2022. También resulta de interés, como precedente cercano de esta resolución, la STS 110/2020, de 11 de marzo que, a su vez, se remite a la STS 58/2008, de 8 de abril (caso Atutxa). Un análisis sumamente detallado y esclarecedor de la doctrina jurisprudencial sobre el ejercicio de la acción popular y los casos en los que puede traspasar el filtro del auto de apertura del juicio oral puede encontrarse en la STS 1033/2024, de 14 de noviembre.

únicamente persigue que el encausado sufra el estigma de ser sometido a enjuiciamiento[339].

4. EL CONTROL JUDICIAL DE LA ACUSACIÓN TRAS LA APERTURA DEL JUICIO ORAL

Aunque el juicio de acusación se desarrolla, en términos generales, en la fase intermedia, el control sobre el ejercicio de la acusación se extiende, como ya se anticipó al inicio de este trabajo, a momentos procesales que sobrepasan ese periodo procesal. En efecto, es posible identificar diversas situaciones en las que el órgano enjuiciador debe examinar el contenido de la pretensión penal —originario o fruto de las modificaciones que puede sufrir al término del juicio oral— y plantear su viabilidad y, en su caso, las consecuencias de los defectos o excesos en los que pueda incurrir. Aunque la casuística es amplia, abordaré bajo este epígrafe tres grupos de situaciones que dan lugar a ese control sobre la acusación más allá de los límites de la fase intermedia. En primer lugar, me referiré a los casos en los que, por disposición de los arts. 109 bis LECrim y 20 LOMPIVG, se produce una personación tardía que conlleva el planteamiento de una nueva pretensión penal una vez finalizado el trámite de calificación o acusación. En segundo lugar, abordaré la posibilidad —negada, en términos generales, por la Sala Segunda del Tribunal Supremo— de examinar los defectos en los que pueda incurrir la pretensión penal en trámite de cuestiones previas y de la posibilidad de hacer uso del incidente de nulidad de actuaciones frente a tales defectos y, en tercer lugar, daré cuenta de las distintas situaciones que se pueden producir a propósito de las alteraciones que el objeto

---

339 Castillejo Manzanares, Raquel, "Hacia un nuevo proceso…", cit., pp. 248-249.

procesal puede sufrir en trámite de conclusiones definitivas y de las facultades de control de las que dispone en tales casos el órgano de enjuiciamiento.

4.1. El control judicial de la acusación tardía

El art. 109 bis LECrim —que ha sido sometido a diversas reformas— da cobertura a la posible personación tardía del ofendido[340]. En el caso de los delitos de violencia de género, tal previsión se contempla en términos muy amplios, por cuanto el art. 20 LOMPIVG establece la posibilidad de que las víctimas de violencia de género se personen en cualquier momento del procedimiento en calidad de acusación particular. En coherencia con ello, el art. 786.3 LECrim (al que la LO 1/2025, de 2 de enero trasladó lo que desde la Ley 4/2015, de 27 de abril, del Estato de la víctima del delito, se disponía en el art. 785 LECrim) establece la obligación del letrado de la administración de justicia del órgano encargado del enjuiciamiento de comunicar a la víctima, cuando lo haya solicitado, la fecha, hora y lugar del juicio, así como el contenido de la acusación formulada.

Ello ha permitido al Tribunal Supremo entender que la víctima puede personarse *apud acta* en el mismo acto de juicio con su letrado y formular conclusiones o adherirse a las del fiscal o a las de otras acusaciones, con el único límite[341] de no formular acusaciones sorpresivas "o que se aparten del contenido estricto del proceso"; con todo, la Sala Segunda mantiene a salvo la posibilidad de que la defensa interese en estos casos un aplazamiento de las sesiones del juicio para realizar una instrucción complementaria al amparo del art. 746.6º LECrim.

---

340 Me referiré sólo al ofendido, toda vez que la acción civil escapa del control de acusación.

341 STS 170/2005, de 18 de febrero.

En estos casos, se presentan algunas dificultades para establecer un punto de equilibrio entre el derecho a la tutela judicial del ofendido, el momento hasta el que puede personarse, la posibilidad de formular una pretensión acusatoria nueva y el derecho de defensa del acusado, así como algunos interrogantes relativos a cómo y cuándo realizar el preceptivo control sobre la nueva acusación formulada. No cabe duda de que el trámite de ofrecimiento de acciones y la posibilidad de personarse durante toda la instrucción garantiza el derecho a la tutela judicial de los ofendidos, y que si no se realizase tal ofrecimiento podría acordarse la nulidad de actuaciones[342]. En este sentido, el Tribunal Supremo venía entendiendo que el derecho de la víctima a personarse se extiende hasta el mismo acto del juicio oral o incluso a la fase de recurso contra la sentencia o al auto de sobreseimiento sin que quede necesariamente menoscabado el derecho de defensa del acusado al sobrepasarse el límite del auto de transformación en procedimiento abreviado. La reforma del art. 109 bis LECrim llevada a cabo en 2021 dio cabida de forma inequívoca a la personación una vez transcurrido dicho trámite, pero con el mandato claro a la víctima de limitarse a expresar su adhesión a las acusaciones formuladas temporáneamente. Nada se dice acerca de la proposición de nuevas pruebas en el acto ni de la formulación de cuestiones previas de naturaleza procesal, ambas al amparo del art. 785.1 LECrim, lo que bien puede entenderse como anuencia, siempre que con ello no se altere el objeto procesal[343].

---

342 Fernández-Gallardo Fernández-Gallardo, Javier Ángel, "Cuestiones derivadas del auto…", cit., p. 15.

343 Para Serrano Massip, por ejemplo, la vinculación a la acusación ya formulada no debe ser absoluta, pues ello convertiría a la acusación particular en mera coadyuvante de las que se hubieran personado en plazo, lo que cercenaría su derecho a la tutela judicial efectiva. Por esta razón, se muestra partidaria de reconocerle autonomía res-

Se ha señalado que esta personación tan tardía quiebra el principio de igualdad de armas, puesto que priva al acusado de la oportunidad de presentar escrito de defensa en respuesta a la nueva acusación[344]. Sin embargo, no comparto esta opinión, puesto que las consecuencias de la no presentación del escrito de defensa se limitan a considerar que se opone a la nueva acusación, y le asiste, además, la posibilidad de interesar la suspensión del juicio oral para preparar adecuadamente su defensa (especialmente cuando se propongan nuevas pruebas).

En cualquier caso, la reforma del art. 109 bis trasladó a la LECrim la línea jurisprudencial que venía admitiendo la personación de la acusación una vez dictado el auto de apertura del juicio oral, siempre que con ello no se introdujeran nuevas acusaciones extemporáneas que mermasen el derecho de defensa[345]. Es por ello que la posibilidad de intervención tar-

---

pecto de las peticiones relativas al sobreseimiento, a los medios de prueba propuestos o a la formulación de conclusiones definitivas. Serrano Massip, Mercedes, "La personación de las víctimas como acusación particular en el proceso penal: una inseguridad jurídica sin resolver", *Revista Aranzadi de Derecho y Proceso Penal*, núm. 68, 2022, p. 32.

344 Fernández-Gallardo Fernández-Gallardo, Javier Ángel, "Cuestiones derivadas del auto...", cit., p. 18.

345 Se refiere a ello Muñoz Cuesta, Javier, "Expulsión de la acusación particular en el trámite de cuestiones previas al inicio del juicio oral por personación extemporánea. Comentario STS, Sala 2ª, de 12 de abril de 2005", *Repertorio de Jurisprudencia*, núm. 12, 2005, p. 4. Una efectiva indefensión que requiere ser invocada. Por ejemplo, en la STS 99/2014, de 5 de febrero, se aborda un supuesto en el que una entidad bancaria que se encontraba personada como responsable civil subsidiario se personó en las actuaciones como parte acusadora una vez abierto el juicio oral (con un escrito de acusación que no difería en los aspectos penales del sostenido por el Ministerio Fiscal, del que sólo se distanciaba en la pretensión civil). Estando admitida por Acuerdo del Pleno de 27 de noviembre de 1998 la asunción de

día de la acusación debe realizarse con algunas precauciones. Además de la imposibilidad de apartarse de las acusaciones ya formuladas (puesto que debe adherirse a ellas o a alguna de ellas), todo hecho jurídicamente relevante en el que se aparte del resto de partes acusadoras debe ser evaluado desde el prisma del impacto que pueda tener sobre el derecho de defensa, de modo que no se autorice la formulación de un nuevo escrito de acusación, la práctica de nuevas pruebas relativas a hechos no incluidos en los escritos de acusación o la modificación de conclusiones cuando pueda ser un mecanismo para provocar una alteración del objeto procesal prohibida por el arts. 109 bis LECrim. En todos los demás casos, tales peticiones deberían sujetarse a (y resolverse de conformidad con) las reglas generales, de modo que la parte podrá interesar nuevas pruebas en trámite de cuestiones previas y, si plantea la modificación de conclusiones, será preciso autorizar la suspensión solicitada por la defensa cuando tal modificación suponga una alteración relevante de los hechos o de las calificaciones jurídicas sostenidas por el resto de partes acusadoras. Y hasta tanto se emprenda una reforma que clarifique el régimen de actuación de la víctima que se persona tardíamente, el art. 13 LEC ofrece un marco bastante ajustado a la manera en que puede autorizarse su intervención sin merma para su derecho a la tutela judicial efectiva, y ello sin perjuicio de los ajustes que deban realizarse para garantizar también el derecho de defen-

---

la doble condición de acusador y acusado, ninguna cuestión plantea esta personación, salvo la posible indefensión que podría alegar el acusado amparada en el desconocimiento de la acusación formulada *ex novo* o en la imposibilidad de defenderse eficazmente de ella. Sin embargo, en el caso de autos, se rechaza la indefensión invocada en casación al haber consentido dicha situación desde el momento en el que la parte tuvo conocimiento de la personación como acusación de la entidad bancaria hasta que dio comienzo el juicio oral, dos años y medio después.

sa de la persona acusada. En este sentido, si se le confiere la posibilidad de audiencia que prevé el segundo párrafo del art. 13.3 LEC, cabría la posibilidad de que las partes ya personadas hicieran suyas peticiones y alegaciones que puedan llegar a provocar cambios en los escritos de acusación del resto de partes en sede de conclusiones definitivas (el propio precepto permite justificar la actuación de la víctima sin sujeción absoluta a la posición del resto de acusaciones y no como mera parte coadyuvante).

En definitiva, no considero preciso someter a plazo la posibilidad de intervención de la víctima[346], puesto que supondría rechazar el fundamento, plenamente justificado, que subyace a las reformas que en los últimos años han ido ampliando sus posibilidades de actuación en todas las fases del proceso penal como manera de satisfacer su legítimo interés atendiendo a las particulares características del ámbito penal y de los posibles cambios de opinión en cuanto a su deseo de personarse

346 Apunta a tal posibilidad Serrano Massip al analizar el procedimiento de personación previsto en la Ley Orgánica 9/2021, de 1 de julio, de aplicación del Reglamento (UE) 2017/1939 del Consejo, de 12 de octubre de 2017, por el que se establece una cooperación reforzada para la creación de la Fiscalía Europea, pero tampoco la autora considera que sea una buena manera de enfocar esta problemática. En su art. 114.2, prevé que el juez de garantías de traslado a las demás acusaciones, al actor civil y a las víctimas no personadas para que formulen, si lo desean, escrito de acusación en el plazo de diez días. Serrano Massip, Mercedes, "La personación de las víctimas como acusación particular en el proceso penal: una inseguridad jurídica sin resolver", *Revista Aranzadi de Derecho y Proceso Penal*, núm. 68, 2022, pp. 33 y 40. Yañez Velasco, sin embargo, es sumamente crítico con la línea jurisprudencial que hace una lectura flexible del plazo de personación. Yañez Velasco, Ricardo, "Imperio de la Ley y jurisprudencia creadora. La personación de la presunta víctima en todo tiempo procesal", *Diario La Ley*, núm. 8304, 6 de mayo de 2014, pp. 3 y ss.

en las actuaciones. Sin embargo, es incontestable que tal intervención debe articularse de la manera que resulte menos lesiva para las garantías implicadas, esto es, con el mayor de los respetos al derecho a la tutela judicial efectiva de la víctima y el menor sacrificio para el derecho de defensa del acusado. Por tal razón, sería conveniente notificarle al ofendido el auto de transformación en procedimiento abreviado con la finalidad de darle a conocer la posibilidad de personarse, formular escrito de acusación y evitar que tal personación se retrase demasiado y pueda ocasionar suspensiones. Asimismo, creo que el régimen civil de la intervención procesal del art. 13 LEC puede proporcionar una base legal que permita un adecuado ejercicio del derecho a formular acusación y, al tiempo, en combinación con otras normas (como el art. 788.5 LECrim), la suficiente salvaguarda del acusado frente a acusaciones sorpresivas. Sin descuidar, claro está, razones de eficiencia procesal en términos menos comprometidos con las garantías pero más apegados a la también crucial duración razonable del procedimiento, que no debe quedar supeditada a la voluntad de quien, habiendo tenido la oportunidad de personarse a lo largo de las actuaciones, ha decidido hacerlo en un momento en el que ha podido perder importantes posibilidades de alegación y prueba, que sólo de manera parcial (esto es, sin retroacción de actuaciones) pueden verse compensadas.

4.2. La depuración del objeto procesal en trámite de cuestiones previas

El control judicial de la acusación, como ya se anticipó, no se limita a las resoluciones que dicta el juez de instrucción sobre la viabilidad de la pretensión penal. No cabe duda de que su núcleo esencial gira en torno al auto de procedimiento abreviado, que marca los contornos de la futura acusación (junto con la información sobre los hechos punibles ofrecida al encausado en los términos del art. 775 LECrim), y al auto de apertura del juicio oral, que evalúa la acusación provisionalmente formulada y su adecuación al objeto procesal, progresivamente conformado. No se discute la centralidad del instructor en el juicio de acusación (aunque sí que el auto de apertura del juicio oral sea un filtro eficaz). Lo que cabe discutir es que nuestra LECrim articule un juicio de acusación que podríamos denominar "concentrado", esto es, limitado a las decisiones tomadas por el instructor en la fase intermedia. En mi opinión, la LECrim no es tan restrictiva, puesto que a lo largo de su articulado da muestras de que más bien el juicio de acusación responde a un modelo "difuso", esto es, que se prolonga a lo largo de todo del procedimiento, y ello como consecuencia necesaria de la archiconocida tesis del Tribunal Supremo sobre la cristalización progresiva del objeto procesal, que comienza con la misma admisión de la querella como incipiente manifestación, pasando, por supuesto, por el auto de transformación de las diligencias previas en procedimiento abreviado, el auto de apertura del juicio oral, la audiencia preliminar y llegando al propio acto del juicio oral, en el que el órgano de enjuiciamiento debe garantizar que toda modificación fáctica o jurídica (incluidas las que pudieran asumirse o plantearse en la propia sentencia) se ajuste a los contornos que se han ido perfilando paulatinamente a los efectos de garantizar las posibilidades de defensa del acusado. Una tarea que podríamos considerar también que involucra a los órganos que, en vía de recurso, deben efectuar un control sobre las decisiones que en tal sentido adopte el órgano de enjuiciamiento. En definitiva, que la competencia para abrir el juicio oral sea del instructor no supone necesariamente que deba excluirse toda facultad del órgano de enjuiciamiento para evaluar el contenido de los escritos de acusación, máxime cuando la decisión de abrir el juicio oral es irrecurrible y puede ser manifiestamente errónea.

Y en este contexto, aunque no pueda decirse que sea lo habitual, tampoco puede calificarse como extravagante que en el trámite de cuestiones previas que prevé el art. 785.1 LECrim se plantee por la defensa la exclusión de hechos que han pasado el filtro del auto de apertura del juicio oral a pesar de no encontrar acomodo en el auto de procedimiento abreviado o de no haberse recibido cumplida información sobre ellos en instrucción. Tampoco es extraordinario que la defensa trate de evidenciar que el relato de hechos es tan genérico o inconcluyente que resulta imposible desarrollar una estrategia de defensa eficaz, toda vez que el escrito de acusación se limita básicamente a reproducir el supuesto de hecho de la norma penal cuya aplicación se pretende. Así sucede, en ocasiones, en procedimientos seguidos por delitos como el maltrato habitual o el acoso, respecto de los que los escritos de acusación omiten detalles, contextos y periodos necesarios para conocer los hechos punibles concretos que se atribuyen al acusado, o la posibilidad de establecer la existencia de un delito continuado, lo que compromete gravemente el derecho de defensa.

Que tales escritos hayan logrado traspasar el filtro de acusación supone que va a celebrarse un juicio que está abocado a finalizar con una sentencia absolutoria, a pesar de ser completamente previsible tal desenlace. De ahí que sea deseable disponer de mecanismos procesales de detección y reparación de la infracción del derecho de defensa que tal situación depara al acusado una vez abierto el juicio oral. Sin embargo, es criterio de la Sala Segunda (que expresa con rotundidad en la STS 124/2022, de 11 de febrero), considerar inadecuado cuestionar la acomodación del escrito de acusación al auto de transformación del procedimiento abreviado en sede de cuestiones previas (y, más en general, una vez abierto juicio oral), por cuanto ello (i) supone una ilegítima frustración de las expectativas acusatorias y (ii) es un momento prematuro para evaluar una posible vulneración del principio acusatorio, que sólo puede efectuarse en la sentencia y respecto de los escritos de acusación definitivos. En virtud de ello, la sentencia citada estima el recurso de casación del Ministerio Fiscal contra el auto que acordó el sobreseimiento por aticipidad de los hechos (el relato de hechos no cuantificaba el perjuicio sufrido y la audiencia provincial consideró que con ello los acusados no se encontraban debidamente informados de la acusación ni podía considerarse de aplicación el delito de estafa solicitado por la acusación) y ordena la retroacción de las actuaciones al momento inmediatamente anterior y la celebración del correspondiente juicio ante un nuevo tribunal.

A ello se suma que la Sala considera que el examen en trámite de cuestiones previas quiebra la intangibilidad de las resoluciones judiciales firmes, puesto que tanto el auto de transformación de las diligencias previas en procedimiento abreviado como el auto de apertura del juicio oral han devenido firmes (el segundo *ope legis*, dado que es irrecurrible) y no puede discutirse nuevamente su contenido, pues ello supondría invadir una competencia, la de realizar el examen de acomodación de la acusación al auto de procedimiento abreviado, que le corresponde en exclusiva al instructor.

En la STS 382/2023, de 22 de mayo, se parte de los mismos presupuestos, pero el asunto al que se da respuesta es sustancialmente distinto. Mientras la STS 124/2022, de 11 de febrero, estimó el recurso de casación frente al auto de sobreseimiento libre dictado por la audiencia provincial en trámite de cuestiones previas al considerar que los hechos objeto de acusación no eran típicos, en la causa que dio lugar a la STS 382/2023, de 22 de mayo, la defensa cuestionó en ese mismo momento procesal que dos calificaciones jurídicas que habían traspasado el filtro del auto de apertura del juicio oral tuvieran cabida en el auto dictado al amparo del art. 779.1.4ª LECrim, particularmente las relativas a un delito de malversación y otro de fraude. Esta última resolución no discute —y esto es importante— la oportunidad de abordar posibles causas de nulidad del auto de apertura del juicio oral en trámite de cuestiones previas, pero sus conclusiones cierran la puerta a que el debate sobre dicho auto pueda alterar los hechos que integran la pretensión penal. Y en ello coincide con lo expresado en la

STS 124/2022, de 11 de febrero, por cuanto se sostiene que se trata de una competencia atribuida en exclusiva al instructor. En cualquier caso, la STS 382/2023, de 22 de mayo, rechaza el motivo de casación invocado porque, aunque la audiencia provincial estimó improcedentes tales calificaciones por desbordar el contenido del auto de procedimiento abreviado, no limitó el debate contradictorio sobre las mismas, que tuvo lugar en toda su extensión en el acto del juicio oral.

A la vista de estas resoluciones, parece que, a juicio del Tribunal Supremo, es preciso distinguir entre el planteamiento de cuestiones que hacen innecesaria la celebración del debate contradictorio propio del juicio oral y aquellas otras que lo requieren en todo caso y, por tanto, sólo van a poder ser resueltas en la sentencia. Al primer grupo pertenecen presupuestos procesales como la prescripción, la cosa juzgada o el indulto, siempre que su concurrencia sea evidente para el órgano de enjuiciamiento sin necesidad de practicar prueba sobre ellas. La celebración del juicio oral en estos casos resultaría manifiestamente contraria al principio de economía procesal, pues la sentencia deberá ser absolutoria respecto de los concretos hechos a los que afecte[347]. En el segundo grupo deben incluirse las cuestiones que exigen un debate contradictorio para que el órgano de enjuiciamiento pueda resolverlas en la sentencia. Pertenecerían a esta categoría, entre otras, las que cuestionan la calificación jurídica de los hechos o la delimitación misma de los hechos objeto de acusación cuando estos han traspasado el umbral del auto de apertura del juicio oral: “La incorrección de una calificación jurídica, o la deficiente descripción fáctica están sometidas a su correspondiente fiscalización que podrá determinar el sobreseimiento como alternativa a la apertura del juicio oral. Pero si sortea el filtro constituido por el auto

347 STS 735/2021, de 30 de septiembre, de la que se hace eco la STS 124/2022, de 11 de febrero.

que acuerda esta, el tema queda abocado a ventilarse en sentencia, sin que el trámite de cuestiones previas proporcione cauce para cuestionar aquel, ni replantear el debate que en su momento zanjó. Y la tipicidad de los hechos descritos en el escrito de acusación ya quedó fijada, al superar el juicio de acusación realizado por el Juez de Instrucción que excluyó el sobreseimiento. Puede que el escrito de acusación no sea ajustado a derecho, lo que no implica que sea nulo. Puede igualmente que el auto de apertura del juicio oral, que está exento de recurso, haya errado al descartar aun tácitamente la atipicidad de los hechos. Pero iniciada la fase de enjuiciamiento tales cuestiones constituidas ya en presupuestos del proceso, no admiten otro tratamiento que el que se efectúe en sentencia tras el desarrollo del juicio en todas sus fases"[348].

No comparto, sin embargo, el carácter absoluto con el que se aplaza a la sentencia el examen de la delimitación fáctica de la pretensión. La propia STS 124/2022, de 11 de febrero, señala que entre los fines del juicio de acusación se encuentra el relativo a que quien resulte acusado haya podido declarar sobre los hechos a los que se refiere la pretensión, de tal manera que el auto de apertura del juicio oral en el procedimiento abreviado es un filtro en el que el juez de instrucción actúa como garante del derecho de defensa, dado que la incorporación de hechos atípicos debería conducir al sobreseimiento. De ahí que se haya considerado con acierto que el auto de apertura del juicio oral, en su regulación actual, no supone un verdadero y exhaustivo control de los escritos de acusación, sino únicamente un control sobre la inexistencia de causas de sobreseimiento[349], toda vez que cualquier irregularidad del es-

---

348 STS 124/2022, de 11 de febrero.

349 Quintero Jiménez, Camilo Alberto, *Fase intermedia y control...*, cit., p. 264.

crito de acusación que exceda de la existencia de tales causas no impide la apertura del juicio oral.

La postura del Tribunal Supremo que se acaba de analizar aboca a celebrar el juicio oral aun cuando un control en trámite de cuestiones previas podría evitarlo si la acusación se encuentra deficientemente formulada (ya sea por tratarse de hechos que exceden de los descritos en el auto transformador, ya sea por ser atípicos en su formulación)[350]. Considera el Tribunal Supremo que las acusaciones disponen todavía de la posibilidad de introducir las modificaciones oportunas en el trámite de conclusiones definitivas para completar sus escritos, por lo que resulta prematuro privarles de la posibilidad de celebrar el juicio. Sin embargo, considero que tales modificaciones no deben ser admitidas cuando el escrito de acusación, a pesar de haber superado el auto de apertura de juicio oral, es sumamente inconcreto y carece de la más mínima descripción de los hechos típicos, ya que no queda garantizado el efectivo ejercicio del derecho de defensa frente al deficiente relato de hechos de la acusación.

En efecto, la tesis que se sostiene en estas resoluciones del Tribunal Supremo plantea una situación cuya solución no resulta del todo satisfactoria. Como ya he señalado, cuando el escrito de acusación haya pasado el filtro del auto de apertura del juicio oral, y puesto que no cabe que el órgano de enjuiciamiento acuerde el sobreseimiento, no es hasta la sentencia

---

350 O cuando se haya formulado por quien no tiene legitimación para intervenir en el proceso, como puede suceder con la acusación popular. En estos casos, ha declarado que, por razones de prudencia, es preferible celebrar el juicio oral y disponer lo que corresponda en la sentencia, lo que permite sortear eventuales nulidades causadas por una decisión prematura en trámite de cuestiones previas, aunque destaca que esta última posibilidad no es "ni ilegal ni improcedente" (STS 1033/2024, de 14 de noviembre).

cuando puede examinarse tal acomodación y, en el caso de concluir que no se produce, deberá dictarse un pronunciamiento absolutorio respecto de los hechos que desborden el contenido del auto de procedimiento abreviado. Es insatisfactoria porque el tribunal sentenciador no puede, ni de oficio ni a instancia de parte, asumir la competencia de depuración y acordar el sobreseimiento respecto de tales hechos, lo que supone la necesidad de admitir la práctica de pruebas y permitir que el juicio oral se desarrolle con plena contradicción sobre hechos que, por una decisión errónea del instructor, han pasado el tamiz del auto de apertura del juicio oral y sobre los que el encausado no ha podido defenderse en instrucción, y ello aunque el resultado inevitable sea un pronunciamiento absolutorio totalmente previsible para el tribunal. Una pena de banquillo a la que aboca esta solución que resulta innecesaria y socava el derecho del acusado a un proceso con todas las garantías y, al tiempo, supone un derroche de medios materiales y personales que redundan en la ineficiencia del procedimiento, que podría haber finalizado (aunque sea parcialmente) en un momento muy anterior.

Como respuesta a estas situaciones, y frente a lo establecido por el Tribunal Supremo, cabría proponer dos soluciones alternativas. La primera, consistente en hacer uso del incidente extraordinario de nulidad de actuaciones frente al auto de apertura del juicio oral, por cuanto es irrecurrible y, en el caso descrito, se infringe el derecho de defensa al haber permitido el ejercicio de pretensiones que desbordan el contenido del auto de procedimiento abreviado, lo que no es sino una manifiesta contradicción entre lo dispuesto por el instructor inicialmente en este auto y lo acordado en el auto de apertura, lo que supone, *de facto*, el fracaso del más elemental juicio de acusación. La segunda, para el caso de que tal incidente no prosperase, sería plantear en la audiencia preliminar, en trámite de cuestiones previas y a instancia de parte, que se deje sin efecto la parte del escrito de acusación que excede los límites que marca el auto de procedimiento abreviado y que nunca debió pasar el filtro del auto de apertura del juicio oral. Ambas posibilidades se oponen a la doctrina del Tribunal Supremo, que excluye expresamente la declaración de nulidad del escrito de acusación: "La incorrección de una calificación jurídica podrá llevar a su criba previa (dictándose sobreseimiento); pero si sortea el filtro constituido por el auto de apertura del juicio oral, la cuestión ha de ventilarse en la sentencia. No puede hablarse en rigor de nulidad del escrito de acusación. Un escrito de acusación no ajustado a derecho no es nulo, si respeta los requisitos de forma esenciales (artículo 650 LECrim). Podrá ser improcedente en sus peticiones, pero nunca nulo[351]. En el juicio se dilucidará su corrección jurídica o no. Eso es lo que debe debatirse (...). La incorrección de una calificación jurídica, o la deficiente descripción fáctica están sometidas a su correspondiente fiscalización que podrá determinar el sobreseimiento como alternativa a la apertura del juicio oral. Pero si sortea el filtro constituido por el auto que acuerda esta, el tema queda abocado a ventilarse en sentencia, sin que el trámite de cuestiones previas proporcione cauce para cuestionar aquel, ni replantear el debate que en su momento zanjó. Y la tipicidad de los hechos descritos en el escrito de acusación ya quedó fijada, al superar el juicio de acusación realizado por el Juez de Instrucción que excluyó el sobreseimiento. Puede que el escrito de acusación no sea ajustado a derecho, lo que no implica que sea nulo. Puede igualmente que el auto de apertura del juicio oral, que está exento de recurso, haya errado al descartar aun tácitamente la atipicidad de los hechos. Pero

---

351 Declaración de la Sala que contradice lo manifestado en el ATS de 2 de marzo de 2022, dictado en la causa especial 20898/2021 frente a persona aforada, donde se declara la nulidad del auto de apertura del juicio oral y del escrito de acusación, si bien por causa del aforamiento posterior de la encausada, un supuesto sustancialmente distinto al que aquí resuelve.

iniciada la fase de enjuiciamiento tales cuestiones constituidas ya en presupuestos del proceso, no admiten otro tratamiento que el que se efectúe en sentencia tras el desarrollo del juicio en todas sus fases"[352].

Aunque comparto en lo esencial esa importante distinción entre nulidad y peticiones improcedentes (esto es, peticiones que no podrán prosperar, ya sea por una errónea calificación jurídica, ya sea por un indebido fundamento fáctico), la posición del Tribunal Supremo aboca, como se anunciaba, a celebrar el juicio oral respecto de tales peticiones aun cuando sea patente la falta de acomodación del escrito de acusación al auto de procedimiento abreviado. Creo que ello responde a una visión del juicio de acusación que se hace pivotar sobre tres ideas que cabe, al menos, poner en cuestión: La primera, es la relativa a la eficacia del juicio de acusación que se atribuye al juez de instrucción a través del auto de apertura del juicio oral; la segunda, de importante calado, aunque no se incida sobre ella directamente en la sentencia comentada, es la posible pérdida de imparcialidad que podría suponer que el órgano de enjuiciamiento anticipe su juicio sobre la acusación formulada al trámite de cuestiones previas; por último, la nueva discusión de una cuestión ya resulta por el auto de apertura del juicio oral, frente al que no cabe recurso, parece poner en cuestión la intangibilidad de las resoluciones judiciales firmes.

En primer lugar, por lo que respecta a la competencia del instructor para efectuar el preceptivo juicio de acusación, como he destacado a lo largo de estas páginas, su eficacia práctica es francamente escasa. Son extraños los casos en los que se acuerda un sobreseimiento (total o parcial) como alternativa a la apertura del juicio oral, lo que puede imputarse sin muchas dificultades al diseño competencial previsto por la LECrim,

---

352 STS 124/2022, de 11 de febrero.

que atribuye tal función al mismo juez que ha investigado y que ha dictado el auto de procedimiento abreviado, y ello aunque en este segundo momento su decisión no recaiga estricta y directamente sobre los hechos objeto de la investigación, sino sobre los que, entre estos, han sido acogidos por los escritos de acusación[353]. Señalaba Moreno Catena que, por tal razón, la decisión de apertura del juicio oral pierde su virtualidad[354]. En efecto, el mismo juez que ha dirigido la investigación y acordado la continuación del procedimiento difícilmente va a examinar sus propias decisiones liberado del sesgo de confirmación originado por su protagonismo previo, lo que queda constatado con el hecho de que los casos en los que se cierran las puertas del enjuiciamiento y se acuerda el sobreseimiento a pesar de que las partes interesen la apertura del juicio oral son anecdóticos (al margen de los sobreseimientos que sí tienen lugar como alternativa al auto de procedimiento abreviado)[355].

---

353 Ortega Lorente, José Manuel, Camarena Grau, Salvador, Hernández García, Javier y Gimeno Jubero, Miguel Ángel, "Bloque 2. La fase intermedia…", cit., p. 23. También se hace eco de ello Khalaf Reda, Abdalla, "El control judicial…", cit., p. 51.

354 Moreno Catena, Víctor, "El papel del juez y del fiscal durante la investigación del delito", en Carmona Ruano, Miguel (Dir.), *Hacia un nuevo proceso penal*, Consejo General del Poder Judicial, Madrid, 2005, p. 76. En el mismo sentido, Varela Castro, Luciano, "El juicio sobre la acusación", cit., p. 328 y Castillejo Manzanares, Raquel, "Hacia un nuevo proceso…", cit., p. 256. Igualmente, y con perspectiva de Derecho Comparado, Letelier Loyola, Enrique, "Sobre la conveniencia de establecer una fase intermedia por audiencias en los procesos penales acusatorios", *Justicia. Revista de Derecho Procesal*, núm. 1-2, 2011, pp. 194-196.

355 En este sentido —y, más allá, cuestionando la imparcialidad del instructor— García-Panasco Morales ha señalado que "la configuración funcional del juez de instrucción puede generar en el sujeto pasivo del proceso la percepción fundada de que no existen garantías de que esa valoración no esté condicionada por una previa relación directa con el objeto de la investigación. Con todo ello, en realidad,

Muñoz Cuesta lo expresaba en términos de incongruencia del instructor: si acuerda la transformación en procedimiento abreviado y posteriormente, ante los escritos de acusación formulados, acuerda de oficio el sobreseimiento, su cambio de posición es, cuanto menos, sorprendente[356]. Comparto la idea desde el plano meramente explicativo de los escasos cambios de opinión que se producen en esta fase procesal, pero no debería darse tal situación si el examen de los escritos de acusación se realizase por quien no ha tomado contacto previo con

---

lo que se viene a indicar es que el juicio de acusación debe adquirir su verdadera dimensión como trámite tendente a garantizar que un órgano objetivamente imparcial valore desde la adecuada distancia si existe material probatorio suficiente y válido para proceder a la apertura de juicio oral. En consecuencia, un verdadero juicio de acusación sólo puede ser llevado a cabo por un órgano auténticamente imparcial, que se pueda convertir en un elemento esencial para la adecuada protección del derecho a un proceso con todas las garantías reconocido en el art. 24.2 CE. En nuestra opinión, el juez de instrucción no está situado en una posición de alteridad que le permita afrontar esta decisión desde la necesaria objetividad, ya que no sólo es que haya tenido contacto con las fuentes de prueba, sino que es él mismo quien ha recabado esas fuentes de prueba. Por lo tanto, la regulación procesal vigente no permite afirmar la existencia de un verdadero juicio de acusación que, en tal sentido, se considera una necesidad inaplazable". García-Panasco Morales, Guillermo, "El proceso penal vigente: análisis crítico", *La Ley Digital*, 2223/2020, p. 33. También cuestiona que el instructor cuente con la imparcialidad precisa para llevar a cabo el juicio de acusación Vera Sánchez, Juan S., "Naturaleza jurídica de la fase intermedia del proceso penal chileno. Un breve estudio a partir de elementos comparados", *Revista de Derecho de la Pontificia Universidad Católica de Valparaíso*, XLIX, segundo semestre de 2017, p. 153.

356 Muñoz Cuesta, Javier, "La fase intermedia...", cit., p. 287. Ello llevaba al autor a considerar que tal control sobre el ejercicio de la acusación pública debía eliminarse y acordar la apertura del juicio oral siempre que así lo interese el Ministerio Fiscal, reservando el juicio de acusación exclusivamente respecto de la acusación particular.

la causa ni lo tomará después como órgano de enjuiciamiento. Si, en definitiva, es un tercer órgano jurisdiccional el que asume esa función de control.

En segundo lugar, también considero cuestionable que el examen previo del objeto procesal suponga necesariamente una merma de la imparcialidad del órgano de enjuiciamiento. Al margen de las variadas razones por las que la imparcialidad ocupa una posición central en el sistema de garantías procesales, es preciso destacar ahora que la naturaleza eminentemente cognoscitiva de la función jurisdiccional la sitúa también en el centro neurálgico de los presupuestos que legitiman la sentencia, por cuanto la objetividad de juicio en la que se traduce contribuye a asegurar la calidad del conocimiento judicial de los hechos[357].

No es tarea fácil asumir un único concepto de imparcialidad, por cuanto existen muchos enfoques posibles desde los que aproximarse a ella, pero todos presentan ciertos elementos comunes. Por ejemplo, para el Tribunal Constitucional, cuya perspectiva es muy cercana a la del Tribunal Europeo de Derechos Humanos[358], la imparcialidad, implícita en el derecho a un proceso con todas las garantías, puede resumirse en dos ideas. La primera de ellas es que la función jurisdiccional no puede confundirse con las funciones de las partes, lo que sucedería si el juez realizara actuaciones que procesalmente corresponden a estas[359]. La segunda idea es que la imparciali-

---

[357] Andrés Ibáñez, Perfecto, *Tercero en discordia. Jurisdicción y juez del Estado constitucional*, Ed. Trotta, Madrid, 2015, pp. 214-2015.

[358] Especialmente relevante en materia de imparcialidad es la STEDH de 6 de noviembre de 2018, asunto *Otegui Mondragón c. España*.

[359] La imparcialidad, por tanto, remite a la idea de tercero ajeno a los intereses contrapuestos en el proceso. Oteiza, Eduardo, "El deber de respetar la independencia judicial. Esfuerzos y ambigüedades de los Estados en el plano internacional", en Nieva Fenoll, Jordi y

dad veta al juez la realización de actuaciones de las que pueda desprenderse o exteriorizarse una toma de posición a favor de una de las partes[360] (se entiende, lógicamente, que ha de tratarse de una toma de posición previa a la decisión sobre el fondo del asunto y ajena a las razones jurídicas que la legitiman). Ambas ideas, íntimamente relacionadas, encuentran respaldo en la neutralidad como posición metodológica del juez a lo largo del procedimiento y respecto del conocimiento de los hechos, por cuanto debe evitar influir en el resultado del proceso, y, desde esa perspectiva, el Tribunal Supremo ha apelado gráficamente, a la idea de "autorrestricción fuerte"[361].

E, íntimamente vinculada a la idea de imparcialidad, aparece la de neutralidad. Ambas (imparcialidad y neutralidad) se han referido tradicionalmente, de modo genérico e intercambiable, a la actitud que un tercero debe asumir respecto del objeto y de las partes de un conflicto, pero puede distinguirse entre las implicaciones de la neutralidad y la imparcialidad si, dando un paso más, observamos los dos roles que el juez desempeña en sus relaciones con las partes y el objeto del proceso: el de dirigir el proceso y el de resolver el conflicto[362].

Señala Aguiló Regla que, cuando el juez dirige el proceso, debe actuar con neutralidad, esto es, con equidistancia, manteniendo el equilibrio entre las partes y sin influir en el resultado final (haciendo abstracción de cuál pueda llegar a

---

Oteiza, Eduardo (dirs.), *La independencia judicial: un constante asedio*, Marcial Pons, Madrid-Barcelona-Buenos Aires-Sao Paulo, 2019, p. 187.

360 STC (Pleno) 45/2022, de 23 de marzo.

361 STS 79/2014, de 18 de febrero, citada por la más reciente STS 246/2021, de 17 de marzo.

362 Aguiló Regla, Josep, "De nuevo sobre independencia e imparcialidad de los jueces y argumentación jurídica", *Jueces para la democracia*, núm. 46, 2003, p. 53.

ser tal resultado). Desde este punto de vista, el juez tiene la obligación de velar por el equilibrio y la igualdad de derechos entre demandante y demandado y entre acusación y acusado. Deben excluirse, por tanto, actuaciones que supongan la asunción judicial del rol de parte en la medida en que lleven aparejado cierto tipo de colaboración con alguna de ellas, lo que no es extraño en la práctica al existir cierta tendencia natural a compartir perspectiva institucional con la fiscalía o al tratar de solventar deficiencias en la labor defensiva de alguno de los letrados. Desde esta perspectiva, la imparcialidad, en forma de neutralidad, exige una actitud pasiva del juez durante el desarrollo del proceso, limitada a garantizar la igualdad de las partes y la debida contradicción. La actuación del juez debe limitarse a velar por el respeto a las garantías esenciales del enjuiciamiento, en tanto fuente legitimadora de su decisión junto con la verdad de los hechos y la correcta aplicación del Derecho, y ello, como he señalado, porque no es posible conocer las razones que le mueven a actuar.

Pues bien, partiendo de estas ideas generales, puede concluirse que la imparcialidad del tribunal que excluye hechos punibles del objeto del proceso en trámite de cuestiones previas no queda comprometida cuando lo que hace es un examen de la subsunción de tales hechos en el auto de procedimiento abreviado. Contrario a esta posibilidad se mostraba Gimeno Sendra, que la consideraba una invasión del acusatorio: "no contempla la LECrim trámite procesal alguno en el que, previa audiencia de la parte contraria, pueda el tribunal requerir a las partes la subsanación de los defectos formales de su escrito de acusación. En particular, no lo contempla la «comparecencia previa» del art. 786.2, en el que, a lo sumo, dentro de la posibilidad de alegación de «nulidad de actuaciones» podrían las partes pedir la nulidad[363] o subsanación de determinados requisitos de los escritos de acusación, que no incidan en el objeto del proceso (así, por ejemplo, determinados extremos de la calificación legal de los hechos o la subsanación de algún documento)"[364].

Considero, sin embargo, que se trata de un mero juicio de subsunción en el que no se cuestiona la suficiencia de los indicios que sustentan tales hechos —lo que corresponde en exclusiva al instructor y en modo alguno puede hacer el órgano de enjuiciamiento sin manifestar un prejuicio que, sin duda, supondría una quiebra de su imparcialidad—, dado que se limita a comprobar si la descripción de los hechos del escrito de acusación se aparta de los que fueron incluidos en el auto transformador como resultado de la investigación previa o si, tal y como se describen, pueden ser objeto de enjuiciamiento. No se produce en este caso ni una anticipación del criterio sobre la existencia o inexistencia de los hechos ni un juicio de tipicidad, decisiones que sólo pueden tomarse en sentencia. En definitiva, excluir tales hechos cuando el órgano de enjuiciamiento concluye que el auto de apertura de juicio oral no debió incluirlos forma parte del examen al que le autoriza el art. 785.1 LECrim en sede de cuestiones previas, siempre, insisto, que tal examen no suponga anticipar su criterio sobre la suficiencia de los elementos de juicio que sustentan tales hechos y se limite a la citada subsunción o juicio de correspondencia respecto del auto de transformación de diligencias previas en procedimiento abreviado o del auto de procesamiento. Esta es la perspectiva que preside la STS 594/2013, de 4 de julio, que no descartaba su examen a instancia de parte en trámi-

---

363 Hoy, audiencia preliminar regulada en el art. 785 LECrim como consecuencia de la reforma procesal operada por la LO 1/2025, de 2 de enero, de medidas de Eficiencia del Servicio Público de Justicia.

364 Gimeno Sendra, Vicente, "Posibilidad de subsanación…", cit., p. 4.

te de cuestiones previas: "Habrá de ser, en su caso y siempre previa instancia de parte, en el espacio alegatorio previsto en el art. 786.2 de la LECrim donde, con plena vigencia del principio de contradicción y del derecho de defensa, cuando las partes puedan promover lo que consideren conveniente respecto de la hipotética vulneración del derecho a ser informado de la acusación y, en su caso, sobre las razones que pudieran excluir esa afirmación". También la STS 944/2023, de 20 de diciembre, admite dicho control sobre el objeto procesal: "las llamadas *cuestiones previas* forman parte inseparable del enjuiciamiento y han de ser resueltas por el mismo órgano jurisdiccional que aborda el resto de las cuestiones pertenecientes al juicio oral, sin que la atención de la primera secuencia del plenario pueda considerarse un contacto anticipado con el proceso que resienta la imparcialidad con la que se aborda el pronunciamiento de fondo. El cumplimiento sucesivo de todas las responsabilidades que el legislador asigna al órgano de enjuiciamiento en el plenario, conforma el cumplimiento de la labor jurisdiccional y aporta los mecanismos que permiten al Tribunal obtener un pronunciamiento sobre las pretensiones de las partes legalmente viables, dando con ello satisfacción al principio de tutela judicial efectiva"[365]. Es preciso destacar

---

365 También se decanta por admitir su análisis en trámite de cuestiones previas la STS 153/2021, de 19 de febrero, cuyo planteamiento, sumamente claro, merece reproducirse: "Entre las cuestiones que son susceptibles de decisión preferente se encuentra cualquier eventual vulneración de los derechos fundamentales, con cuya protección están comprometidos quienes ejercen la jurisdicción, y entre los que se ubica el respeto del principio acusatorio como expresión concreta del derecho a un proceso con todas las garantías, particularmente del derecho de defensa y a ser informado de la acusación (art. 24 CE). Así pues, el debate sobre si determinada pretensión punitiva desborda la realidad fáctica sobre la que pudo construirse la acusación, aun siendo un aspecto que podría resolverse a la terminación del juicio oral, es también una cuestión que puede resultar de rele-

que, en el caso al que da respuesta esta sentencia, el órgano de enjuiciamiento se pronunció en trámite de cuestiones previas sobre si el acusado había podido defenderse en instrucción de los hechos que conformaban el objeto procesal, y concluye el Tribunal Supremo desestimando el motivo de casación al considerar que ninguna quiebra de la imparcialidad se produjo por realizar dicho examen. Lamentablemente, esta tesis no es la que la Sala Segunda sostiene de forma mayoritaria.

Avala también la posibilidad de discutir sobre la limitación del objeto procesal en cuestiones previas la previsión del art. 36 LOTJ, que permite tanto la ampliación como la reducción del objeto procesal en sede de cuestiones previas sin que se hayan planteado especiales objeciones jurisprudenciales o doctrinales. A pesar de que el auto de apertura del juicio oral tampoco es recurrible en este procedimiento, las partes pueden plantear al magistrado-presidente, como cuestión previa, tanto la ampliación del objeto procesal a hechos respecto de los que el instructor hubiera inadmitido la apertura del juicio oral (art. 36.1 c) LOTJ) como la exclusión de hechos incluidos en dicho auto cuando no se encuentren recogidos en los escritos de acusación (art. 36 d) LOTJ)[366].

---

vancia para la ordenación del juicio oral y del debate, teniendo plena cabida en el trámite de cuestiones previas y pudiendo avanzarse la decisión -tras un debate contradictorio- al momento previo a la práctica de la prueba".

366 Del Moral García, Antonio, "La fase intermedia…", cit. p. 118. En el mismo sentido, Hidalgo García, José, "Cuestiones prácticas de la instrucción y fase intermedia en el procedimiento ante el tribunal del jurado", *Estudios jurídicos. Ministerio Fiscal*, núm. 5, 2002, p. 254. Por lo que respecta a la posibilidad de las acusaciones de interesar ante el magistrado-presidente la inclusión de hechos por los que no se abrió juicio oral (art. 36.1 c) LOTJ), dado que ello supondría un sobreseimiento, considero que, además de la posibilidad de plantear la cuestión en este momento procesal, las acusaciones podrían formular previamente recurso de apelación, siempre limitado ex-

Quizás en el jurado no plantea dudas esta posibilidad por la estricta división de funciones entre el magistrado-presidente y los jurados, lo que pareciera salvaguardar la imparcialidad del magistrado que acuerda reducir o ampliar el objeto procesal[367], pero si el control de los hechos objeto de acusación por parte del magistrado-presidente no genera dudas sobre su imparcialidad, tampoco debe generarlas sobre el juez o tribunal competente para el enjuiciamiento en el resto de procedimientos. La propia exposición de motivos de la Ley del Jurado expresa razones que, en mi opinión, respaldan también la posibilidad de examinar y reconducir o ampliar el objeto procesal incluso aunque haya traspasado el auto de apertura del juicio oral: "La decisión, adoptada por el Instructor sobre la apertura del juicio oral, puede, sin duda, ser objeto de la discrepancia de las partes. La que concierne a la procedencia o no del juicio recibe un tratamiento en la Ley similar al de la Ley de Enjuiciamiento Criminal; apelación contra el sobreseimiento e irrecurribilidad de la apertura, sin perjuicio de que en este último supuesto las partes al personarse puedan plantear las cuestiones previas o excepciones a que se refiere el artículo 36 de la Ley.

Pero la discrepancia puede suscitarse en relación a aspectos particulares de la resolución referidos al objeto del juicio y, en este supuesto, la técnica del recurso resulta innecesariamente dilatoria, ya que el mismo objetivo puede lograrse mediante el planteamiento de la reclamación como cuestión previa al Magistrado que ha de presidir el Tribunal"[368].

---

clusivamente a la impugnación de la decisión de excluir determinados hechos del objeto procesal.

367 A ello apunta Fernández Entralgo, Jesús, "El enjuiciamiento de la procedencia de la apertura del juicio oral en el procedimiento penal ante el Tribunal del Jurado", *Estudios de Derecho Judicial,* núm. 45, 2003, pp. 9-10.

368 Apartado IV.1 de la exposición de motivos de la LO 5/1995, de 22 de mayo, del Tribunal del Jurado.

Considero que tal control de la acusación formulada puede efectuarse igualmente en el resto de procedimientos a instancia de las partes, pues se trata exclusivamente de evaluar si existe la necesaria correlación entre los escritos de acusación y el auto de apertura del juicio oral, sin que ello suponga poner en riesgo la imparcialidad del tribunal (ni del magistrado-presidente en el caso del jurado) siempre que se ajuste estrictamente al contenido de los escritos de acusación y del auto de procedimiento abreviado. Caso de admitirse, el resultado del control efectuado en trámite de cuestiones previas podrá ser la inclusión de hechos indebidamente omitidos (sobre los que el tribunal de enjuiciamiento tiene igualmente la obligación de pronunciarse al no haberse acordado expresamente el sobreseimiento) o el sobreseimiento de aquellos respecto de los que se ha abierto juicio oral pero no se encontraban reflejados en los escritos de acusación o en el auto de acomodación de previas a abreviado[369].

La última de las razones sobre las que parece sustentarse la doctrina de la Sala Segunda contraria al planteamiento de la delimitación del objeto procesal en trámite de cuestiones previas es la firmeza del auto de apertura del juicio oral. En efecto, la intangibilidad de las decisiones judiciales conlleva, con carácter general, la imposibilidad de someter de nuevo a discusión lo que ya fue resuelto mediante un auto irrecurrible. Sin embargo, hay que recordar que el examen de cuestiones previas se extiende, como se indica en el art. 785.1 LECrim, al análisis de posibles vulneraciones de derechos fundamentales, y no cabe duda de que el juicio de acusación tiene, entre otras finalidades, el objetivo de garantizar el conocimiento de los hechos objeto de imputación como medio para posibilitar el ejercicio de una defensa eficaz. Desde este punto de vista,

---

369 Vegas Torres, "Las actuaciones ante el Juzgado de instrucción...", cit., p. 66.

nada impide que pueda plantearse en sede de cuestiones previas una infracción del derecho de defensa motivada por el sostenimiento de pretensiones inasumibles o indebidamente formuladas[370].

Cuestión distinta es la dificultad que ello entraña y las consecuencias que una exclusión prematura de hechos punibles puede plantear para el derecho a la tutela judicial efectiva de la acusación (que difícilmente puede verse satisfecho si la decisión de excluir los hechos punibles se revoca en vía de recurso y no se ha practicado prueba sobre los mismos o no con la contradicción que hubiera merecido), pero se trata de situaciones que no impiden que, en línea de principios, se considere una opción viable en los términos en los que actualmente se articulan las cuestiones previas. No son dificultades pequeñas. Por ejemplo, la STS 239/2014, de 1 de abril, al estimar el recurso de la acusación, casó la sentencia porque el órgano de enjuiciamiento omitió pronunciarse sobre el delito de falsedad en documento mercantil, incluido en el escrito de acusación y excluido por el tribunal como cuestión previa. Por esta razón, ordenó a la audiencia provincial que se pronunciara sobre tales hechos punibles, y ello a pesar de la fuerte restricción que sufre en estos casos el principio de contradicción, dado que la prueba practicada difícilmente podía alcanzar a los hechos que habían quedado excluidos *ab initio*. No es tampoco un problema exclusivo de este tipo de situaciones. También cuando se declara la validez de pruebas excluidas por el órgano de enjuiciamiento al considerarlas ilícitas puede presentarse un escenario que, aunque algo distinto, es claramente problemático: que deba dictarse nueva sentencia tomando en consideración una prueba que, declarada válida en vía de recurso, no ha podido ser sometida a contradicción porque ha sido excluida

---

370 También se pronunciaba en este mismo sentido Reverón Palenzuela, Benito, "La contradicción procesal...", cit., p. 16.

antes de su práctica[371]. En estos casos, podría ser más adecuado acordar la nulidad del juicio y no sólo de la sentencia, aunque hayan transcurrido años y el cuadro probatorio pueda variar en su conformación y resultado.

Lo anterior apunta a la necesidad de cambiar el diseño procedimental y atribuir el juicio de acusación a un órgano que no haya tenido contacto directo con la instrucción y que no participe en el posterior enjuiciamiento[372]. De este modo, el control de acusación podría realizarse con una profundidad de la que hoy por hoy carece, pero mientras ello no suceda, la LECrim ofrece, como se ha visto, mecanismos que permiten subsanar la ineficacia de tal control cuando se ponga de manifiesto en el escrito de defensa o en el trámite de cuestiones previas.

En cualquier caso, como se anunciaba, la irrecurribilidad del auto de apertura del juicio oral no impide la utilización de otros mecanismos procesales frente a su contenido, puesto que el art. 240.1 LOPJ así lo permite al indicar que "la nulidad de pleno derecho, en todo caso, y los defectos de forma en los actos procesales que impliquen ausencia de los requisitos indispensables para alcanzar su fin o determinen efectiva indefensión, se harán valer por medio de los recursos legalmente establecidos contra la resolución de que se trate, o *por los demás medios que establezcan las leyes procesales*". Son otros medios, sin duda, el incidente extraordinario de nulidad de actuaciones

---

371 Así se acuerda, por ejemplo, en la STS 753/2024, de 22 de julio.

372 Aunque es conocida la doctrina del Tribunal Supremo acerca de la necesidad de examinar caso a caso para determinar si la resolución sobre medidas cautelares personales compromete o no la imparcialidad del juzgador (incluido el decisor), debiendo ser negativa la respuesta cuando no se ha pronunciado sobre la autoría o al tiempo de resolver sobre la situación personal del encausado (STS 195/2014, de 3 de marzo).

del art. 241 LOPJ[373] y las cuestiones previas reguladas en el art. 785.1 LECrim, pues ambos permiten a las partes articular toda petición de nulidad basada en la existencia de una causa de indefensión material[374].

Abordada la cuestión desde los presupuestos precedentes, no se agota toda la problemática que plantea. Todavía surgen

---

373 La viabilidad del incidente en relación con la no inclusión de alguno de los acusados en el auto de apertura del juicio oral sin resolución expresa de sobreseimiento respecto de ellos ha sido sostenida por Ortega Lorente, José Manuel, Camarena Grau, Salvador, Hernández García, Javier y Gimeno Jubero, Miguel Ángel, "Bloque 2. La fase intermedia…", cit., p. 3, aunque en tal caso, de tratarse de una omisión involuntaria, bastaría acudir al complemento de resoluciones previsto en el art. 161 LECrim. Igualmente, consideran que cabría acudir a ambos mecanismos cuando se incluyan en el auto de apertura del juicio oral como acusados o responsables civiles personas frente a las que no se ha dirigido pretensión alguna. Sobre el incidente de nulidad de actuaciones como mecanismo para la tutela de los derechos fundamentales en la vía jurisdiccional ordinaria véase Aguilera Morales, Marien, "El incidente de nulidad de actuaciones ex artículo 241 LOPJ: una mala solución para un gran problema", *Revista Ítalo-Española de Derecho Procesal*, Vol. 1, 2018.

374 Por ejemplo, el ATS de 2 de marzo de 2022 (causa especial 20898/2021), acordó la nulidad del escrito de acusación y del auto de apertura del juicio oral en virtud de lo dispuesto en el art. 238.3 LOPJ por ser posteriores al aforamiento de la encausada, lo que provocó la asunción de competencia por el Tribunal Supremo, al que se le debieron remitir las actuaciones en lugar de practicarse ante el juzgado de instrucción que se encontraba tramitando la causa. Por el contrario, la STS 759/2014, de 25 de noviembre, desestimó la petición de nulidad de actuaciones al no haberse dictado auto de apertura del juicio oral por el instructor, que, en su lugar, acordó mediante providencia darle traslado para que formulase escrito de defensa, lo que excluyó toda suerte de indefensión, especialmente cuando nada se adujo al respecto ni en el escrito de defensa ni en trámite de cuestiones previas.

dos interrogantes que es preciso, al menos, dejar apuntados. El primero de ellos es el relativo a la facultad del órgano de enjuiciamiento de cuestionar de oficio la existencia de defectos graves en el escrito de acusación que considere que no podrán ser subsanados al término de la práctica de la prueba mediante las modificaciones que permite el art. 782 LECrim. No vería particulares problemas en autorizar esta posibilidad si el trámite de cuestiones previas no se articulase exclusivamente como cauce dirigido a las partes, pues así lo establece el art. 785.1 LECrim, lo que resulta difícilmente sorteable[375], aunque la STS 153/2021, de 19 de febrero, en relación con su regulación previa, establecida en el art. 786.2 LECrim, se decanta por lo contrario[376]. Tratándose de cuestiones que adquieren tintes de verdaderos presupuestos procesales que condicionen el acceso a la decisión de fondo o el ejercicio mismo del derecho de defensa, el Tribunal Supremo se ha manifestado en alguna ocasión favorable —aunque se trata de una posición francamente minoritaria, como hemos visto—a la posibilidad de que el propio órgano enjuiciador pueda suscitarlas y someterlas a la consideración de las partes, pues ha considerado que, aunque el art. 786.2 (hoy 785.1 LEcrim) lo articula como un trámite que se abre a instancia de parte, en modo alguno excluye que sea promovido también de oficio cuando se trata, por ejemplo, de eventuales vulneraciones de derechos funda-

---

375 Y así lo interpreta también la STS 594/2013, de 4 de julio.

376 "La previsión normativa de que el trámite de cuestiones previas se abra a instancia de parte, ni puede excluir la posibilidad de que el Tribunal plantee de oficio alguna de las cuestiones propias de este trámite para su debate entre las partes, ni hurta lo que es la exigencia sustantiva de tal regulación, esto es, que existen determinadas cuestiones que, por su naturaleza de orden público o por su concreta repercusión para el juicio oral que pretende iniciarse, justifican que se adelante su decisión a la práctica de la prueba y al dictado de la sentencia, sin que por ello puedan sustraerse del debate contradictorio, que en este supuesto estuvo plenamente observado."

mentales, de cuya protección también son garantes los órganos jurisdiccionales[377].

El segundo interrogante es el relativo a la forma que debe revestir la resolución que estime la cuestión previa planteada por la defensa, que entiendo debe ser la de un auto de archivo respecto de las pretensiones que adolezcan de alguno de los defectos mencionados (pues no se trata de analizar las causas de sobreseimiento de los arts. 637 o 641 LECrim), aun cuando técnicamente, abierto juicio oral, únicamente quepa la finalización mediante sentencia[378].

4.3. Los límites a las modificaciones de la acusación en trámite de conclusiones definitivas

El proceso de cristalización o delimitación progresiva[379] de la pretensión punitiva culmina en el trámite de conclusiones definitivas, donde las acusaciones, bien a instancia del tribunal (art. 733 LECrim), bien por propia iniciativa (art. 788.5º LECrim), pueden incorporar algunas modificaciones al objeto procesal que, no obstante, ha quedado ya fijado en su dimensión fáctica[380], de modo que, sin cerrarse la puerta a la

---

377 STS 153/2021, de 19 de febrero.

378 Tal y como se desprende del art. 742 LECrim y se sostiene en las SSTS 291/2017, de 24 de abril y 612/2019, de 11 de diciembre, aun en los casos en los que en trámite de cuestiones previas se produjera un desistimiento de la acusación. Debemos dejar al margen los casos en los que se planteen artículos de previo pronunciamiento que, por disposición del art. 675 LECrim, habrán de resolverse, caso de ser estimados, mediante auto de sobreseimiento libre.

379 Expresión esta, la de “delimitación progresiva”, que utilizan las SSTC (Pleno) 34/2021, de 17 de febrero y 25/2022, de 23 de febrero.

380 Hechos o, como denominó Verger Grau, “unidades mínimas de observación”, terminología que en los últimos años ha retomado Javier Hernández García en la Sala Segunda (por ejemplo, en las STS

introducción de matices y variaciones, los que se incorporen quedan sujetos a las exigencias que derivan del principio acusatorio y de las garantías a las que este sirve, singularmente al derecho de defensa[381]. Sobre los límites de estas variaciones es especialmente interesante la STS 18/2023, de 19 de enero, que destaca que las modificaciones autorizadas por la LECrim se concentran en aspectos normativos de la pretensión penal (tipificación, grado de participación y circunstancias agravantes), mientras los hechos deben mantenerse, en lo sustancial, inalterados, sin perjuicio de que el tribunal pueda aceptar "fórmulas fácticas aditivas" siempre que precisen o ajusten los hechos objeto de enjuiciamiento y no alteren el objeto procesal, de modo que de aparecer nuevos hechos delictivos que pudieran ser objeto de enjuiciamiento, las acusaciones deberán interesar que se deduzca testimonio del acta de juicio para la incoación de un nuevo procedimiento respecto de tales hechos, toda vez que se trata de hechos sobre los que no se desarrolló la investigación ni, en consecuencia, el encausado fue tempestivamente informado (razón por la que la citada sentencia acuerda casar la sentencia recurrida). Igualmente, la STS 47/2021, de 21 de enero, destaca la imposibilidad de que tales variaciones excedan de cambios en elementos puramente normativos, de calificación, para introducirse en el terreno de los hechos que han conformado el objeto procesal. Un elemento fáctico que debe permanecer inalterado en lo sustancial —por imperio del

---

301/2024, de 9 de abril, 18/2023, de 19 de enero, STS 873/2023, de 24 de noviembre o 277/2021, de 25 de marzo).

381 Son, pues, las conclusiones definitivas, no las provisionales, las que vinculan al tribunal enjuiciador. Por todos, véase Montañés Pardo, Miguel Ángel, "Las garantías constitucionales del proceso penal: El principio acusatorio", *Repertorio Aranzadi del Tribunal Constitucional*, núm. 21, 2001, p. 11 y Gutiérrez Azanza, Diego Alberto, "La modificación de las conclusiones en el acto del juicio oral", *Revista Aranzadi doctrinal*, núm. 9, 2020, pp. 2 y 8 y la STS 1027/2002, de 3 de junio.

derecho de defensa—, de modo que sólo puede ser objeto de matices: "Caben precisiones, ajustes, integraciones fácticas con valor aditivo, sí, pero no novatorio sustancial del objeto procesal sobre el que ha girado todo el proceso y los derechos de defensa de la persona acusada". Son posibles, por tanto, mutaciones en la calificación que transformen la pretensión en una parcialmente heterogénea, siempre que los hechos esenciales en los que se sustenta permanezcan inalterados, asegurando así el ejercicio del derecho de defensa[382]. Un cambio de calificación como el que se produjo en el caso analizado en la STS 47/2021, de 21 de enero, donde se calificaban inicialmente los hechos como delito de estafa y se introdujo como calificación alternativa la de blanqueo de capitales imprudente, no supone necesariamente una alteración esencial de los hechos punibles ni, por tanto, del objeto procesal[383]. Es por ello que no tiene por qué ser causante de indefensión, dado que el acusado ha podido defenderse de tales hechos y ha tenido a su disposición el mecanismo del art. 788.4º LECrim para preparar la defensa de las variaciones fácticas que la acusación haya podido introducir para sostener la nueva calificación[384].

De hecho, no cabe excluir con carácter absoluto que la pretensión pueda ser alterada en sus aspectos fácticos, toda vez que tanto el art. 733 como los arts. 788.5 y 789.3 pueden dar lugar a ello. Sin ánimo de realizar un análisis exhaustivo de los casos en los que tal situación pueda producirse, pues no se trata de la finalidad de estas páginas, sí creo necesario realizar algunas consideraciones desde la perspectiva del control

---

382 Una vinculación entre objeto y derecho de defensa que, entre otras muchas, se destaca en la STS 57/2015, de 4 de febrero de 2016.

383 STS 167/2025, de 27 de febrero.

384 La variación en tal caso afectó al título de condena, a la causa de pedir, pero mantuvo inalterado el fundamento fáctico de la pretensión y, por tanto, no causó indefensión alguna (STS 47/2021, de 21 de enero).

judicial al que deben someterse modificaciones acusatorias de semejante calado[385].

Las variaciones a las que quede sometida la pretensión penal, producto en la mayoría de las ocasiones del devenir del debate contradictorio en torno a la prueba practicada en el juicio oral, pueden ir en diversas direcciones y tener distintos protagonistas. Por un lado, el art. 732 LECrim (para el procedimiento ordinario) y el art. 788.4 LECrim (para el procedimiento abreviado) prevén la posibilidad de que las partes acusadoras promuevan la incorporación en el acto de ciertas modificaciones; el art. 746.6 en relación con el art. 747 LECrim permite solicitar una instrucción complementaria cuando revelaciones o retractaciones inesperadas provoquen una alteración sustancial; el art. 788.4 LECrim permite a las acusaciones modificar sus conclusiones y, por último, los arts. 733 (para el procedimiento ordinario) y 789.3 LECrim permiten al tribunal, con alcances diversos, sugerir cambios relevantes en la calificación de la acusación. El primero de ellos tiene por finalidad garantizar el derecho de defensa del acusado frente a cualquier eventual cambio en la calificación jurídica de los hechos, aunque alcanzaría también al acusatorio si el tribunal tuviera la iniciativa de sugerir a las acusaciones, al amparo de tal precepto, una nueva calificación basada en hechos cuya existencia emergiese del juicio oral o una modificación que implicase una heterogeneidad de bien jurídico[386]. Igualmente, y por idéntica razón, es problemático que pueda sugerir a las acusaciones el sostenimiento de agravantes que hasta entonces no habían integrado el objeto procesal[387].

---

[385] A las que Verger Grau denominó ilustrativamente *imputaciones tardías*. Verger Grau, Joan, *La defensa del imputado...*, p. 147.

[386] Verger Grau, Joan, *La defensa del imputado...*, cit., pp. 140 a 147.

[387] Gimeno Sendra, Vicente, "El derecho fundamental a un proceso acusatorio", *Diario la Ley*, núm. 7869, 2012, p. 8. Ello supondría incu-

Cuando los cambios efectuados a través de alguno de estos mecanismos afectan exclusivamente al derecho de defensa por suponer la introducción de hechos que no han sido objeto de la actividad probatoria desplegada en el acto del juicio oral (pero pueden entenderse comprendidos en el auto del 779.1.1ª o del 384 LECrim), se prevé el mecanismo de la instrucción complementaria para salvar una posible indefensión. Sin embargo, no todo cambio es este momento procesal es aceptable: "El objeto del proceso, delimitado por el hecho punible y la persona o personas a quienes formalmente se les atribuye, ha de permanecer invariable. No cabe una alteración subjetiva que aboque a la introducción de nuevos responsables penales o civiles, ni tampoco una mutación de identidad sustancial del hecho. La modificación de conclusiones no puede en principio variar el objeto procesal sustituyendo unos hechos por otros distintos desde el punto de vista naturalístico, es decir, hecho entendido como suceso o acontecimiento; pero sí aquellos elementos factuales no sustanciales o su valoración jurídica. En palabras que tomamos de la STS 631/2019, de 18 de diciembre "en todo lo accidental, también en aquello que, no suponiendo variación sustancial fáctica, tiene relevancia jurídica (base factual de las atenuantes o agravantes o del grado de participación o ejecución) la libertad para modificar las conclusiones provisionales carece de límites, aunque está compensada, para ahuyentar cualquier género de indefensión, por el mecanismo del artículo 788.4º LECrim"[388].

Aunque nos movemos en un terreno dominado inevitablemente por un profundo casuismo (sólo caso a caso se puede determinar cuándo esas variaciones son o no sustanciales), lo

---

rrir, en mi opinión, en la ampliación del objeto procesal, para la que no debe emplearse el art. 733 LECrim, como ha señalado Asencio Mellado, José María, *Principio acusatorio...*, cit., pp. 125-126.

[388] STS 124/2022, de 11 de febrero.

cierto es que si un criterio es trascendental para evaluar la admisibilidad de las alteraciones del objeto procesal —casi consustanciales a la dinamicidad que le imprime el debate contradictorio[389]— es el relativo a la indefensión que pueda entrañar la modificación de la acusación para incorporar hechos que la persona acusada no haya podido discutir o contradecir en instrucción (en cuyo caso, estaría totalmente vetada su introducción en cualquier estadio —provisional o definitivo— de las calificaciones) o en el propio acto del juicio oral (en cuyo caso, de ser hechos de los que fue informada en instrucción pero que no se incluyeron inicialmente en los escritos de acusación, podría acudirse a la suspensión para instrucción complementaria con el fin de mitigar todo riesgo de indefensión)[390].

Sobre ello es particularmente interesante la STS 66/2015, de 11 de febrero. El recurrente planteaba la infracción del principio acusatorio por el tribunal al haber dictado sentencia condenatoria por asociación ilícita, delito por el que no había sido acusado. Destaca la Sala Segunda que, efectivamente, el Ministerio Fiscal rechazó la concurrencia de tal delito al entender aplicable la reforma del Código Penal operada por la LO 5/2010, interesando que los hechos se calificasen de acuerdo con el art. 399 bis 1 CP con la agravante de organización crimi-

---

389 STS 57/2015, de 4 de febrero de 2016.

390 Así lo estima la STS 684/2013, de 3 de septiembre: "si se trata de hechos investigados, objeto del proceso y no excluidos del mismo, no hay obstáculo en ampliar los sujetos partícipes en uno de los delitos o modificar el título de imputación u otras alteraciones de esa índole. Cosa diferente y complementaria es que ante esa novación o mutación de la pretensión la defensa pueda disponer de un mecanismo que el legislador pone en sus manos para evitar, incluso, el menor atisbo de indefensión: puede solicitar la suspensión para plantear alguna prueba que no hubiese articulado pues se presentaba como innecesaria ante la acusación inicial pero se hace conveniente ante la definitiva".

nal. Sin embargo, la audiencia provincial condenó finalmente por delito de asociación ilícita al considerar que la legislación vigente al tiempo de cometer los hechos era más favorable para el acusado. Un cambio de calificación en la sentencia que en modo alguno supuso sobrepasar los límites del acusatorio a juicio del Tribunal Supremo, toda vez que (i) los hechos en los que se basa el *nomen iuris* acogido por el tribunal se encontraban incluidos en el escrito de calificación provisional, elevado posteriormente a definitivo, y (ii) la calificación jurídica finalmente asumida era homogénea respecto de la sostenida inicialmente por el Ministerio Fiscal.

Sin embargo, podemos encontrar algunos pronunciamientos relativamente recientes del Tribunal Supremo que parecen apartarse de su concepción, más o menos consolidada, acerca de las modificaciones del objeto procesal que son admisibles. Como ha destacado Gutiérrez Azanza, en las SSTS 58/2018, de 1 de febrero, y 451/2019, de 3 de octubre, se ha deslizado una idea muy cuestionable: la posible introducción en el acto del juicio oral —bajo muy estrictas condiciones, se indica— de hechos que incluso resultan ajenos a la fase de investigación. Literalmente, se indica en ambas que "no sería posible mas que con condiciones muy estrictas la introducción de unos hechos nuevos ajenos a la fase de investigación". Considero que esas "estrictas condiciones" sólo pueden ser las relativas a que se trate de hechos accesorios que no impliquen una verdadera modificación de la pretensión, pues, en cualquier otro caso, la infracción del derecho de defensa sería manifiesta. En efecto, los cambios que introduzca la acusación —ya sea respecto de los expresamente contenidos en el auto de transformación en procedimiento abreviado, ya sea respecto de los contenidos en el auto de apertura del juicio oral, ya sea, en último término, en trámite de conclusiones definitivas— podrán ser acogidos por el tribunal en la sentencia siempre que hayan sido sometidos a contradicción, de tal manera que quedarán integrados en el relato de hechos probados. Del mismo modo que, el propio tribunal, al hilo de la argumentación motivadora que desarrolle en la fundamentación jurídica de la sentencia, puede introducir hechos que complementen a los que figuran como hechos probados en la resolución, que deben aparecer descritos en su esencialidad en el apartado fáctico[391]. Y es que, tanto las acusaciones como los órganos jurisdiccionales, se encuentran sometidos, en cada momento de la cristalización progresiva del objeto procesal, a los hechos punibles[392]. Asencio Mellado lo ha expresado con claridad: "la defensa limita al Juez

---

391 Por todas, véase la STS 201/2022, de 3 de marzo. También incide sobre ello la STS 852/2022, de 27 de octubre: "Lo exigible es que se respete el hecho en su esencialidad, que no se altere su identidad básica, que no se introduzca por el Juzgador material fáctico (en el sentido de conductas relevantes penalmente y esto ha de enfatizarse ahora) distinto del aportado por la acusación. Eso no significa -y reiteramos ahora palabras de la STC 347/2006- que el Tribunal no pueda añadir matices, y datos complementarios u ofrecer una versión distinta en lo esencial de los hechos. Sí puede enriquecerlos en cuestiones accesorias o especificarlos, o concretarlos. Lo que ha de respetar el Tribunal es la esencialidad de los hechos. Introducir una narración adornada con más detalles de los que expuso la acusación si no se altera el contenido fáctico nuclear no enturbia el derecho a ser informado de la acusación". En similar sentido, véase la STS 211/2020, de 21 de mayo y la STS 277/2021, de 25 de marzo, donde, muy gráficamente, se alude a una inexistente "sujeción textual a la narración acusatoria"

392 Con matices en algunos casos, como el previsto en el art. 52.1 g) LOTJ, que permite al magistrado-presidente apreciar en la sentencia hechos y calificaciones jurídicas favorables al acusado a la vista del resultado de la prueba, mientras que si se trata de nuevos hechos que impliquen una modificación sustancial de la pretensión, deberá acordar que se deduzca testimonio para que, en su caso, se incoen diligencias penales por ellos. También la Sala Segunda ha destacado que tampoco es exigible tal correlación en iguales términos cuando el tribunal aprecia la concurrencia de hechos (incluso sustanciales) que favorecen al acusado cuando considere que afloran de la prueba practicada (STS 724/2022, de 14 de julio).

en la imputación, impidiendo que impute aquello que no haya podido ser objeto de refutación; el Juez de Instrucción controla a las acusaciones mediante una imputación determinada; y, el tribunal, controla a las acusaciones en la sentencia que, a su vez, no puede exceder de lo exactamente acusado. Todo se construye alrededor de un mismo concepto, el esencial para esa función de controles mutuos, el hecho punible, que circunscribe las funciones de cada órgano público y garantiza la defensa"[393]. Se trata, además, de una correlación que no se detiene en el hecho histórico, sino en el hecho jurídicamente relevante, al que las acusaciones han otorgado trascendencia jurídica por cuando lo han calificado como delito. Por ello, resulta posible vulnerar el principio acusatorio en la sentencia cuando se aprecia la concurrencia de un delito con base en unos hechos incluidos en los escritos de acusación pero que las acusaciones no han calificado como delito[394] (o cuando, habiendo considerado que integran una conducta delictiva, no se solicita la condena por tales hechos). Ello puede suceder, por ejemplo, cuando se trata de hechos que no han sido objeto de investigación y, por tanto, no pueden ser tampoco objeto de enjuiciamiento, pero no por ello deben excluirse del objeto de prueba si son relevantes para esclarecer los hechos punibles. La distinción que recoge la STS 724/2022, de 14 de julio, es sumamente importante a la par que clarificadora en relación con este punto: la inclusión de unos hechos en la conclusión primera del escrito de acusación no los convierte en hechos enjuiciados si no son también calificados. No dejan de ser, en tal caso, unos hechos que, si son probados, pueden contribuir a esclarecer los hechos que sí hayan sido calificados por la acusación, y concluye la sentencia que "hay mutación sustancial del hecho no solo cuando se introducen hechos nuevos, sino

---

393 Asencio Mellado, José María, "El auto del art. 779.1-4 de la Ley de Enjuiciamiento Criminal…", cit., p. 170.

394 STS 724/2024, de 14 de julio.

cuando algunos de los relatados por la acusación son dotados de un carácter principal y basilar de la condena, y, sin embargo, en la pretensión acusatoria solo aparecían como referencias contextuales y no como hecho punible".

La STS 724/2022, de 14 de julio justifica la estimación del recurso de manera sumamente reveladora: "La sentencia, no puede introducir sorpresivamente ni hechos distintos a los invocados por las acusaciones, ni valoraciones jurídicas novedosas que la defensa no haya tenido ocasión de rebatir. Tampoco puede focalizar su atención para conformar la tipicidad en elementos fácticos que la acusación no recogía en su pretensión; ni conferir a los elementos que hayan podido ser aludidos una dimensión o relevancia que no se desprendía, ni expresa ni implícitamente, del examen de la pretensión acusatoria. Si en la sentencia se cambia la calificación articulada por la acusación o se reelaboran los hechos en términos que van más allá de un simple prescindir de algunos de sus elementos; y aclarar o especificar otros; o que introducen perspectivas nuevas, se frustra el derecho a ser informado de la acusación: la defensa no habría tenido ocasión de combatir adecuadamente esa nueva valoración jurídica o la trascendencia jurídica concedida a datos fácticos que no se presentaban con tal alcance por la acusación".

El modo de actuar del órgano de enjuiciamiento que describe la citada sentencia no sólo supone una infracción manifiesta del derecho de defensa, sino también del principio acusatorio[395], al que arrasa cuando se asumen en la sentencia hechos jurídicamente relevantes no invocados como tales por las acusaciones, aunque fueran conocidos por la defensa en su dimensión histórica por haber sido incluidos en el relato de hechos de la conclusión primera del escrito de acusación. Al hacerlo, el tribunal pierde su posición de tercero impar-

---

395 Armenta Deu, Teresa, *Principio acusatorio*...cit., pp. 92 y ss.

cial, incumpliendo la debida correlación entre acusación y sentencia y provocando con ello también una clara situación de indefensión.

Es preciso, pues, distinguir entre los hechos que integran el objeto procesal en su dimensión puramente histórica y los hechos que, sin integrar tal objeto (por no encontrarse calificados jurídicamente —y no solicitarse la condena por ellos—) integran, con aquellos, el objeto de prueba[396]. En efecto, en torno a unos y otros ha de girar la actividad probatoria desplegada en el juicio oral, pero sólo los primeros permiten un pronunciamiento condenatorio y, además, con base en la misma calificación jurídica que la mantenida por la acusación u otra homogénea, puesto que el debate jurídico debe extenderse o poder extenderse también a su calificación[397]. En el caso al que

---

396 En la STS 195/2014, de 3 de marzo, se señala que "el escrito de conclusiones provisionales, como se desprende del art. 650 de la LECrim, ha de contener "... los hechos punibles que resulten del sumario" o, dicho de otra manera, los hechos que constituyen el sustento fáctico de la subsunción jurídica por lo que, en rigor procesal, la conclusión primera no tiene necesariamente que contener las pruebas tenidas en cuenta, la manera de acreditar un determinado hecho, las conversaciones intervenidas u otros pormenores de naturaleza procesal o probatoria ajenas al hecho que reviste caracteres de delito". Aunque no refleja exactamente lo que pretendo poner de manifiesto, esta sentencia parte de la misma idea: la conclusión primera debe contener los hechos punibles, pero estos no coinciden necesariamente con los que van a ser objeto de prueba, aunque se hallan, directa o indirectamente, unidos a ellos. El objeto de prueba, en definitiva, es indiscutiblemente más amplio que el objeto procesal.

397 Como ha destacado la Sala Segunda, la homogeneidad delictiva no puede establecerse con carácter general, sino que se trata de una cuestión casuística, puesto que dos delitos pueden ser homogéneos en un caso y no en otro (STS 724/2022, de 14 de julio, que destaca la posibilidad de encontrar homogeneidad entre la tentativa de homicidio y las amenazas, como así declaró en la STS 745/2012, de 4

daba respuesta la STS 724/2022, de 14 de julio, se trataba de hechos posteriores a los enjuiciados que podían contribuir a considerar concurrente el dolo que antecede a la estafa en relación con tales hechos enjuiciados y, por tanto, hechos sobre los que no recaía ningún tipo de petición acusatoria. Y respecto de ellos, ni siquiera haciendo uso del expediente del art. 733 ni del previsto en el art. 789. 3 LECrim el tribunal hubiera podido sortear la quiebra del principio acusatorio y del derecho defensa que comportaría su inclusión como hechos punibles en la sentencia (como tampoco sería admisible que el tribunal acudiera a tal expediente en el caso de que las acusaciones se decantasen por retirar la acusación en trámite de conclusiones definitivas). El primero de tales preceptos (art. 733 LECrim) permite advertir la oportunidad de un cambio de calificación de los hechos delictivos, pero no la calificación de hechos que, pudiendo ser delictivos, no fueron objeto de acusación, mientras que el segundo (789.3 LECrim) veta la posibilidad de condenar cuando se produzca una mutación sustancial de los hechos objeto de enjuiciamiento, como sucedió en este caso[398].

---

de octubre), lo que debe ser establecido por los tribunales penales. Montañés Pardo, Miguel Ángel, "Las garantías constitucionales…", cit., pp. 25 y ss., con numerosos ejemplos extraídos de la jurisprudencia del Tribunal Supremo sobre delitos homogéneos y no homogéneos. Una vez establecida la heterogeneidad delictiva, sólo cabe condenar por uno de los delitos cuando la acusación haya acogido tal calificación, aun de forma alternativa, pues sólo así se garantiza el pleno respeto al principio acusatorio y al correlativo derecho de defensa (STS 724/2022, de 14 de julio, que, en el fundamento jurídico undécimo, incide en la conveniencia de acudir a las calificaciones alternativas de los hechos en el escrito de acusación, ya sea porque los hechos así lo permiten, ya sea porque puedan sostenerse varias versiones de los hechos).

398 Sobre los límites a los cambios de calificación jurídica efectuados por los tribunales se ha pronunciado recientemente la STEDH de 5 de marzo de 2024 (*Leka c. Albania*).

Por lo que respecta al ejercicio de un adecuado control judicial de los cambios que la acusación pretenda incorporar en trámite de conclusiones definitivas, es preciso que el tribunal califique dichos cambios de alguna de las siguientes tres formas y actúe en consecuencia[399]: En primer lugar, puede suceder que las modificaciones incorporadas por la acusación no sean esenciales. En este caso, no será preciso acordar periodo alguno de instrucción complementaria[400], tanto si afectan a un posible cambio de calificación jurídica como si suponen la introducción de hechos accesorios o secundarios, puesto que su asunción en la sentencia ni siquiera exige que sean variaciones propuestas a instancia de parte, sino que pueden ser introducidas por el tribunal como matices fácticos o jurídicos que han emergido del debate contradictorio. En segundo lugar, las modificaciones propuestas pueden ser esenciales por cuanto recaigan sobre elementos jurídicos de la pretensión, en cuyo caso, el tribunal deberá valorar la necesidad de evitar una posible situación de indefensión estimando, si es preciso, la petición de suspensión que la defensa articule al amparo del art. 788.5 LECrim, ya sea para aportar nuevas pruebas, ya sea para preparar nuevas alegaciones frente a los novedosos elementos jurídicos de la pretensión. En tercer y último lugar, el tribunal puede concluir que las modificaciones, además de ser sustanciales, supongan la acusación por hechos nuevos que alteren la pretensión en su dimensión fáctica. En este supuesto, es fundamental que concurran dos circunstancias: la primera, que tales hechos hayan sido conocidos por el acusado en la instrucción de la causa y se haya podido defender de ellos (para lo que es preciso examinar si se le permitió conocerlos en la comparecencia del art. 775 y, alternativa o acumulativamente, se encuentran recogidos o pueden quedar subsumidos en el auto de procedimiento abreviado o en

---

399 Las menciona Gutiérrez Azanza, Diego Alberto, "La modificación de las conclusiones…", cit., p. 16.

400 Asencio Mellado, José María, *Principio acusatorio…*, cit., p. 64.

el auto de procesamiento), de manera que sólo en tal caso puede aceptarse tal ampliación; la segunda, que una vez constatada la anterior circunstancia, la defensa disponga de la posibilidad de interesar la suspensión del art. 788.5 LECrim. Incluso, por tratarse de una modificación sustancial, considero que el propio tribunal puede hacer notar tal posibilidad para que la defensa valore la oportunidad de su solicitud, anticipándose de esta manera a una eventual alegación de indefensión en vía de recurso (que, en todo caso, sería infundada).

5. EL CONTROL JUDICIAL DE LA ACUSACIÓN Y LA CONDENA EN COSTAS

En términos generales, es muy difícil justificar la condena en costas de la acusación particular o popular en la medida en que su intervención en el proceso y la fundamentación de su pretensión han recibido el aval judicial mediante una o varias resoluciones judiciales. De ahí que el Tribunal Supremo considere que, siendo la regla general la no imposición de las costas, sólo en el caso de quedar acreditada la temeridad o mala fe a las que se alude en el art. 240 LECrim es posible su imposición a la acusación, siempre que, además, se interese al tribunal expresamente tal imposición[401]. Y ello porque entiende que, frente a la ausencia de controles judiciales sobre la fundamentación material de la pretensión en el orden civil[402], en el ámbito penal son varias las resoluciones que examinan

[401] Se detiene particularmente en ello la STS 682/2016, de 26 de julio, que estima el recurso de casación por tal motivo.

[402] También lo destaca Almagro Nosete, José (con Moreno Catena, Víctor, Cortés Domínguez, Valentín y Gimeno Sendra, Vicente), *El nuevo proceso penal*, cit., p. 198.

y respaldan la estrategia acusatoria[403]. En particular, tanto el auto de transformación en procedimiento abreviado (o el de procesamiento en el ordinario) como el auto de apertura del juicio oral darían amparo a las pretensiones de la acusación, sin perjuicio de que alguna haya podido ser excluidas del auto de apertura del juicio oral y con ello la autoridad judicial cierre las puertas a su sostenimiento ante el órgano enjuiciador, lo que precisamente avala también el criterio de no imponer costas por las pretensiones que no han prosperado. En este sentido, la STS 629/2019, de 18 de diciembre, al hacerse eco de la jurisprudencia consolidada en esta línea[404], es sumamente clara al señalar que "[Más] cuestionable es la trascendencia de las decisiones jurisdiccionales que, a lo largo del procedimiento, controlan la admisibilidad de la pretensión. Desde la admisión a trámite de la querella, la formalización de la imputación o la apertura del juicio oral. Y es que la apertura del juicio oral y el sometimiento a proceso penal del que luego dice haber sido injustamente acusado, no es fruto de una libérrima decisión de la acusación particular (STS 91/2006, 30 de enero). Se ha dicho que, si tales decisiones fueran necesariamente excluyentes del parámetro de la temeridad o mala fe, el artículo 240.3 de la Ley de Enjuiciamiento Criminal, resultaría de aplicación apenas limitada al solo caso de desviación respecto de la acusación pública, ya que la sentencia presupone el juicio oral y este la admisión de la acusación. Si el órgano jurisdiccional con competencia para resolver la fase intermedia y decidir sobre la fundabilidad de la acusación, decide que esta reúne los presupuestos precisos para abrir el juicio oral, la sentencia absolutoria no puede convertirse en la prueba ex post para respaldar una temeridad que, sin embargo, ha pasado todos los filtros

---

403 Véanse, entre las recientes, las SSTS 640/2024, de 24 de junio y 281/2023, de 20 de abril.

404 En la que se sitúa también, por ejemplo, la STS 465/2021, de 28 de mayo.

jurisdiccionales (STS nº 508/2014 de 9 junio). *No obstante la expresión de las razones de aquellas decisiones interlocutorias pueden dar una adecuada perspectiva para la decisión sobre la imposición de las costas* (STS 384/2008, de 19 junio)".

Considero, sin embargo, que la mera existencia de un filtro judicial frente a pretensiones infundadas no permite, por sí sola, impedir la condena en costas, especialmente porque no debemos olvidar que dicho control es, *de facto*, bastante limitado. Una vez formulados los escritos de acusación (o, en el caso del procedimiento ordinario, confirmado por el tribunal colegiado el auto de conclusión del sumario), el examen de las acusaciones se limita, por lo general, a meras cuestiones de procedibilidad que raramente afectan al contenido mismo de las pretensiones ejercitadas. No cabe duda de que la propia atribución competencial para efectuar tal control (al instructor o al órgano de enjuiciamiento) hace que su alcance sea verdaderamente exiguo, de modo que mediante el auto de apertura únicamente suelen quedar excluidas pretensiones sobre la base de razones procesales, no de fondo. En el caso del instructor, en el procedimiento abreviado, porque previamente ha dictado el auto de transformación en procedimiento abreviado (y, no sólo eso, sino que ha incoado las diligencias judiciales, ha dirigido la investigación y ha podido adoptar medidas cautelares), por lo que la tendencia será la de confirmar mediante este auto todas las pretensiones que se ajusten a los hechos punibles reflejados en aquél[405]; en el caso del tribunal

---

405 Sobre la presencia de un fuerte sesgo de confirmación en el instructor que limita el control de la acusación mediante el auto de apertura del juicio oral véase Quintero Jiménez, Camilo Alberto, *Fase intermedia y control...*, cit., pp. 65 a 68 y 74-75. Un interesante y muy documentado estudio sobre la influencia de los sesgos en las decisiones judiciales puede verse en Muñoz Aranguren, Arturo, "La influencia de los sesgos cognitivos en las decisiones jurisdiccionales: el factor humano. Una aproximación", *Indret. Revista para el análisis del Derecho*, 2/2011,

competente para el enjuiciamiento, en el procedimiento ordinario, porque debe guardar la debida imparcialidad y no adoptar decisiones que puedan ponerla en entredicho anticipando un juicio de culpabilidad o inocencia[406]. Tal sería el caso de

---

pp. 12 a 17. Particularmente, y por lo que a este trabajo atañe, el autor pone de manifiesto que la causa de abstención y recusación 11ª del art. 219 LOPJ persigue eludir los sesgos de anclaje y confirmación que presentaría el órgano de enjuiciamiento si previamente ha tenido contacto con la causa penal. Parece fácil extender sus conclusiones al instructor que tiene que decidir sobre la suficiencia de los indicios obtenidos o que ha dictado el auto de procedimiento abreviado y tiene que decidir si abrir o no el juicio oral.

406 No obstante, como se señala en la STS 70/2013, de 21 de enero, la circunstancia de que las partes acusadoras no se pronuncien expresamente sobre la revocación del auto de conclusión del sumario, el sobreseimiento o la procedencia de abrir el juicio oral al serles evacuado el correspondiente traslado de las actuaciones no supone necesariamente la nulidad, sino una irregularidad procesal cuyo alcance sólo podría devenir en nulidad si llegase a celebrarse el juicio oral o a dictarse sentencia sin que se formulase acusación, única circunstancia en la que se habría producido una evidente infracción del principio acusatorio (en el caso de autos, el Ministerio Fiscal solicitó la revocación del auto de conclusión para la práctica de nuevas diligencias y la acusación particular se dio por instruida de las actuaciones, sin realiza ninguna de las tres peticiones a las que le autoriza el art. 627 LECrim). Del mismo modo, se habría producido indefensión si se hubiera acordado el sobreseimiento sin que se solicitara expresamente (salvo en el caso del art. 637.2º LECrim). Se reitera esta misma doctrina en la STS 66/2014, de 11 de febrero, que la aplica a un supuesto que presenta algunas diferencias pero que resulta análogo en lo sustancial: evacuado el trámite del art. 622 LECrim, el Ministerio Fiscal se limitó a manifestar su conformidad con el auto de conclusión del sumario, sin solicitar expresamente la apertura del juicio oral y, por tanto, sin ser oído sobre la apertura o el opuesto sobreseimiento. Ello no obstante, la Audiencia dictó el correspondiente auto de apertura del juicio oral y el Ministerio Fiscal formuló acusación, lo que, a juicio del Tribunal Supremo convalidó la omisión en la que había incurrido, por lo que concluye

que se acordara el sobreseimiento sin oír a las partes acusadoras en el procedimiento ordinario, circunstancia que motivaría la nulidad, o que se acordara la apertura del juicio oral habiendo solicitado todas ellas el sobreseimiento. De ahí que el auto de apertura del juicio oral en este ámbito procedimental carezca absolutamente de esa función filtradora y se limite a abrir el camino a las futuras acusaciones.

En definitiva, el efecto filtrante que pueda tener el auto de apertura del juicio oral en la actual configuración de la fase intermedia (además del sostenimiento de la acción penal por el Ministerio Fiscal), y mientras no se atribuya a la competencia de un tercer órgano judicial ajeno a las actuaciones hasta entonces desarrolladas y a las que restan por desarrollar con el fin de preservar su imparcialidad, resulta tener un alcance muy limitado o escaso. Por ello, no debiera permitir que sea utilizado como criterio para excluir la temeridad o mala fe que justifican la imposición de costas a la acusación, especialmente cuando concurren distintas acusaciones que sostienen distintas calificaciones, algunas de ellas insostenibles a juicio del tribunal sentenciador[407]. En tales casos sería preciso argumentar que la acusación no debió pasar el filtro del auto de apertura del juicio oral o que, habiéndolo pasado, se ha confirmado que era insostenible a la vista de la prueba practicada (por ejemplo, por la existencia de retractaciones o contradicciones graves en

---

que "haber alterado el orden de los trámites cuando se comprueba *ex post* que nada hubiese cambiado no conduce a la nulidad (...). Sería absurdo reponer las actuaciones al momento anterior al auto de apertura del juicio oral para constatar que la Acusación pública estaba dispuesta a mantener su pretensión, cuando eso ha quedado completamente demostrado con su actuación posterior formulando las conclusiones acusatorias".

407 Sobre el significado de los conceptos de temeridad y mala fe a efectos de la posible imposición de costas son particularmente importantes las SSTS 169/2016, de 2 de marzo y 786/2023, de 24 de octubre.

las declaraciones del denunciante que permitan concluir que ha incurrido en algún momento procesal en falso testimonio). Por ello, El Tribunal Supremo se pronuncia en el sentido de excluir, en línea de principios, la condena en costas a la acusación particular[408], pero excepciona, con acertado criterio, los casos en los que la temeridad de la acusación pueda ser sobrevenida al juicio de acusación, y exige el tribunal que, en tales supuestos, exprese los motivos de imposición de costas[409].

---

408 Entre otras, en la STS 1092/2011, de 19 de octubre y, más recientemente, en la STS 243/2020, de 26 de mayo, que añade que, no siendo posible determinar la temeridad o mala fe por la existencia de filtros previos al ejercicio de la acusación, la sentencia absolutoria no puede suponer, *per se*, un motivo para entender que concurren tales circunstancias a efectos de imposición de costas.

409 En el mismo sentido, véanse las SSTS 633/2017, de 22 de septiembre y 442/2018, de 9 de octubre). También vincula la superación del juicio de acusación con la inexistencia de temeridad la STS 581/2018, de 22 de noviembre. Algo similar sucede con la exigida solicitud por la defensa de la imposición de costas en caso de sentencia absolutoria. Según una muy consolidada jurisprudencia, tal solicitud es un presupuesto necesario (pero no suficiente, debemos añadir) para su imposición (por todas, véase la STS 43/2021, de 21 de enero), si bien, hay al menos dos sentencias relativamente recientes en las que se cuestiona que sea necesaria (SSTS 702/2016, de 14 de septiembre y 440/2017, de 19 de junio, citadas por la STS 43/2021, de 21 de enero, que llega a una solución en cierto modo intermedia al entender que, a pesar de no haberse solicitado en trámite de conclusiones, sí se hizo en el trámite de alegaciones escritas que siguió a la renuncia al ejercicio de la acusación).

6. EL CONTROL JUDICIAL DE LA INEXISTENCIA DE ACUSACIÓN

6.1. La presentación extemporánea del escrito de acusación

Una mención especial requiere la situación, no extraña en la práctica, en la que el Ministerio Fiscal no se ajusta al plazo previsto legalmente para formular su escrito de acusación. En tal caso, existe una controvertida línea jurisprudencial abierta por la STS 437/2012, de 22 de mayo que, en lugar de interpretar tal circunstancia como una evidencia de que el Ministerio Fiscal interesa el sobreseimiento de la causa y considerar directamente aplicables las medidas previstas en los arts. 642 a 644 y 782.2 LECrim, exige conferirle un nuevo plazo para calificar. En esta resolución, el Tribunal Supremo resuelve un recurso de casación basado, entre otros motivos, en la admisión del escrito de acusación presentado tardíamente por la acusación particular, lo que habría provocado, a juicio de la recurrente, una infracción de su derecho a la tutela judicial efectiva. En particular —y puesto que el Ministerio Fiscal no lo presentó en plazo—, sostiene el recurso que tal infracción se produjo porque fue la acusación particular la que sostuvo una calificación agravada que determinó la competencia de la audiencia provincial para el enjuiciamiento. La sentencia desestima el motivo por varias razones. En primer lugar, porque su invocación es también tardía, puesto que la parte recurrente no planteó su queja en la instancia. En segundo lugar y, principalmente, porque considera que la finalización del plazo para calificar sin que se haya presentado escrito de acusación no implica necesariamente la expulsión de la acusación de que se trate o el no sostenimiento de la acusación. Por el contrario, y de conformidad con lo previsto en el art. 215 LECrim (y al margen de la posible multa que se pudiera imponer a las acusaciones), el Tribunal Supremo considera que se deberá emplazar de nuevo a la parte, y sólo si entonces no formula acusación, podría entenderse que se produce una suerte de desistimiento. En la STS 377/2017, de 24 de mayo, se confirma este criterio jurisprudencial, si bien la Sala lo hace *obiter dicta*, al resolver un motivo de casación relativo a la procedencia de acordar la condena al acusado al pago de las costas de la acusación particular cuando su escrito de acusación, presentado extemporáneamente, fue tenido por no presentado. A juicio del tribunal de casación, el escrito fue indebidamente tenido por no presentado a la luz de los motivos que fundamentan el criterio expresado en la STS 437/2012, de 22 de mayo.

Se trata, en mi opinión, de una doctrina que plantea importantes dudas. El art. 215 LECrim se dirige a apremiar con multa a quien tenga en su poder las actuaciones y no las entregase o lo hiciera sin despachar cuando "estuviere obligado a formular algún dictamen o pretensión". En tal situación, debe realizarse un nuevo emplazamiento para que devuelva las actuaciones despachadas y, caso de no hacerlo, el destinatario podría incurrir en delito de desobediencia. Aplicar este precepto a las partes en el trámite de calificación es difícilmente justificable. No sólo porque presupone que las actuaciones siguen en su poder (lo que no siempre se produce, puesto que únicamente debe garantizarse su puesta a disposición en la oficina judicial y no el traslado efectivo de la misma) o porque parte de la presunción de que se trata de un mero retraso —con incumplimiento de un plazo preclusivo, no debe olvidarse—, sino también porque es dudoso que pueda entenderse que las acusaciones están "obligadas" a calificar la causa (incluso bajo apercibimiento de multa), puesto que se trata más bien una carga procesal. Sólo la circunstancia de no devolver la causa en plazo es sancionable, pero no puede serlo el hecho de no calificar. No en vano, la propia STS 437/2012, de 22 de mayo, considera que, en el caso de que no llegase a presentarse el escrito de acusación tras el segundo emplazamiento, se produciría una especie de desistimiento, lo que en modo alguno podría ser la consecuencia del incumplimiento de una obligación procesal. En estos casos, parece que lo procedente es apelar al principio de autorresponsabilidad de las partes y, en consecuencia, tener el escrito por no presentado si ha finalizado el trámite sin que la parte afectada haya interesado su ampliación, de modo que, de estar personada una única acusación, la causa debería archivarse en virtud del principio acusatorio, sin perjuicio de la responsabilidad en la que la parte pudiera incurrir por no devolver la causa. A mayor abundamiento, resulta harto difícil justificar esta manera de proceder cuando, a tenor de lo dispuesto en el art. 781.2 LECrim, el Ministerio Fiscal, previa información a su superior jerárquico y al resto de acusaciones personadas, puede pedir motivadamente una prórroga del plazo para evacuar el escrito de acusación o, alternativamente, el sobreseimiento o la práctica de diligencias complementarias. De este modo, si no solicita la citada prórroga, es porque entiende suficiente el plazo conferido y, en buena lógica, lo que procede es el archivo por inexistencia de acusación (sin perjuicio de que el instructor pueda llevar a cabo las actuaciones que prevé el art. 782.2 LECrim para el procedimiento abreviado o la audiencia provincial actúe conforme a lo dispuesto en los arts. 642 a 644 LECrim para el procedimiento ordinario)[410].

6.2. La retirada de la acusación

Aunque en el pasado se discutió sobre la posibilidad de retirar la acusación dado el carácter público e indisponible de la acción penal[411], tal discusión fue definitivamente superada por

---

410 Y sin perjuicio también de que deba ser admitido el escrito de acusación presentado aun fuera de plazo. Fuentes Soriano, Olga, *La investigación por el fiscal...*, cit., p. 149.

411 Por ejemplo, Verger Grau consideraba contraria a Derecho la retirada de la acusación por el Ministerio Fiscal en Verger Grau, Joan, *La*

la práctica de la fiscalía, amparada en diversas normas internas y, entre ellas, la Instrucción 1/1987, de 30 de enero, sobre normas de funcionamiento interno del Ministerio Fiscal, que se decanta por abandonar el ejercicio de la pretensión penal cuando el fiscal considere que prevalece el derecho a la presunción de inocencia del acusado o cuando no se den los presupuestos necesarios para el enjuiciamiento penal.

Cuando la retirada de la acusación se produce una vez abierto el juicio oral, Del Moral García considera que, frente a la práctica generalizada por la que se da lugar a una sentencia absolutoria (amparada, fundamentalmente, en lo dispuesto en el art. 742 LECrim)[412], la retirada de la acusación, en buena técnica procesal, impondría la terminación de las actuaciones mediante auto de archivo definitivo con fuerza de cosa juzgada. En efecto, dado que la retirada de la acusación impide la celebración o continuación del juicio oral, que queda en este caso inconcluso, no resulta procedente que el tribunal se pronuncie en una sentencia sobre una acusación que ha decaído[413]. De ahí que la forma de auto sea más acorde con la situación procesal resultante de la retirada de la acusación, al modo en el que tendría lugar un sobreseimiento en una fase anterior si no llegase a personarse acusación o las personadas no presentaran los correspondientes escritos. Sin embargo, ello nos sitúa en la tesitura de tener que decidir qué tipo de archivo sería el procedente. La LECrim guarda silencio. Sólo se encuentra alguna referencia dispersa, como la contenida en el art. 954.1

---

defensa del imputado..., cit. p. 138 y Asencio Mellado entendía que no podía retirarse tras la formulación del escrito de calificación provisional. Asencio Mellado, José María, *Principio acusatorio...*, cit., p. 60.

412 Y tal y como se sostiene en la STS 291/2017, de 24 de abril, que estima procedente la forma de sentencia aun en los casos en los que en trámite de cuestiones previas se produjera un desistimiento de la acusación.

413 Del Moral García, Antonio, *El juicio oral...*, cit., pp. 688 y 689.

LECrim, en sede de motivos de revisión de la sentencia firme, que alude al archivo de la causa por prescripción, rebeldía, fallecimiento o cualquier otra circunstancia que no implique una valoración del fondo del asunto, pero sin mencionar el estadio procesal en el que se podría producir tal archivo. En buena lógica, y dado que no cabe la posibilidad de que se produzca una reapertura de las actuaciones (a diferencia de lo que sucede, según el art. 383 LECrim, en los casos de demencia sobrevenida e irreversible del acusado)[414], lo más adecuado sería un auto de archivo que, como propone Del Moral García, debería ser definitivo y con efectos de cosa juzgada. No obstante, tal solución puede resultar insatisfactoria para la defensa si la causa del archivo es la retirada de la acusación. Aunque el auto tuviera efectos de cosa juzgada, no dejaría de ser una clausura meramente formal del proceso sin un pronunciamiento acerca de la participación o autoría del encausado y con la única remisión a la previa retirada de acusación motivadora del archivo. De ahí que, pese a no ser lo más adecuado desde un punto de vista técnico- procesal, entiendo que resulta preferible que se dicte sentencia absolutoria, tal y como se prevé en el procedimiento ante el tribunal del jurado (art. 51 LOTJ), tanto si la retirada de la acusación (el "desistimiento de la acusación") se produce en cualquier momento anterior al juicio como si se produce en sede de conclusiones definitivas. Y no cabe duda de que, además de ser esta la consecuencia que se deriva de la retirada formal de la acusación, el mismo resultado debe provocar que, en trámite de informe, la acusación sostenga la insuficiencia de pruebas para dictar sentencia condenatoria.

---

[414] Circunstancia que requiere revisiones periódicas de su salud mental a los efectos de determinar si puede llegar a celebrarse el juicio oral. Ortega Lorente, José Manuel, Camarena Grau, Salvador, Hernández García, Javier y Gimeno Jubero, Miguel Ángel, "Bloque 2. La fase intermedia…", cit., p. 30.

Capítulo V

El control judicial de la acusación en casos especiales

Bajo este genérico rótulo se aborda a continuación, de forma breve, el tratamiento procesal que reciben otros supuestos que presentan alguna especialidad, bien por tratarse de casos en los que se realizan modificaciones sobre la acusación inicialmente formulada como consecuencia de un proceso negociador que da lugar a una conformidad, bien porque se trata de modalidades procedimentales en las que el protagonismo del Ministerio Fiscal en la investigación implica un cambio importante en el modo en el que se desarrolla el juicio de acusación. Es el caso del proceso de menores, el proceso ante la fiscalía europea o el proceso por aceptación de decreto. Por último, se hace una breve referencia a las especialidades del juicio de acusación en los procedimientos por delito privado.

1. EL CONTROL JUDICIAL DE LA ACUSACIÓN EN LA CONFORMIDAD

El control judicial de la acusación que da lugar a la conformidad es francamente limitado, por cuanto, en virtud de lo dispuesto en el art. 787 ter.2 LECrim, el órgano jurisdiccional ante el que se produzca esta finalización anticipada de las actuaciones únicamente puede examinar si los hechos han sido correctamente calificados, la pena es la adecuada a tal calificación y la conformidad es aceptada libremente por el acusado[415]. En caso de estimar defectuosa la calificación o que la pena solicitada es más grave de la que corresponde, de no ser modificadas una u otra por la acusación, se deberá acordar la celebración del juicio oral (del mismo modo que cuando sea dudoso que el acusado haya aceptado la conformidad libremente y de manera informada)[416]. Nótese que el art. 779.1.5ª LECrim, cuando autoriza la transformación de las diligencias previas en diligencias urgentes a los efectos de posibilitar el acceso a la conformidad premiada, remite a los trámites de los arts. 800 y 801 LECrim. El primero de ellos indica que, solicitada la apertura del juicio oral, el instructor resolverá lo que corresponda de conformidad con el art. 783.1 LECrim, de ma-

---

415 Sobre la conveniencia de ampliar el control de la conformidad a la verosimilitud de los hechos véase Doig Díaz, Yolanda, "Eficiencia procesal a costa de la búsqueda de la verdad. Consideraciones críticas", en Asencio Mellado, José María y Fernández López, Mercedes (Dirs.), *Proceso y daños. Perspectivas de la Justicia en la sociedad del riesgo,* Tirant Lo Blanch, Valencia, 2021, págs. 179 y 180. Es una necesidad que se ha hecho todavía más evidente con la eliminación de los límites penológicos a la conformidad, tal y como se aborda en Fernández López, Mercedes, "¿Eficiencia del proceso penal sin una nueva LECRIM? Un análisis crítico de las recientes (y futuras) reformas de la Justicia penal", en Jiménez Conde, Fernando, López Simó, Francisco (Dirs.) y Alba Cladera, Felip, *La eficiencia de la Justicia a debate,* Tirant lo Blanch, Valencia, 2024, pp. 547 y ss. En sentido contrario se expresaba Barona Vilar, toda vez que el reconocimiento de hechos por parte del acusado impide cuestionar la solidez de los indicios que pesan frente a él. Barona Vilar, Silvia, *La conformidad en el proceso penal,* Tirant lo Blanch, Valencia, 1994, p. 321, que analiza también las posibilidades de control judicial que ofrecía el art. 793.3 LECrim hasta su reforma en 2002, mucho más amplias que las actuales, por cuanto se extendían al examen de la tipicidad, a la existencia de causas de exención de la pena o a la presencia de circunstancias atenuantes no apreciadas por la acusación al calificar los hechos.

416 Armenta Deu, Teresa, *Jueces, fiscales…*, cit. pp. 88-90.

nera que deberá examinar la procedencia de tal apertura o, en su lugar, del sobreseimiento. Examen que, por fuerza, será ser incompleto, toda vez que, en los juicios rápidos, las acusaciones se formulan inmediatamente después de la apertura del juicio oral y, por tanto, el instructor no ha podido valorar su contenido a los efectos de decidir si lo oportuno es acordar el sobreseimiento. Ello hace todavía más ineficaz en estos casos el control de la acusación formulada como garantía de los derechos del justiciable. Aceptada la pena por el encausado, parece que es escaso el interés por el control acerca de los presupuestos necesarios para dictar sentencia de conformidad, puesto que, aunque el instructor tiene la facultad de decidir si abre el juicio oral o acuerda el sobreseimiento, debe hacerlo exclusivamente sobre la base de las alegaciones que las partes hayan realizado en la comparecencia del art. 798 LECrim, sin examinar la acusación, que se formula una vez se ha decido que procede abrir el juicio oral. Ya sea en esa misma comparecencia, ya sea una vez presentados los escritos de acusación en los términos del art. 800.4 LECrim, debería producirse una valoración de la tipicidad de los hechos en los términos descritos por las acusaciones antes de dictar sentencia de conformidad. Es fácil concluir que la rapidez que caracteriza este procedimiento impacta de forma muy directa en la eficacia de dicho control, que prácticamente es inexistente, lo que contribuye a explicar (junto con la rebaja punitiva que prevé el art. 801 LECrim), que más de un ochenta por ciento de las diligencias urgentes finalicen mediante sentencia de conformidad. No cabe duda, además, de que el control de acusación en este caso debe circunscribirse exclusivamente a la tipicidad, puesto que la ausencia de indicios suficientes debe dar lugar a la transformación de las diligencias urgentes en previas, posibilitando así la continuación de la investigación. De este modo, sólo si se aprecia que los hechos descritos en la acusación formulada fueran atípicos, el instructor debería acordar el sobreseimiento que estipula el art. 783.1 LECrim.

2. EL CONTROL JUDICIAL DE LA ACUSACIÓN EN LOS PROCEDIMIENTOS EN LOS QUE SE ATRIBUYE LA INVESTIGACIÓN AL MINISTERIO FISCAL

2.1. El control judicial de la acusación en el proceso de menores

En el marco del proceso de menores, el juicio de acusación se hace coincidir con el tránsito de la instrucción a la celebración de la audiencia. Se encuentra previsto en los arts. 31 a 33 de la LO 5/2000, de 12 de enero, reguladora de la responsabilidad de los menores (LORPM). Finalizada la investigación, el fiscal acuerda la conclusión del expediente y remite todo lo actuado al juzgado de menores (ahora, sección de menores) acompañado de un escrito de alegaciones donde debe hacer constar, entre otras circunstancias, los hechos, su valoración jurídica, las medidas cuya aplicación interesa y las pruebas que solicita para que sean practicadas en la audiencia o, alternativamente, puede solicitar el sobreseimiento. Recibido el escrito de alegaciones y el expediente, el juez de menores abre el trámite de audiencia y el LAJ da traslado simultáneo a quienes ejercitan la acción penal y la civil para que formulen sus alegaciones y soliciten pruebas y, por último, a la defensa del menor y a los responsables civiles con el mismo fin (arts. 30 y 31 LORPM). Efectuados los citados traslados y recibidos, en su caso los escritos de alegaciones, el juez de menores puede acordar la remisión al órgano que estime competente si considera que no le corresponde el conocimiento de la causa, pero también puede acordar el sobreseimiento (en cualquiera de sus modalidades), el archivo por sobreseimiento con remisión de lo actuado a la entidad pública de protección de menores cuando así lo haya solicitado el Ministerio Fiscal, la práctica de las pruebas anticipadas que hayan sido denegadas por el fiscal como diligencias de investigación y, por último, la celebración de la audiencia (arts. 33 y 34 LORPM).

Desaparece en el proceso de menores, como es habitual en los procedimientos en los que la investigación se atribuye al Ministerio Fiscal, el control previo de la acusación, y ello porque es el propio Ministerio Fiscal quien decide, a la vista del resultado de las diligencias practicadas en el expediente, si se dan las condiciones para celebrar la audiencia, a pesar de que el art. 33 LORPM no vincula al juez de menores a acordar su celebración si considera que procede acordar el sobreseimiento, lo que supone un verdadero control *ex post* del sostenimiento de la pretensión.

2.2. El control judicial de la acusación en el procedimiento ante la Fiscalía europea

El procedimiento de la Fiscalía Europea en España fue objeto de regulación por la Ley Orgánica 9/2021, de 1 de julio, de aplicación del Reglamento (UE) 2017/1939 del Consejo, de 12 de octubre de 2017, por el que se establece una cooperación reforzada para la creación de la Fiscalía Europea (LOFE). Como es sabido, el ámbito de aplicación del mencionado instrumento normativo es el relativo a la investigación, acusación e intervención en juicio por parte del Fiscal Europeo Delegado (FED) en todos aquellos procedimientos que, de acuerdo con el Reglamento (UE) 2017/1939, se sigan por delitos para cuya persecución sea competente la Fiscalía Europea; concretamente, en los términos en los que se expresa el art. 2 LOFE, todos los delitos que perjudiquen los intereses financieros de la Unión Europea y que se detallan en el art. 4 LOFE.

Es importante destacar que ese mismo precepto remite a la LECrim en todo lo no regulado por la LOFE y, más específicamente, a las normas del procedimiento abreviado, con independencia de que los delitos que sean objeto de investigación deban sustanciarse o no a través de tal procedimiento.

Se establece la competencia objetiva de la Audiencia Nacional para el enjuiciamiento y fallo de estos delitos (art. 7) y se crea la figura del juez de garantías que, entre otras funciones, tiene atribuida la de control de la acusación (art. 8.5º). La norma no detalla si el mismo juez de garantías que ha intervenido en la investigación es el mismo al que se encomienda el control de acusación, aunque sería deseable que no lo fuera, y ello por análogos motivos a los que ya se han expresado en este trabajo al abordar críticamente la atribución al instructor del conocimiento del juicio de acusación[417].

Finalizadas las actuaciones propias de la investigación, el FED dicta decreto de conclusión en el que, entre otros pronunciamientos que se establecen en el art. 109.1 LOFE, podrá solicitar al juez de garantías la apertura de juicio oral formulando escrito de acusación. Tal y como se establecía en el Anteproyecto de LECrim de 2020 (art. 616.1), el control judicial de la acusación queda también supeditado en este procedimiento a que la defensa formule impugnación, lo que da lugar a la celebración de la audiencia preliminar ante el juez de garantías con tal finalidad, mientras que la ausencia de impugnación conlleva la necesaria apertura del juicio oral sin más trámite (art. 117). En el curso de dicha audiencia, se pueden practicar las pruebas que el acusado haya interesado siempre que sean relevantes y se hubieran propuesto durante la investigación y no se hubieran practicado, se oirá a todas las partes y el juez de garantías podrá examinar por sí mismo el procedimiento de investigación (art. 122 LOFE). La resolución acerca de la procedencia de abrir juicio oral o, en su lugar, de acordar el

---

[417] También es partidaria de desdoblar ambas funciones Domínguez Ruiz, Lidia, *El control judicial en el procedimiento de la Fiscalía Europea en España*, Tirant lo Blanch, Valencia, 2023, p. 135. Tal desdoblamiento se encontraba específicamente previsto en los anteproyectos de LECrim de 2011 y 2020 y en el Borrador de Código Procesal Penal de 2011.

sobreseimiento, reviste la forma de auto, que es recurrible en apelación cuando se decante por estimar la concurrencia de alguno de los motivos de sobreseimiento (que son los previstos en el art. 123) y frente al que no cabe recurso cuando acuerde la apertura del juicio oral, salvo por lo que se refiere a la adopción o mantenimiento de medidas cautelares (art. 127 LOFE). Como ya se tuvo ocasión de señalar en relación con el Anteproyecto de LECrim de 2020, reducir el control judicial de acusación a los supuestos en los que así lo solicite la defensa es poco acertado. Se puede concluir incluso que supone, en cierta medida, una suerte de privatización de la pretensión penal que impide al juez de esta fase procesal desempeñar su función de garantía jurisdiccional frente a acusaciones infundadas en los casos en los que el acusado no impugne la acusación o no lo haga a través del motivo de sobreseimiento correcto. Como ha destacado Calaza López, el control judicial previo es necesario para evitar la indeseable confusión del principio acusatorio con el principio dispositivo, por cuando su inexistencia confiere a la acusación la facultad de dirigir el proceso frente a cualquier ciudadano aun cuando su actuación resulte infundada.[418]

3. EL CONTROL JUDICIAL DE LA ACUSACIÓN EN EL PROCEDIMIENTO POR ACEPTACIÓN DE DECRETO

En el procedimiento por aceptación de decreto, el juez de instrucción, al examinar el decreto del fiscal, podrá no autorizarlo cuando no se den los requisitos del art. 803 bis a LECrim. Aunque no se prevén más alternativas, nada impide que, a la vista del decreto, y por aplicación de las normas procesales generales, acuerde el sobreseimiento cuando se den las circuns-

---

418 Calaza López, Sonia, "Principios rectores del proceso judicial español", *Revista de Derecho UNED*, núm. 8, 2011, p. 72.

tancias de los arts. 637 o 641 LECrim[419], situación en la que, lógicamente, el decreto quedará sin efecto.

En cuanto al control de los requisitos que se precisan para la autorización del decreto, no sólo es necesario que la calificación y la pena propuestas por el fiscal se encuentren dentro de los márgenes del art. 803 bis a LECrim, que la pena pueda ser suspendida y que no se hayan personado otras acusaciones, sino también que la persona del investigado, los hechos punibles y las pruebas existentes se encuentren debidamente identificadas en el decreto (art. 803 bis c LECrim). No obstante, así como el control sobre los requisitos del art. 803 bis a LECrim debe conducir a dejar sin efecto el decreto, el control sobre los requisitos del art. 803 bis c LECrim permite al instructor intentar previamente que el fiscal subsane el decreto y posteriormente acordar lo que corresponda[420]. Y ello como garantía del derecho del investigado a ser informado de la acusación, toda vez que en la comparecencia prevista en el art. 803 bis h LECrim debe asegurarse de que conoce con detalle la acusación formulada en el decreto. No obstante, una correcta aplicación de los arts. 118 y 775 LECrim requiere que el instructor, en su función de garantía del derecho de defensa, inste al fiscal a subsanar cualquier defecto del decreto antes de que este sea notificado al encausado, pues a partir de tal momento podrá consultar a su letrado a los efectos de valorar la conveniencia de aceptar la propuesta de sanción[421].

---

419 Asencio Mellado, José María, *El proceso por aceptación de decreto*, Tirant lo Blanch, Valencia, 2016, p. 153.

420 Asencio Mellado, José María, *El proceso por aceptación…*, cit., p. 158.

421 Asencio Mellado, José María, *El proceso por aceptación...*, cit., pp. 162 a 165.

4. EL CONTROL JUDICIAL DE LA ACUSACIÓN EN LOS PROCEDIMIENTOS POR DELITO PRIVADO

Los arts. 804 y ss. LECrim no prevén especialidades significativas relativas al control de la acusación en los procedimientos por injurias y calumnias entre particulares. Las que se establecen apuntan más bien a la sujeción del instructor a la iniciativa de las partes, tanto de la acusadora, que debe proponer las diligencias de investigación de las que pretenda valerse —a excepción de la convocatoria de oficio de la comparecencia a la que se refiere el art. 808 LECrim cuando la injuria o calumnia se hubieran proferido verbalmente, que habrá de celebrarse con anterioridad a la finalización de la instrucción[422]—, como de la defensa, que tiene la posibilidad de acreditar antes del acto de juicio la veracidad de las expresiones proferidas (*exceptio veritatis*).

A ello se suma, como especialidad procedimental, la necesidad de aportar con la querella certificación de haber intentado acto de conciliación previo y, caso de haber tenido lugar los hechos en juicio, la autorización del órgano jurisdiccional ante el que se hubieren producido. Pero nada se indica respecto del juicio de acusación que debe realizar el instructor sobre los hechos objeto del procedimiento. Frente a lo que disponen los arts. 804 y ss LECrim, que se remiten al procedimiento ordinario, por cuanto se refieren en reiteradas ocasiones al procesamiento y al sumario, el Tribunal Supremo, en la sentencia de la Sala Segunda de 24 de enero de 1994, declaró que las penas atribuidas por el Código Penal a los delitos de injurias y calumnias frente a particulares se encuentran comprendidas

---

[422] Y únicamente cuando la expresión objeto de enjuiciamiento no haya quedado reflejada documentalmente (Consulta 2/1994, de 28 de noviembre, sobre procedimiento idóneo para el enjuiciamiento de los delitos de injuria y calumnia).

en los márgenes del procedimiento abreviado. En consecuencia —y también en orden a procurar una mayor celeridad y simplicidad— consideró que es por este cauce procedimental (y bajo la competencia del juzgado -ahora sección- de lo penal) y no por el ordinario (ni ante la audiencia provincial) a través del cual debe ventilarse la responsabilidad penal por este tipo de hechos, lo que supone también que son de aplicación las previsiones de los arts. 779 y 783 LECrim por lo que se refiere a la tramitación de la fase intermedia, así como las normas del abreviado respecto del control de la acusación que pueda realizarse en el acto del juicio oral[423].

[423] El Anteproyecto de LECrim de 2020 prevé que el juez de garantías, una vez practicadas las diligencias preparatorias, de traslado de las mismas al querellante para que formule escrito de acusación y de este a la defensa para que formule su correspondiente escrito de defensa, en el que podrá interesar el sobreseimiento, debiendo decidir el propio juez de garantías si acuerda la apertura del juicio oral o el sobreseimiento (art. 805). De esta regulación se ha cuestionado que sea el mismo juez de garantías que admite la querella quien acuerde la apertura del juicio oral o el sobreseimiento, puesto que la filosofía del Anteproyecto es la de atribuir esta segunda competencia a un juez o magistrado distinto. Sobre ello, puede verse Serrano Hoyo, Gregorio, "Principales novedades del procedimiento por delito privado en el Anteproyecto de LECrim de 2020", en Jiménez Conde, Fernando y Fuentes Soriano, Olga (Dir.), *Reflexiones en torno al Anteproyecto de Ley de Enjuiciamiento Criminal de 2020*, Tirant lo Blanch, Valencia, 2022, pp. 1537-1539. Una regulación similar se contenía en el Anteproyecto de 2011, que se limitaba a prever la posibilidad de interesar diligencias preparatorias al juez de garantías que las partes no puedan realizar por sí mismas, así como la adopción de medidas cautelares, debiendo formularse directamente ante este mismo juez el escrito de acusación (arts. 698 y ss).

Bibliografía

Almagro Nosete, José, (con Moreno Catena, Víctor, Cortés Domínguez, Valentín y Gimeno Sendra, Vicente), *El nuevo proceso penal.* Estudios sobre la Ley Orgánica 7/1988, Tirant lo Blanch, Valencia, 1989.

Aguilera Morales, Marien, "El incidente de nulidad de actuaciones ex artículo 241 LOPJ: una mala solución para un gran problema", *Revista Ítalo-Española de Derecho Procesal,* Vol. 1, 2018.

Aguiló Regla, Josep, "De nuevo sobre independencia e imparcialidad de los jueces y argumentación jurídica", *Jueces para la democracia,* núm. 46, 2003.

Andrés Ibáñez, Perfecto, *Tercero en discordia. Jurisdicción y juez del Estado constitucional,* Ed. Trotta, Madrid, 2015.

Armengot Vilaplana, Alicia, "Llamadme imputado, investigado o encausado, como queráis pero respetad mis garantías", *Diario La Ley,* núm. 8776, junio de 2016.

Armenta Deu, Teresa, *Derivas de la Justicia. Tutela de los derechos y solución de controversias en tiempos de cambio,* Marcial Pons, Madrid, 2021.

Armenta Deu, Teresa, *El nuevo proceso abreviado. Reforma de la Ley de Enjuiciamiento Criminal, de 24 de octubre de 2002,* Marcial Pons, Madrid-Barcelona, 2003.

Armenta Deu, Teresa, *Jueces, fiscales y víctimas en un proceso en transformación,* Marcial Pons, Madrid, 2023.

Armenta Deu, Teresa, "Juicio de acusación, imparcialidad del acusador y derecho de defensa", *Revista Ius et Praxis,* núm. 2, 2007.

Armenta Deu, Teresa, *Principio acusatorio y Derecho Penal,* J. M. Bosch editor, Barcelona, 1995.

Arnáiz Serrano, Amaya, "Aspectos generales del Anteproyecto de LECrim de 2020", en Jiménez Conde, Fernando y Fuentes Soriano, Olga (Dirs.), *Reflexiones en torno al Anteproyecto de Ley de Enjuiciamiento Criminal de 2020,* Tirant lo Blanch, Valencia, 2020.

Asencio Mellado, José María, "El auto del art. 779.1-4 de la Ley de Enjuiciamiento Criminal. Una imputación de hecho jurídicamente relevante (a propósito del auto de la Sección Segunda de la Audiencia Provincial de Alicante de dieciocho de septiembre de dos mil diecisiete", en Castillejo Manzanares, Raquel (Dir.) y Alonso Salgado, Cristina (Coord.), *El nuevo proceso penal sin Código Procesal Penal*, Atelier, Barcelona, 2019.

Asencio Mellado, José María, *El proceso por aceptación de decreto*, Tirant lo Blanch, Valencia, 2016.

Asencio Mellado, José María, "La prueba y la obra del profesor Gimeno en los tiempos de cambio", en Asencio Mellado, José María (Dir.), *Derecho probatorio y otros estudios procesales. Liber amicorum Vicente Gimeno Sendra*, Ediciones jurídicas Castillo de Luna, Madrid, 2020.

Asencio Mellado, José María, *Principio acusatorio y derecho de defensa en el proceso penal*, Trivium, Madrid, 1991.

Barona Vilar, Silvia, *La conformidad en el proceso penal*, Tirant lo Blanch, Valencia, 1994.

Bellido Penadés, Rafael, *Derecho de defensa y principio acusatorio en el juicio por faltas. Evolución jurisprudencial y análisis crítico*, Dykinson, Madrid, 2012.

Betrán Pardo, Ana Isabel, "Algunas cuestiones procesales y sustantivas en torno a las diligencias complementarias del Ministerio Fiscal. Comentarios a la STS 159/2015, de 18 de marzo", *Diario La Ley*, núm. 8617, 2 de octubre de 2015.

Bujosa Vadell, Lorenzo, M., "Principio acusatorio y juicio oral en el proceso penal español", *Derecho Penal Contemporáneo: Revista Internacional*, núm. 9, 2004.

Calamandrei, Piero, *Proceso y democracia*, Buenos Aires, 1960.

Calaza López, Sonia, "Principios rectores del proceso judicial español", *Revista de Derecho UNED*, núm. 8, 2011.

Calderón Cuadrado, Mª Pía, "Derechos, proceso y crisis de la Justicia", *Revista General de Derecho Procesal*, núm. 37, 2015.

Calsamiglia Blancafort, Albert, "Justicia, eficiencia y derecho", *Revista del Centro de Estudios Constitucionales*, 1, septiembre-diciembre 1988.

Carmona Ruano, Miguel, "Hacia un nuevo proceso penal", Carmona Ruano, Miguel (Dir.), *Hacia un nuevo proceso penal*, Consejo General del Poder Judicial, Madrid, 2005.

Carnelutti, Francesco, *Las miserias del proceso penal* (trad. de Santiago Sentís Melendo), EJEA, Buenos Aires, 1959.

Carretero Sánchez, Adolfo, "La regulación de las diligencias complementarias en el procedimiento abreviado: visión crítica", *Diario La Ley*, núm. 7640, 30 de mayo de 2011.

Castillejo Manzanares, Raquel, *Hacia un nuevo proceso penal. Cambios necesarios,* La Ley, 2010.

Castillejo Manzanares, Raquel, "Hacia un nuevo proceso penal (investigación y juicio de acusación)", *Estudios Penales y Criminológicos,* vol. XXIX, 2009.

Del Moral García, Antonio, "La fase intermedia en el proceso ante el Tribunal del Jurado", *Actualidad Penal,* núm. 7, 12-18 de febrero de 1996.

Del Moral García, Antonio, "Procedimiento abreviado: ámbito de aplicación y transformación a otros tipos procedimentales", *Poder Judicial,* núm. 37, 1995.

Del Olmo del Olmo, José Antonio, *Garantías y tratamiento del imputado en el proceso penal,* Trivium, Madrid, 1999.

De Oña Navarro, Juan Manuel, "El derecho de defensa en la fase de instrucción del proceso penal en la doctrina del Tribunal Constitucional", *Cuadernos de Derecho Judicial,* XV, 2003.

De Urbano Castrillo, Eduardo, "El sobreseimiento del proceso penal", *Revista Aranzadi Doctrinal* num.3, 2021.

Doig Díaz, Yolanda, "Eficiencia procesal a costa de la búsqueda de la verdad. Consideraciones críticas", en Asencio Mellado, José María y Fernández López, Mercedes (Dirs.), *Proceso y daños. Perspectivas de la Justicia en la sociedad del riesgo,* Tirant Lo Blanch, Valencia, 2021.

Domínguez Ruiz, Lidia, *El control judicial en el procedimiento de la Fiscalía Europea en España,* Tirant lo Blanch, Valencia, 2023.

Echandía Esteban, Arantzazu y Ortega Calderón, Juan Luis, "Reflexiones entre fiscales sobre diligencias y plazos de instrucción (1ª Parte): Vencimiento del plazo y diligencias admisibles", *Diario La Ley,* núm. 10171, 16 de noviembre de 2022.

Escobar Jiménez, Rafael, "Aspectos de la fase intermedia del procedimiento abreviado", *Diario La Ley, núm. 5967,* 3 de marzo de 2004.

Fairén Guillén, Víctor, *Estudios de Derecho Procesal Civil, Penal y Constitucional III. La reforma procesal penal. 1988-1992,* Editorial Revista de Derecho Privado-Editoriales de Derecho Reunidas, Madrid, 1992.

Farto Pay, Tomás, "Terceros afectados por el decomiso y su intervención en el proceso penal", en Bujosa Vadell, Lorenzo Mateo, *Derecho procesal. Retos y transformaciones,* Atelier, Barcelona, 2021.

Fenech Navarro, Miguel, "Puntos de vista sobre el proceso penal español", en Fenech Navarro, Miguel y Carreras Llansana, Jorge, *Estudios de Derecho Procesal,* Barcelona, 1962, p. 692.

Fernández Entralgo, Jesús, "El enjuiciamiento de la procedencia de la apertura del juicio oral en el procedimiento penal ante el Tribunal del Jurado", *Estudios de Derecho Judicial*, núm. 45, 2003.

Fernández-Gallardo Fernández-Gallardo, Javier Ángel, "Cuestiones derivadas del auto de apertura del juicio oral en el procedimiento abreviado", *Anales de Derecho*, núm. 32, 2014.

Fernández López, Mercedes, "¿Eficiencia del proceso penal sin una nueva LECRIM? Un análisis crítico de las recientes (y futuras) reformas de la Justicia penal", en Jiménez Conde, Fernando, López Simó, Francisco (Dirs.) y Alba Cladera, Felip, *La eficiencia de la Justicia a debate*, Tirant lo Blanch, Valencia, 2024

Fernández López, Mercedes, "Retos del proceso penal a la luz de la presunción de inocencia", en Bujosa Vadell, Lorenzo Mateo (Dir.), González Pulido, Irene y Reifarth Muñoz, Walter (Coord.), *Derecho Procesal: retos y transformaciones*, Atelier, Barcelona, 2021.

Fuentes Soriano, Olga, *La investigación por el fiscal en el proceso penal abreviado y en los juicios rápidos*, Tirant lo Blanch, Valencia, 2005.

Fuentes Soriano, Olga, "La primera comparecencia de la persona investigada", en Jiménez Conde, Fernando y Fuentes Soriano, Olga (Dir.), *Reflexiones en torno al Anteproyecto de Ley de Enjuiciamiento Criminal*, Tirant lo Blanch, Valencia, 2022.

García-Panasco Morales, Guillermo, "El proceso penal vigente: análisis crítico", *La Ley Digital*, 2223/2020.

Garofoli, Vincenzo, "Considerazioni introduttive", en *L'udienza preliminare e il contenimento dei tempi processuali*, Giufrrè Editore, Milano, 2008.

Gascón Inchausti, Fernando, "Las nuevas herramientas procesales para articular la política criminal de decomiso total: la intervención en el proceso penal de terceros afectados por el decomiso y el proceso para el decomiso autónomo de los bienes y productos del delito", *Revista General de Derecho Procesal*, núm. 38, enero de 2016.

Giménez Ontañón, Vicente, "La competencia del Tribunal de enjuiciamiento en las causas con aforados queda fijada con la apertura del juicio oral", *Diario La Ley*, núm. 8499, Sección Tribuna, 12 de marzo de 2015.

Gimeno Sendra, Vicente, *Constitución y proceso*, Madrid, 1988.

Gimeno Sendra, Vicente, "El derecho fundamental a un proceso acusatorio", *Diario la Ley*, núm. 7869, 2012.

Gimeno Sendra, Vicente, "El auto de procesamiento", *Revista general de legislación y jurisprudencia*, núm. 247, 3, 1979.

Gimeno Sendra, Vicente, *Fundamentos del Derecho Procesal*, (reedición) Colex, Madrid, 2024.

Gimeno Sendra, Vicente, *Manual de Derecho Procesal Penal*, Ediciones jurídicas Castillo de Luna-Uned, Madrid, 2015.

Gimeno Sendra, Vicente, "Posibilidad de subsanación de determinados requisitos del escrito de acusación. Comentario al ATS de 28 de julio de 2010", *Diario la Ley*, núm. 7497, de 27 de octubre de 2010.

Giostra, Glauco, *Prima lezione sulla giustizia penale*, Editori Laterza, Bari-Roma, 2020.

González Lagier, Daniel, "Hechos y argumentos. Racionalidad epistemológica y prueba de los hechos en el proceso penal (I)", *Jueces para la Democracia*, nº 46, 2003.

Grillo, Paolo, "Il GUP che autorizza la proroga delle intercettazioni non può celebrare l'udienza preliminare", *Diritto & Giustizia*, fasc. 218, 2018.

Gutiérrez Azanza, Diego Alberto, "La modificación de las conclusiones en el acto del juicio oral", *Revista Aranzadi doctrinal*, núm. 9, 2020.

Hernández García, Javier, "El estatuto del imputado en el proceso penal", en Carmona Ruano, Miguel, *Hacia un nuevo proceso penal*, Consejo General del Poder Judicial, Madrid, 2005.

Hernández Rueda, Mª Dolores, "La resolución de recursos intermedios en fase de instrucción e intermedia. Problemática en relación a sobreseimientos, denegación de diligencias e incoación de procedimientos abreviados. Recursos contra medidas cautelares, especialmente prisión provisional y órdenes de alejamiento. Cuestiones que afectan al enjuiciamiento", *Cuadernos digitales de formación*, CGPJ, núm. 11, 2014.

Hidalgo García, José, "Cuestiones prácticas de la instrucción y fase intermedia en el procedimiento ante el tribunal del jurado", *Estudios jurídicos. Ministerio Fiscal*, núm. 5, 2002.

Ibarra Sánchez, Juan Luis, "Alcance y finalidad del auto de transformación en procedimiento abreviado del Artículo 779.1.4ª LECR, como primer juicio de acusación y de probable responsabilidad penal. El auto núm. 627/2014 de 7 de noviembre, de la audiencia provincial de Palma, caso Nóos", *Revista Aranzadi de Derecho y proceso penal*, núm. 37, 2015.

Juan-Sánchez, Ricardo, "El estatuto de la víctima y las partes civiles en el Anteproyecto de LECrim de 2020", en Jiménez Conde, Fernando y Fuentes Soriano, Olga (Dir.), *Reflexiones en torno al Anteproyecto de Ley de Enjuiciamiento Criminal de 2020,* Tirant lo Blanch, Valencia, 2022.

Juan-Sánchez, Ricardo, "Reordenación de procedimientos y eficiencia de la justicia: el ejemplo de la jurisdicción penal", en Vicente Pérez Daudí (Dir.), *¿Cuarentena de la Administración de Justicia?,* Atelier, Barcelona, 2021.

Khalaf Reda, Abdalla, "El control judicial de la pretensión acusatoria en el proceso penal ordinario y abreviado", *Revista Aranzadi de Derecho y Proceso Penal,* núm. 72, octubre-diciembre 2023.

Khalaf Reda, Abdalla, La falta de intervención de la defensa en la fase intermedia del procedimiento abreviado", *Justicia,* núm. 1, 2023.

Lascuraín Sánchez, Juan Antonio y Gascón Inchausti, Fernando, "¿Por qué se conforman los inocentes?", *Indret. Revista para el análisis del Derecho,* núm. 3, 2018.

Letelier Loyola, Enrique, "Sobre la conveniencia de establecer una fase intermedia por audiencias en los procesos penales acusatorios", *Justicia. Revista de Derecho Procesal,* núm. 1-2, 2011.

Lightowler-Stahlberg Juanes, Pablo, "El tratamiento de las personas jurídicas investigadas: análisis de las resoluciones judiciales más relevantes en la fase de instrucción", *Diario La Ley,* 9 de marzo de 2022.

Marrero Guanche, Diana, "El ejercicio de la acción penal para la persecución de delitos contra el medioambiente", en Asencio Mellado, José María y Fuentes Soriano, Olga (Dirs.), *El proceso como garantía,* Atelier, Barcelona, 2023.

Martín Pastor, José, "Las partes acusadoras en el Anteproyecto de LECrim de 2020", en Jiménez Conde, Fernando y Fuentes Soriano, Olga (Dirs.), *Reflexiones en torno al Anteproyecto de Ley de Enjuiciamiento Criminal de 2020,* Tirant lo Blanch, Valencia, 2022.

Mascarell Navarro, Mª José, *El sobreseimiento provisional en el proceso penal español. Doctrina, jurisprudencia y formularios,* Editorial general de Derecho, Valencia, 1993.

Medina Cepero, Juan Ramón, "Algunas cuestiones sobre la prescripción en derecho penal", *Sentencias de TSJ, AP y otros tribunales,* núm. 20, 2003.

Montañés Pardo, Miguel Ángel, "Las garantías constitucionales del proceso penal: El principio acusatorio", *Repertorio Aranzadi del Tribunal Constitucional*, núm. 21, 2001.

Montero Aroca, Juan, "El juez que instruye no juzga. La incompatibilidad de funciones dentro del mismo proceso", *Diario La Ley*, sección doctrina, núm. 1, 1999.

Montero Aroca, Juan, Principios del proceso penal. Una explicación basada en la razón, Tirant lo Blanch, Valencia, 1997.

Moreno Catena, Víctor, "El mito de la instrucción dirigida por el juez", en Asencio Mellado, José María (Dir.), *Derecho probatorio y otros estudios procesales. Liber amicorum Vicente Gimeno Sendra*, Ediciones jurídicas Castillo de Luna, Madrid, 2020.

Moreno Catena, Víctor, "El papel del juez y del fiscal durante la investigación del delito", en Carmona Ruano, Miguel (Dir.), *Hacia un nuevo proceso penal*, Consejo General del Poder Judicial, Madrid, 2005.

Moreno Catena, Víctor, "La fase intermedia", en Moreno Catena, Víctor, (Dir.), *El proceso penal*, Ed. Tirant Lo Blanch, Valencia, 2000, Tomo III.

Muerza Esparza, Julio J., "A propósito del auto de procesamiento", *Actualidad Jurídica Aranzadi*, núm. 944, 2018.

Muerza Esparza, Julio, "La acusación popular y el interés del menor. STS núm. 842/2021 de 4 noviembre (RJ 2021, 4993)", *Actualidad Jurídica Aranzadi*, núm. 984, 2022.

Muñoz Aranguren, Arturo, "La influencia de los sesgos cognitivos en las decisiones jurisdiccionales: el factor humano. Una aproximación", *Indret. Revista para el análisis del Derecho*, 2/2011.

Muñoz Cuesta, Javier, "El auto de apertura del juicio oral: la calificación de los hechos que hace el juez instructor no vincula al órgano sentenciador. Comentario a la STS de 21 de enero de 2003", *Repertorio de jurisprudencia Aranzadi*, núm. 4, 2003.

Muñoz Cuesta, Javier, "Expulsión de la acusación particular en el trámite de cuestiones previas al inicio del juicio oral por personación extemporánea. Comentario STS, Sala 2ª, de 12 de abril de 2005", *Repertorio de Jurisprudencia*, núm. 12, 2005.

Muñoz Cuesta, Javier, "La fase intermedia. El juicio de acusación. La rebeldía de coacusados", *Estudios jurídicos. Ministerio Fiscal*, núm. 1, 2000.

Muñoz Marín, Ángel, "Auto de apertura del juicio oral", *CEFLegal: Revista práctica de derecho. Comentarios y casos prácticos*, núm. 22, 2002.

Navarro Massip, Jorge, "El auto de incoación de procedimiento abreviado: la determinación de los hechos punibles, una exigencia sin garantías. A propósito de la Sentencia del Tribunal Supremo (Sala de lo Penal, Sección1ª) núm. 251/2012 de 4 abril", *Revista Aranzadi doctrinal*, 2012.

Navarro Massip, Jorge, "El procedimiento abreviado y las garantías en la denominada fase intermedia en relación con el auto de apertura de juicio oral", *Revista Aranzadi Doctrinal*, núm. 11, marzo de 2010.

Nieva Fenoll, Jordi, "El procedimiento de investigación en el Anteproyecto de LECrim de 2020", en Jiménez Conde, Fernando y Fuentes Soriano, Olga (Dirs.), *Reflexiones en torno al Anteproyecto de Ley de Enjuiciamiento Criminal de 2020*, Tirant lo Blanch, Valencia, 2022.

Nobili, Massimo, "Spunti per un dibatito sull'articolo 27 comma 2º della Costituzione", en *Il tommaso natale, Scritti in memoria di Girolamo Bellavista*, Istituto di Diritto Processuale Penale dell'Università di Palermo, Palermo, 1978.

Ormazabal Sánchez, Guillermo, *El periodo intermedio del proceso penal*, McGraw-Hill, Madrid, 1997.

Ormazábal Sánchez, Guillermo, "La fase intermedia en el Anteproyecto de Ley de Enjuiciamiento Criminal de 2020", *Revista de la Asociación de Profesores de Derecho Procesal de las Universidades Españolas*, núm. 4, 2021.

Ortega Lorente, José Manuel, Camarena Grau, Salvador, Hernández García, Javier y Gimeno Jubero, Miguel Ángel, "Bloque 1. La fase intermedia en el procedimiento abreviado: su incidencia en el juicio oral, del auto de incoación del procedimiento abreviado al auto de apertura de juicio oral", *Cuadernos digitales de formación*, CGPJ, núm. 32, 2013.

Ortega Lorente, José Manuel, Camarena Grau, Salvador, Hernández García, Javier y Gimeno Jubero, Miguel Ángel, "Bloque 2. La fase intermedia en el procedimiento abreviado: su incidencia en el juicio oral, del auto de apertura del juicio oral hasta su remisión al Juzgado de lo Penal", *Cuadernos digitales de formación*, CGPJ, núm. 32, 2013.

Ortego Pérez, Francisco, "El control jurisdiccional de la acusación como garantía en el proceso penal", *Diario La Ley*, 2000, Tomo 5.

Ortego Pérez, Francisco, "El juicio de acusación y la proyectada reforma del enjuiciamiento criminal (reflexiones de *lege data* y propuestas de *lege ferenda*)", *Revista del Poder Judicial*, núm. 69, primer trimestre 2003.

Ortego Pérez, Francisco, "Juicio de acusación, sobreseimiento y cuestiones previas en el proceso penal", *Revista Aranzadi de Derecho y Proceso Penal* num.13, 2005.

Ortego Pérez, Francisco, "Reflexiones sobre el "juicio de acusación" y la etapa intermedia del proceso penal", *Diario La Ley*, núm. 6090, 21 de septiembre de 2004.

Ortells Ramos, Manuel, *El proceso penal abreviado (nueve estudios)*, Comares, Granada, 1997.

Ortells Ramos, Manuel, "Problemas de contenido y delimitación de las fases del proceso abreviado (diligencias previas, fase intermedia, juicio oral)", *Revista General del Derecho*, 1993, núm. 586-587.

Oteiza, Eduardo, "El deber de respetar la independencia judicial. Esfuerzos y ambigüedades de los Estados en el plano internacional", en Nieva Fenoll, Jordi y Oteiza, Eduardo (dirs.), *La independencia judicial: un constante asedio*, Marcial Pons, Madrid-Barcelona-Buenos Aires-Sao Paulo, 2019.

Pérez Benítez, Jacinto José, "La fase intermedia del procedimiento abreviado tras la reforma operada por la LO 38/2002", *Diario La Ley*, núm. 6433, 2 de marzo de 2006.

Pérez Daudí, Vicente, "Las posibilidades procesales de las compañías de seguros como responsable civil en el proceso penal", *Revista Vasca de Derecho Procesal y Arbitraje*, vol. 2, 2016.

Pérez Mariño, Ventura, "El abogado en el procedimiento abreviado", en Andrés Ibáñez, Perfecto, Conde-Pumpido Tourón, Cándido, Fernández Entralgo, Jesús, Pérez Mariño, Ventura y Varela Castro, Luciano, *La reforma del proceso penal*, Tecnos, Madrid, 1990.

Quintero, Gonzalo y Alfaro, Jesús, "Disolución de sociedades y extinción de la responsabilidad penal de las personas jurídicas", *El almacén del Derecho*, 1 de mayo de 2021, disponible en https://almacendederecho.org/disolucion-de-sociedades-y-extincion-de-la-responsabilidad-penal-de-las-personas-juridicas

Quintero Jiménez, Camilo Alberto, *Fase intermedia y control de los actos acusatorios en el proceso penal*, Marcial Pons, Madrid, 2021.

Reverón Palenzuela, Benito, "La contradicción procesal como garantía del derecho de defensa en la llamada «fase intermedia» del proceso penal por delito", *Diario La Ley*, Tomo 3, 1998.

Rodríguez-García, Nicolás y Orsi, Omar Gabriel, "La protección reforzada en España de los terceros afectados por el decomiso de bienes ilícitos", *Revista Brasileira de Direito Processual Penal*, vol. 6, núm. 2, mayo-agosto de 2020.

Rodríguez-Toubes Muñiz, Joaquín, "Interpretación y calificación jurídica de los hechos", *Anuario de la Facultad de Derecho*, Universidad de Alcalá, XII, 2019.

Romero Pradas, Mª Isabel, *El sobreseimiento*, Tirant lo Blanch, Valencia, 2002.

Roxin, Claus, *Pasado, presente y futuro del Derecho procesal penal* (trad. por Óscar Julián Guerrero Peralta), Rubinzal-Culzoni editores, Buenos Aires, 2007.

Sánchez Lamelas, Ana, "Las órdenes de derribo y el derecho de defensa de los terceros adquirentes de buena fe a la luz de la jurisprudencia del TEDH. Sentencias del TEDH de 14 de junio de 2022 (Asunto nº 43604/18, Cruz García c. España) y de 10 de enero de 2017 (Asunto nº 39433/2011, Aparicio Navarro c. España)", *Revista de Estudios Europeos*, núm. 82, 2023.

Serrano Hoyo, Gregorio, "Principales novedades del procedimiento por delito privado en el Anteproyecto de LECrim de 2020", en Jiménez Conde, Fernando y Fuentes Soriano, Olga (Dir.), *Reflexiones en torno al Anteproyecto de Ley de Enjuiciamiento Criminal de 2020*, Tirant lo Blanch, Valencia, 2022.

Serrano Massip, Mercedes, "La personación de las víctimas como acusación particular en el proceso penal: una inseguridad jurídica sin resolver", *Revista Aranzadi de Derecho y Proceso Penal*, núm. 68, 2022.

Sigüenza López, Julio, *El sobreseimiento libre*, Aranzadi, Navarra, 2002.

Solaro, Chantal y Paul Jean, Jean, "El proceso penal en Francia" (trad. por Escribano Mora, Fernando), *Jueces para la democracia*, 1987, núm. 2.

Taruffo, Michele, "Racionalidad y crisis de la ley procesal", *Doxa. Cuadernos de Filosofía del Derecho*, núm. 22, 1999.

Tellez Aguilera, Abel, "La rebeldía penal", *Anuario de Derecho Penal y Ciencias Penales*, Vol. LXXIV, 2021.

Varela Castro, Luciano, "Consideraciones sobre la reforma del proceso penal", *Diario La Ley*, Tomo 2, 1990.

Varela Castro, Luciano, "El juicio sobre la acusación", en Carmona Ruano, Miguel, *Hacia un nuevo proceso penal*, Consejo General del Poder Judicial, Madrid, 2006.

Vegas Torres, "Las actuaciones ante el Juzgado de instrucción en el procedimiento para el juicio con jurado", *Estudios de Derecho Judicial*, núm. 45, 2003.

Velasco Núñez, Eloy, "Notificación -y consecuencias derivadas de la manera de realizarla- del auto de apertura del juicio oral al acusado en el procedimiento abreviado", *Diario La Ley*, 1993, Tomo I.

Vera Sánchez, Juan S., "Naturaleza jurídica de la fase intermedia del proceso penal chileno. Un breve estudio a partir de elementos comparados", *Revista de Derecho de la Pontificia Universidad Católica de Valparaíso*, XLIX, segundo semestre de 2017.

Verger Grau, Joan, *La defensa del imputado y el principio acusatorio*, JM Bosch, Barcelona, 1994.

Vives Antón, Tomás S., *Comentarios a la Ley de Medidas Urgentes de Reforma Procesal. II. La reforma del proceso penal*, Tirant lo Blanch, Valencia, 1992.

Yañez Velasco, Ricardo, "Imperio de la Ley y jurisprudencia creadora. La personación de la presunta víctima en todo tiempo procesal", *Diario La Ley*, núm. 8304, 6 de mayo de 2014.